中國學術思想

研究輯刊

十七編

林慶彰 主編

第 10 冊

中庸哲學研究（下）

楊少涵 著

花木蘭文化出版社

國家圖書館出版品預行編目資料

中庸哲學研究（下）／楊少涵 著 — 初版 — 新北市：花木蘭
文化出版社，2013〔民 102〕
目 4+238 面；19×26 公分
（中國學術思想研究輯刊 十七編；第 10 冊）
ISBN：978-986-322-377-1（精裝）
1. 中庸　2. 研究考訂
030.8　　　　　　　　　　　　　　　　　　102014631

中國學術思想研究輯刊
十七編　第 十 冊　　　　　　　　ISBN：978-986-322-377-1

中庸哲學研究（下）

作　　　者	楊少涵	
主　　　編	林慶彰	
總 編 輯	杜潔祥	
出　　　版	花木蘭文化出版社	
發 行 所	花木蘭文化出版社	
發 行 人	高小娟	
聯絡地址	235 新北市中和區中安街七二號十三樓	
	電話：02-2923-1455／傳眞：02-2923-1452	
網　　　址	http://www.huamulan.tw 信箱 sut81518@gmail.com	
印　　　刷	普羅文化出版廣告事業	
封面設計	劉開工作室	
初　　　版	2013 年 9 月	
定　　　價	十七編 34 冊（精裝）新台幣 60,000 元	

中庸哲學研究（下）

楊少涵　著

目
次

第六章　儒學內化之完成與發展

　　在孔子之「心學」與「情學」中，人有兩種情感，即道德情感，感性情感；心有兩個方面，即良知之心和認知之心。儒學內化的完成就是將道德情感和良知之心兩個方面全部內化爲天命之性。孔子創立了仁學，是爲中庸之道的內在根據。仁有兩個本質內涵，即良知之心和道德情感。《中庸》將孔子之仁內化爲仁性，是爲道德本體。但《中庸》只是把仁之道德情感內化爲性，而未及良知之心，所以《中庸》並沒有完成儒學的內化。孟子以道德情感論良知之心，以良知之心論天命之性，心性情合而爲一，從而完成了儒學的內化。與此相對，荀子則以感性情感論性，又以認知之心對治情性，將儒學的外化形態推向極致。到了宋明，儒學內化派與外化派的分歧集中體現於對心之兩種功能的不同理解和側重。宋明理學兩派都屬於孔子之「心學」，朱子是「心學」之認知派，陸王是「心學」之良知派。「心學」兩派對兩種情感的區分認識不清，尤其是對道德情感的動力作用不能給以充分重視。朱子之學的義理架構是性情對言、心統性情，其性雖然是天命之性，但其心是認知之心，其情是感性情感，在這個架構中沒有道德情感的位置，最終導致了性體無力的理論問題。陸王之學的義理架構是心即理，其心是良知之心，這個架構含有心性情爲一的完整結構。但王陽明有以良知覆蓋認知、輕忽道德情感動力作用的傾向，由知到行的動力始終得不到落實，最終導致了知行「兩頭明」、由知到行「中間暗」的理論問題。

第一節　孟荀之爭的實質

　　孔子罕言性，即使言及，門人弟子也是「不可得而聞也」。《中庸》的天

命之性是孔子之仁的內化，仁性是至善無惡的道德本性。但是《中庸》從來沒有對性之善惡做過明確表態。孔子、《中庸》以後，孟子道性善，荀子主性惡，參商分途，涇渭分明。然而，孟荀之爭所打出的旗幟雖然是性，其實質區別卻在於心與情。孟子之情是道德情感，其心是良知之心。孟子以情論心，又以心論性，道德情感為善故心善，心善故性善。荀子之情是感性情感，其心是認知之心。認知之心包括道德的認識之心和非道德的認識之心。荀子之心是為了成就道德，所以荀子之心在總體上是道德的認知之心。荀子以情論性，感性情感有惡的趨向，故性為惡，於是就必然逼出一個超然的力量對情性加以規約，這個超然的力量就是心。孟子以道德情感論良心，再以良心論性善，心性情是合一的關係。荀子僅以感性情感論感性，而認知之心超然於情性之外，心與性情是對治的關係。孟荀之爭的實質就在於對心和情的認識不同。

一、孟子以道德情感論心性與儒學內化之完成

　　孟子性善論的基本進路分為兩個步驟，第一步是以道德情感論良心，第二步是以良心論性善。這從孟子四端之論可以看出來。孟子說：「惻隱之心，仁也；羞惡之心，義也；恭敬之心，禮也；是非之心，智也。」（《孟子》11.6）仁義禮智是性。惻隱、羞惡、恭敬、是非等四端既是情又是心，同時也是性。四端之心是四端之情，這是以情論心。四端之心是仁義禮智之性，這是以心論性。情即心即性，心性情為一，這就是孟子之學的完整結構。在這個結構中，孟子把情和心都內化為性，從而完成了儒學的內化過程。

　　孟子論性善的第二步是由良心說性善。關於這一步論證，很多人已經注意到。〔註1〕但孟子論性善的第一步即以道德情感論良心，卻很少人予以重視。之所以會出現這種情況，可能有三個方面的原因：其一，漢唐以後，由於受佛老滅情之風影響，儒者所討論之情多是可以致惡的感性情感，孔孟儒學中的道德情感之學不彰，最終只沉澱出宋明「心學」兩派；其二，受宋明「心學」兩派的影響，人們論及儒家性理之學，多注目於心，而少言及情；其三，孟子本人論情具有一定的隱蔽性。前兩個方面的原因與孟子無關，現在集中分析第三個方面的原因，並考察孟子如何以情論心，又以心論性，從

〔註1〕 比如徐復觀《中國人性論史‧先秦篇》，第170～174頁；蔡仁厚《孔孟荀哲學》，第198～202頁；楊澤波《孟子性善論研究》，第32～41頁。

而將心性情打並爲一，完成了儒學內化全過程。

　　與孔子一樣，孟子很少直接論及「情」。《孟子》七章直接使用到「情」字的地方總共只有四次，實在太少了。而且，即使這四個「情」字，也都是「情實」的意思，都是在「情」字之本義上來使用的，與後來的「情感」一詞的涵義上尚有一段距離。

　　字詞上的統計雖然有助於對文本的理解，但並不能因此就阻礙甚至影響對文本義理的分析。孟子的情感問題也是一樣。因爲孟子往往是在另外幾個概念上來討論情感問題的，這些概念包括樂、悅和四端之情等。需要注意的是，四端之情是純粹的道德情感，但樂、悅、好等情感並不是純粹的道德情感，還有感性情感。孟子以情論心與其以心論性的情況一樣，在情和心的意義上是有所選擇的。在以心論性時，孟子只以良心而不以「心之非」（《孟子》7.20）之心論性善。同樣，孟子在以情論心時，也只以道德情感而不以感性情感論良心本心，感性情感往往只起到一種幫助理解的類比作用。

　　首先，孟子用「樂」來表示一種情感上的愉悅。孟子在用「樂」表達情感的意義時，往往通過「獨樂」與「同樂」分別表示感性情感和道德情感。比如齊宣王「好貨」、「好色」，而且「好樂」，於是孟子就經常與他談及情感享樂問題。《梁惠王下》載：

> 莊暴見孟子，曰：「暴見於王，王語暴以好樂，暴未有以對也。」曰：「好樂何如？」孟子曰：「王之好樂甚，則齊國其庶幾乎！」他日，見於王曰：「王嘗語莊子以好樂，有諸？」王變乎色，曰：「寡人非能好先王之樂也，直好世俗之樂耳。」曰：「王之好樂甚，則齊國其庶幾乎！今之樂猶古之樂也。」曰：「可得聞與？」曰：「獨樂樂，與人樂樂，孰樂？」曰：「不若與人。」曰：「與少樂樂，與眾樂樂，孰樂？」曰：「不若與眾。」「臣請爲王言樂。今王鼓樂於此，百姓聞王鐘鼓之聲、管籥之音，舉疾首蹙頞而相告曰：『吾王之好鼓樂，夫何使我至於此極也？父子不相見，兄弟妻子離散。』今王田獵於此，百姓聞王車馬之音，見羽旄之美，舉疾首蹙頞而相告曰：『吾王之好田獵，夫何使我至於此極也？父子不相見，兄弟妻子離散。』此無他，不與民同樂也。今王鼓樂於此，百姓聞王鐘鼓之聲、管籥之音，舉欣欣然有喜色而相告曰：『吾王庶幾無疾病與，何以能鼓樂也？』今王田獵於此，百姓聞王車馬之音，見羽旄之美，舉欣欣然

有喜色而相告曰：『吾王庶幾無疾病與，何以能田獵也？』此無他，
與民同樂也。今王與百姓同樂，則王矣。」（《孟子》2.1）

齊宣王有欣賞音樂的愛好，孟子就與他交流欣賞音樂時的情感體驗。在兩人的談話中間有一個轉折，即由齊王所側重的音樂向孟子所關心的音樂欣賞者的轉移，也就是由音樂向人的轉移。齊王認為，對音樂欣賞的評價關鍵是看所欣賞的音樂是什麼品味。齊王所喜好的音樂是世俗之樂而不是先王之樂，所以當孟子一提到他好樂時，齊王就有一個非常的表情「變乎色」。世俗之樂大概相當於今天低俗的流行音樂，先王之樂大概相當於今天高雅的古典音樂。齊王害怕孟子怪他品味不高，所以有此非常表情。無論是世俗之樂還是先王之樂，都是從音樂本身的性質或內容來說的。齊王就是從音樂本身來評價音樂欣賞的。但是孟子所關注的並不是音樂本身，而是音樂欣賞者，是人而不是音樂。在孟子看來，音樂本身只是一種載體，只具有工具價值。從載體、工具的性質上來說，世俗之樂與先王之樂沒有什麼本質的區別，所以孟子才說：「今之樂，猶古之樂也。」

從齊王與孟子談話意指的轉移中可以看到，兩個人所關注的內容是完全不同的。齊王所關注的是音樂本身，孟子所真正關注的是音樂之欣賞者，更直接地說，孟子所關注的不是音樂而是人之歡樂或愉悅，是人在欣賞音樂中所注入、所體驗到的情感。音樂只是情感之載體，只是工具，是外在的，而情感是內容，是實質，是內在的。

從人或音樂欣賞者來說，孟子區分出了兩個概念，一是「獨樂」，一是「同樂」。這裏的「樂」是一個雙關語，可以作兩種理解，它可以指音樂，即欣賞音樂，也可以指歡樂，即在音樂欣賞中的愉悅情感。當樂作欣賞音樂理解時，獨樂就是獨自一人欣賞音樂，同樂就是與人一起欣賞音樂。因此，孟子又稱獨樂為「與少樂」，同樂為「與人樂」。再進一步擴大，同樂還稱為「與民同樂」和「與百姓同樂」，而獨樂就是「不與民同樂」。當樂作愉悅情感理解時，獨樂就是在欣賞音樂時獨自獲得的愉悅情感，同樂就是在欣賞音樂時與人共同獲得的愉悅情感。獨樂與同樂這兩種欣賞音樂的方式中所獲得的情感體驗分別是「獨樂樂」和「同樂樂」，這大致相當於我們今天所說的「竊喜」和「同喜」。這樣，獨樂和同樂兩個概念就發展出四種意義，其中獨樂有兩種意義：（1）獨自欣賞音樂，（2）獨自獲得愉悅；同樂也有兩種意義：（3）與人一起欣賞音樂，（4）與人共同獲得愉悅。這四種意義可以是直接對應的，也是可

以互相交叉的。從直接對應的關係上來說，獨自欣賞音樂時獲得獨自一人的愉悅，與人一起欣賞音樂時與人共同獲得愉悅。從互相交叉的關係上來說，獨自欣賞音樂也可以獲得舉國同樂的愉悅情感，與人共同欣賞獲得的也可以是獨自一人的愉悅。無論是對應關係還是交叉關係，孟子所要表達的意思最終就落腳在一點，就是看在欣賞音樂時，欣賞者是出於什麼情感。如果僅出於一人的感官喜好，即使與人一起欣賞音樂，所獲得的也只是獨樂。如果始終與國人同此悲歡，即使獨自一人欣賞音樂，所獲得的也是同樂。可見，在孟子心目中，獨樂僅是一種出於個人感官需要的感性情感，同樂則是一種悲天憫人的道德情感。

　　獨樂和同樂是孟子表達感性情感與道德情感樂所慣用的兩個概念。《梁惠王上》載：

　　　　孟子見梁惠王。王立於沼上，顧鴻雁麋鹿，曰：「賢者亦樂此乎？」
　　　　孟子對曰：「賢者而後樂此，不賢者雖有此，不樂也。《詩》云：『經
　　　　始靈臺，經之營之，庶民攻之，不日成之。經始勿亟，庶民子來。
　　　　王在靈囿，麀鹿攸伏，麀鹿濯濯，白鳥鶴鶴。王在靈沼，於牣魚躍。』
　　　　文王以民力為臺為沼，而民歡樂之，謂其臺曰靈臺，謂其沼曰靈沼，
　　　　樂其有麋鹿魚鱉。古之人與民偕樂，故能樂也。《湯誓》曰：『時日
　　　　害喪，予及汝偕亡。』民欲與之偕亡，雖有臺池鳥獸，豈能獨樂哉！」
　　　　（《孟子》1.2）

孟子與梁惠王一邊臨池憑欄，顧視鳥獸，一邊引詩敘舊，懷古寄情。孟子向梁惠王歷數三代君王取樂的法子，最終把他們的區別歸結在兩點上，這就是「獨樂」和「與民偕樂」，「與民偕樂」也就是「同樂」。

　　獨樂與同樂之不同可以從兩種樂之對象上看出。關於兩種情感的對象，孟子曾有一個非常有名的說法，這就是「天爵」和「人爵」：

　　　　有天爵者，有人爵者。仁義忠信，樂善不倦，此天爵也；公卿大夫，
　　　　此人爵也。（《孟子》11.16）

情感欲求的對象可以分為兩種：一是天爵，二是人爵。仁義忠信等是天爵之具體內容，公卿大夫等是人爵之具體內容。王船山說：「天予人以君子之德以理萬物，曰『天爵』。君予人以君子之位以治小人，曰『人爵』。」〔註2〕人爵是偶然獲得的，由此所帶來的當然也是一人一時的感性愉悅，也就是獨

〔註2〕王夫之：《四書箋解》卷十《孟子》六，《船山全書》第六冊，第352頁。

樂。而天爵是「天之尊爵」（《孟子》3.7）、天之所命，說白了也就是《中庸》所說的「天命之謂性」。樂於人爵之樂就是感性情感，樂於天爵之樂就是道德情感。

同樂或道德情感的對象或內容是仁義忠信，按照前面對《中庸》的分析，其實也就是性、仁等道德本體。孟子普遍表達了這一點。孟子曾說要「尊德樂道」（《孟子》4.2）、「尊德樂義」（《孟子》13.9），尊德即《中庸》所說的尊德性，樂道即「樂堯舜之道」（《孟子》9.7）。堯舜之道就是仁義之道，樂堯舜之道即樂仁義之道。孟子還說：「仁之實，事親是也；義之實，從兄是也；智之實，知斯二者弗去是也；禮之實，節文斯二者是也；樂之實，樂斯二者，樂則生矣。」（《孟子》7.27）真正的愉悅就是從事親之仁和從兄之義中獲得的，這種愉悅才是真正的道德情感。

其次，孟子還通過「悅」來表達情感上的愉悅。孟子分樂為獨樂和同樂，與此對應，孟子又分悅為「悅於利」和「悅於仁義」，分別表示感性情感和道德情感。這一區別見於《告子下》。宋牼準備到楚秦兩國並通過曉之以利的方法勸兩國罷兵。孟子認為他的方法不可行：

> 先生之志則大矣，先生之號則不可。先生以利說秦楚之王，秦楚之王悅於利，以罷三軍之師，是三軍之士樂罷而悅於利也。為人臣者懷利以事其君，為人子者懷利以事其父，為人弟者懷利以事其兄，是君臣、父子、兄弟終去仁義，懷利以相接。然而不亡者，未之有也。先生以仁義說秦楚之王，秦楚之王悅於仁義，而能罷三軍之師，是三軍之士樂罷而悅於仁義也。為人臣者懷仁義以事其君，為人子者懷仁義以事其父，為人弟者懷仁義以事其兄，是君臣、父子、兄弟去利，懷仁義以相接也。然而不王者，未之有也。（《孟子》12.4）

孟子在這裏區分了兩種愉悅：一種是「悅於利」之悅，一種是「悅於仁義」之悅。「悅於利」之悅亦即獨樂或感性情感，「悅於仁義」之悅亦即同樂或道德情感。從短期的效果上來看，悅於利和悅於義都有可能達到兩國罷兵的目的。但是從長遠來看，悅於利有可能會帶來更嚴重的亡國結果。悅是情感，具有強大的動力，悅於什麼對象，總會促使人努力實現它、促成它。如果悅於利，臣下、兒子、弟弟就會在對待君主、父親和兄長的道德實踐中，根據利的原則行事，最終勢必會導致唯利是圖，從而淡化仁義原則；而且，人和人的利益追求是不同的，這又會造成倫類不通、天下大亂。悅於仁義卻有可

能帶來長治久安。因爲仁義是形上的、先天的原則，具有絕對的普遍性，人們如果對仁義都有一種濃厚的情感，自然就會化除經驗世界中的種種不同。

孟子又把「悅於利」稱爲「芻豢之悅」，把「悅於仁義」稱爲「理義之悅」（《孟子》11.7）。很明顯，芻豢之悅是一種感性情感，理義之悅是一種道德情感。孟子曾舉舜的例子更具體地說明了這一點：

> 天下之士悅之，人之所欲也，而不足以解憂；好色，人之所欲，妻帝之二女，而不足以解憂；富，人之所欲，富有天下，而不足以解憂；貴，人之所欲，貴爲天子，而不足以解憂。人悅之、好色、富貴，無足以解憂者，惟順於父母可以解憂。（《孟子》9.1）

憂與悅相對，悅是愉悅的情感，憂就是不悅的情感。解憂是憂愁之解除。憂愁之解除當然是悅是樂，是愉悅的情感。「天下之士悅之」，這是名；好色，這是色；富貴，這是利。名、利、美色當然都是人人所欲求的。但在舜看來，這些都不足以解除心中的憂愁，都不能爲自己帶來愉悅的情感；只有「順於父母」才能解除心中的憂愁，使自己愉悅。「順於父母」與《中庸》第十五章「父母其順矣乎」意思相同。《中庸》是從君子之道來說的，「君子之道，闢如行遠必自邇，闢如登高必自卑」，順於父母是君子之道的起點和始基。在儒家的五倫中，順於父母屬於孝，有子說「孝弟也者，其爲仁之本與」（《論語》1.2），順於父母之孝是仁之根本。君子之道即仁義之道。從此也可以看出，在仁義之道始於孝敬之情這一點上，《論語》、《中庸》、《孟子》是一脈相承的。分析到這裏，我們就明白了，「人悅之、好色、富貴」等只是感性內容，它們帶來的只是感性愉悅，而「順於父母」則是仁義之道，順於父母所解除之憂就是「悅周公、仲尼之道」（《孟子》5.4）之悅，由此所帶來的則是道德愉悅。孔子說「仁者不憂」（《論語》9.29、14.28），「君子憂道不憂貧」（《論語》15.32），儒家所追求的是道德上的情感愉悅，而不是貧富名利等感性上的情感愉悅。如果不能獲得道德上的愉悅，即使感性上如何愉悅，也不能算是眞正的愉悅。因爲名利是外在，美色是易逝的，富貴是可以用盡的，由它們帶來的愉悅也是常變不駐的。而仁義之道則是永恒的、普遍的，由之所帶來的愉悅也是恒定的。所以孟子才說「人悅之、好色、富貴，無足以解憂者，惟順於父母，可以解憂」。

最後，孟子還用「好」表達情感的意思。情感是一種感應能力，感於外而應於內，感是被動的，應是主動的。感與應之結合會產生一種欲求之衝動。

在孟子表示情感的三個詞中，樂和悅是從感應上來說的，好則是從欲求之衝動上來說的。樂是喜於內而樂於外，悅是喜於外而悅於內，好則是情感主動、自動地對所喜所樂所悅之對象有一種欲求，有一種衝動。孔子曾說：「好德如好色」（《論語》9.18、15.13），「好色」之好是感性情感，「好德」之好是道德情感。同樣，孟子也用「好」來表達感性情感和道德情感之區別。

孟子承認人有耳目口鼻等感官上的愛好，這是人之一種基本情感。孟子在這方面的論述很多，最典型的是孟子與公都子論不孝：

> 公都子曰：「匡章，通國皆稱不孝焉。夫子與之遊，又從而禮貌之，敢問何也？」孟子曰：「世俗所謂不孝者五：惰其四支，不顧父母之養，一不孝也；博弈好飲酒，不顧父母之養，二不孝也；好貨財，私妻子，不顧父母之養，三不孝也；從耳目之欲，以爲父母戮，四不孝也；好勇鬥狠，以危父母，五不孝也。章子有一於是乎？夫章子，子父責善而不相遇也。責善，朋友之道也；父子責善，賊恩之大者。夫章子，豈不欲有夫妻子母之屬哉？爲得罪於父，不得近，出妻屏子，終身不養焉。其設心以爲不若是，是則罪之大者，是則章子已矣。」（《孟子》8.30）

孟子一口氣道出了五種不孝，其中有三種都與「好」相關，即第二種不孝「博弈好飲酒」，第三種不孝「好貨財」，第五種不孝「好勇鬥狠」。好飲酒、好貨財、好勇歸結到一點就是第四種不孝「從耳目之欲」。可見，這幾種愛好都屬於耳目口鼻等感官上的感性愛好、感性情感。一般來說，好飲酒、好貨財、好勇都是人的基本情感、基本欲望。這樣的情感欲求還有很多，比如孟子所說的「好色，人之所欲」（《孟子》9.1），「好馳馬試劍」（《孟子》5.2），「好名」（《孟子》14.11）等。

孟子雖然承認感性之好的正當性，但更強調道德之好，只是道德之好是從感性之好中反顯出來的。感性之好既然是基本情感，也就有其正當性，本來無所謂優劣高下。孟子之所以說有這幾種愛好是不孝，是通過比較得來的。與誰比較呢？與父母之養。這幾種愛好本來並不是低劣的，但如果「不顧父母之養」，「以爲父母戮」，「以危父母」，那就是不孝了。感性情感之低劣價值既然是通過比較而來的，那麼這種價值上的低劣就只是一種相對的低劣，它們本身的價值可能不是低劣的，至少只是中性的。其實孟子也從來不認爲好貨、好勇有什麼不好。齊宣王說自己好貨、好色，孟子並沒有批評，而只是

說：「王如好貨，與百姓同之，於王何有？」「王如好色，與百姓同之，於王何有？」（《孟子》2.5）齊宣王還說自己好勇，孟子也沒有異議，只是引導他不要好匹夫之勇，而要好文王、武王之勇（《孟子》2.3），文王、武王之勇也就是孔子「桓魋其如予何」式的「大勇」（《孟子》3.2）。但是以上兩個例子也有區別。在好貨、好色的例子中，孟子並不從好之對象即貨與色中作區分，而是從情感即好本身來做區分。人在好貨、好色時出於什麼情感就會給好貨、好色帶來什麼價值。出於感性情感，好貨、好色就只具有感性價值，出於道德情感，好貨、好色也就具有了道德價值。在好勇的例子中，好之對象即勇本身就有區別，按孟子的分類，有「小勇」，有「大勇」，小勇是匹夫之勇、血氣之勇，大勇是文武之勇、道德之勇。好小勇之好就是感性情感，好大勇之好就是道德情感。道德情感正是在感性情感的襯托中反顯出來的。

　　好飲酒、好貨財、好勇等是感性之好，從中反顯出來的道德之好，孟子有一個慣用的稱呼，這就是「好善」：

> 魯欲使樂正子爲政。孟子曰：「吾聞之，喜而不寐。」公孫丑曰：「樂正子強乎？」曰：「否。」「有知慮乎？」曰：「否。」「多聞識乎？」曰：「否。」「然則奚爲喜而不寐？」曰：「其爲人也好善。」「好善足乎？」曰：「好善優於天下，而況魯國乎？夫苟好善，則四海之內皆將輕千里而來告之以善；夫苟不好善，則人將曰：『訑訑，予既已知之矣。』訑訑之聲音顏色距人於千里之外。士止於千里之外，則讒諂面諛之人至矣。與讒諂面諛之人居，國欲治，可得乎？」（《孟子》12.13）

魯國準備任用樂正子來治理國政，孟子聽說後高興得睡不著覺。孟子之高興並不是因爲樂正子剛強勇決，也不是因爲樂正子博聞廣識，而是因爲樂正子這個人「好善」。趙岐說「好善，樂聞善言，是採用之也。」善是善言，好善就是喜歡聽取善言。趙岐的這種解釋是有一定文本根據的，比如《離婁下》就有「禹惡旨酒而好善言」（《孟子》8.20）的說法。而且，這裏的「好善」與「讒諂面諛」相對而言，讒諂面諛是阿諛奉承的意思，阿諛奉承是讒言，與此相反的應是善言。如果根據這種解釋，善就沒有多少哲學意味，好善也就只是一般性的政治技巧。好善之好即使是一種情感上的喜好，但這種好仍然只是一種感性情感，根本談不上什麼形上的道德情感。

　　而且，趙岐這種說法解釋不了這樣一個問題：樂正子僅憑「樂聞善言」就

能讓孟子「喜而不寐」嗎？樂聞善言、不聽讒言是一個正直的爲政者所應具備的基本素質。如果樂正子的「好善」僅僅是樂聞善言、不聽讒言，這只說明他具備了其職責所要求的基本素質。孟子是一個要求頗高、苛責於人的思想家，一般不會爲了一個人因具備其所應有的基本素質而「喜而不寐」。如果僅僅爲了一個要當官的人具有「樂聞善言」的基本素質就高興得睡不著覺，那也太容易激動了，那就不是孟子了。所以趙岐的說法過於表面化。也正因此，這裏的「善」就不僅僅是表面上的「善言」，「好善」也不僅僅是對善言的一般性情感。孟子因爲一個「好善」而高興得睡不著覺，肯定有其更深層的原因。

孟子所意味的「好善」到底有什麼更深層的義涵呢？這還要放在「好善」的實際效果上才能看出來。孟子說「好善優於天下，而況魯國乎？」如果好善，治理天下就綽綽有餘，更不用說治理一個魯國了。「好善」這種強大的效果又是從其反面襯托出來的，「夫苟不好善，則人將曰訑訑。予既已知之矣，訑訑之聲音顏色，距人於千里之外」，如果不好善，就會距人於千里之外。反過來說，如果好善，就會產生像孔子所說的「近者說，遠者來」（《論語》13.16）的效果。在孔子那裏，近者悅而遠者來是通過「爲政以德」（《論語》2.1）來實現的。孔子相信，「子欲善而民善矣。君子之德風，小人之德草。草上之風，必偃」（《論語》12.19）。治理國家最重要的是爲政者的內在德性。爲政者的內在德性對一般百姓具有強大的歸攝力，爲政者「欲善，而民善矣」，爲政者嚮往喜好善，一般百姓自然也就嚮往喜好善。孔子這一句治國箴言也爲孟子所引用（《孟子》5.2），在這一點上，他們的立場和原則是一致的。

孔子所說的「欲善」與孟子所說的「好善」之用法也是相同的。欲善之善也不應該只解釋爲一般的政治良好，而應該就是內在的德性，欲善就是好善，是對內在德性的一種情感欲求。如此說來，孟子所說的「好善」也並不僅僅是指「樂聞善言」，而是由「樂聞善言」中所體現出來的內在德性。這種內在德性是善的，對內在德性的喜好之情就稱之爲「好善」。孟子在《盡心上》說：「古之賢王好善而忘勢，古之賢士何獨不然？樂其道而忘人之勢，故王公不致敬盡禮，則不得亟見之。」（《孟子》13.8）「好善與忘勢」與「樂其道而忘人之勢」相對而言，「好善」與「樂其道」的意思一樣，是對道德善性之愛好。王船山說：「善者，天下之公理；好善者，天下之同情。爲政者以之攝天下於一善之中，而集眾善於所好之志，則天下且食仁義之福澤，而事各得所

安，民各得所願」。〔註 3〕這就說得非常明白了，善就是天下公理，公理具於心中就是內在德性；好善就是對天下公理、內在德性的一種情感欲求，這種情感不是感性情感，而是一種道德情感。通過這樣一分析，孟子「喜而不寐」也就順理成章了，因為樂正子是一個真正能夠「為政以德」之人，是一個真正能夠履行儒家執政原則之人。樂正子「好善」就是對善、對內在的德性具有一種深深的道德情感。具有了這種好善的道德情感，國家沒有治理不好的，所以孟子聽說讓樂正子為政，就高興得睡不著覺。

孟子又把好善稱為「好德」。好善之善是天下公理，是內在德性；好善之好是人天生就有的一種對內在德性之喜好、愛好之情。孟子引《詩經》說：「民之秉彝，好是懿德。」（《孟子》11.6）人天生對內在的善良德性就有一種愛好之情。如果一個人身上表現出這種善良德性，其他人的道德情感馬上就會傾向於他。「民歸之，由水之就下，沛然誰能禦之」（《孟子》1.6），人們傾向於他、歸順於他就像黃河之水滾滾而下，勢不可擋。可見這種先天的道德情感的威力之大。

這種善良德性也就是仁，所以孟子把「好善」也稱為「好仁」。孟子說：「今天下之君有好仁者，則諸侯皆為之驅矣。」（《孟子》7.9）孟子還引用孔子的話說：「夫國君好仁，天下無敵。」（《孟子》7.7）孟子之所以如此說，也是建立在人同此「好」，每一個人對仁先天都有一種喜好、愛好。「好仁」就必然好「好仁」之人。好仁之人是仁人、仁者，人人都先天具有好仁之好，所以人們必然對仁人、仁者也產生一種好感，並樂意趨歸於他。「民之歸仁也，猶水之就下、獸之走壙也」（《孟子》7.9），人們對好仁之人的趨歸、順服，就像滔滔之水飛流直下，勢不可擋，就像威武猛獸狂奔於野，勢不可遏。如此來說，好仁之國君當然可以無敵於天下了。但是人們趨歸於國君，並不是趨於國君的美貌、財富或名氣等感性方面的東西；對於這些東西之喜好愛好只是一種感性情感，感性情感是沒有絕對普遍性的，不會引起天下人都趨歸、順服於他。人們趨歸於好仁之國君是趨歸於國君之內在德性，趨歸於他「好仁」之道德情感；道德情感是絕對普遍的，所以才能引動天下人都趨歸、順服於他。在孔子那裏，仁是中庸之內在標準，在《中庸》那裏，仁是道德之主觀根據，在孟子這裏，仁就是人之良心善性。好仁就是對自己的道德本性、

〔註 3〕王夫之：《四書訓義》卷三六，《船山全書》第八冊，長沙：嶽麓書社，1990年，第 809 頁。

對自己的良心善性所具有的一種道德情感。

以上通過對樂、悅、好等幾個表示情感的概念之分析，發現孟子心中存在兩種情感：一是感性情感，一是道德情感。獨樂、悅於利、好貨好色好名好小勇等樂、悅、好是感性情感，同樂、悅於仁義、好善好仁等樂、悅、好是道德情感。通過對兩種情感之分析，我們還可以發現，在這兩種情感的關係中，孟子雖然承認感性情感也是一種基本的情感，但更偏重於道德情感。孟子多次告誡齊宣王，與民同樂可以王天下，而獨樂則會導致怨聲載道，進而亡國滅祖。還說，如果只是「悅於利」，「然而不亡者，未之有也」；如果「悅於仁義」，「然而不王者，未之有也」。還說，如果只是好飲酒、好貨財、好勇好鬥，那是大不孝，而如果「國君好仁，天下無敵焉」。這些都是孟子偏重於道德情感而不安於感性情感的明證。

孟子為什麼偏重於道德情感而不安於感性情感呢？其中的原因就在於作為道德情感的同樂是「同」，而作為感性情感的獨樂是「獨」。用現在的話說，「同」表示的是一種普遍性，而「獨」則沒有這種普遍性。也就是說，同樂或道德情感具有普遍性；而獨樂或感性情感沒有普遍性。孟子曾在齊宣王的豪華別墅裏與他談到樂的問題。孟子說：「樂民之樂者，民亦樂其樂。憂民之憂者，民亦憂其憂。樂以天下，憂以天下，然而不王者，未之有也。」（《孟子》2.4）國王以百姓之憂樂為憂樂，百姓也會以國王之憂樂為憂樂。普天之下，同憂同樂，那麼就可以王於天下了。之所以會出現「樂民之樂，民亦樂其樂」，就是因為這種樂是同樂，是道德之樂，是一種普遍的道德情感。按照康德的說法，同樂是一種先天的共通感，是可以普遍傳達的，因而「樂民之樂，民亦樂其樂」。與此相反，我們很容易推出獨樂或感官之樂是以經驗之物為對象，是沒有普遍性的。國王僅僅出於自己一人感官需要而取樂，他所獲得的只是個人的感性愉悅。當國王盡情享受這種感性愉悅的時候，很難說百姓也會有相同的愉悅，甚至相反，百姓在國王的愉悅中體驗到的恰恰是憂愁和痛苦。也正是因為這樣，孟子說當國王的感性情感得到充分滿足時，百姓卻愁眉苦臉、埋天怨地。

為什麼感性情感沒有普遍性，而道德情感有普遍性呢？這是由兩種情感的對象和感官有無普遍性所決定的。感性情感沒有普遍性是由其對象和對應的感官感應的沒有普遍性所決定的。（其實感性情感也有其普遍性，詳見下文）感性情感的對象是經驗事物，比如名利、美色、財貨等，這些經驗事物會隨

著時間和空間之變化而變化，是沒有普遍性的。感性情感對應的感官是人的感性感官，比如耳目口鼻等，感性情感就是在感性感官對經驗事物的感應中產生的。感性感官所發出的愉悅情感因人而異，是沒有絕對普遍性的。同一種香水對有些人來說有可能是一種美的享受，但對另外一些人而言就可能是一種嗅覺折磨。

　　同樣，道德情感之普遍性也是由其對象和對應感官的普遍性決定的。道德情感的對象和感官是什麼呢？孟子認為，道德情感的對象是天命之性，道德情感的感官是良知之心。性和心是先天的，是具有絕對普遍性的，所以道德情感也就具有絕對的普遍性。孟子將心、性、情的這種普遍性稱為「同然」：

> 故凡同類者，舉相似也，何獨至於人而疑之？聖人，與我同類者。故龍子曰：「不知足而為屨，我知其不為蕢也。」屨之相似，天下之足同也。口之於味，有同耆也：易牙，先得我口之所耆者也。如使口之於味也，其性與人殊，若犬馬之與我不同類也，則天下何耆皆從易牙之於味也？至於味，天下期於易牙，是天下之口相似也。惟耳亦然。至於聲，天下期於師曠，是天下之耳相似也。惟目亦然。至於子都，天下莫不知其姣也。不知子都之姣者，無目者也。故曰，口之於味也，有同耆焉：耳之於聲也，有同聽焉：目之於色也，有同美焉。至於心，獨無所同然乎？心之所同然者何也？謂理也，義也。聖人先得我心之所同然耳。故理義之悅我心，猶芻豢之悅我口。

（《孟子》11.7）

同類事物，大體相同，毋庸置疑，人也一樣。人的腳大體相同，所以鞋大致相同；人的味覺大體相同，所以口味大致相同；人的耳朵大體相同，所以都喜歡聽優雅的音樂；人的眼睛大體相同，所以都喜歡看俊俏的模樣。同樣，人都有一顆心，那麼這顆心也應該相同。人心之相同就在於理義。聖人是人，所以孟子相信，在人心這一點上，聖人與常人也應該是一樣的。

　　在這裏，孟子首先區分了兩種感官：一是足、口、耳、目等感官，一是心。足、口、耳、目等感官是感性感官，而心則是一種理性感官。《中庸》論性不論心，而孟子大講心，這是孟子有進於《中庸》的地方。孟子所說之心可能有多種意思，但最直接的一個意思其實就是一種感官，是一種理性感官。孟子說：「耳目之官不思」，「心之官則思」（《孟子》11.15）。心也是一種感官，但心作為一種感官與耳目等感性感官不同，心有「思」的功能，而感性感官

沒有「思」的功能。孟子所說的「思」相當於前面所說的直覺理性，心就是一種具有道德直覺的理性感官。

根據兩種感官的區分，孟子又提出了兩套普遍性：一是感性感官上的普遍性，一是理性感官上的普遍性。這種普遍性就是「同」或「同然」，與「同樂」之「同」一樣。同足、同嗜、同味、同美都是感性感官上的普遍性。感性感官和理性感官都有其對象，由其對象所感發會帶來一種情感上的愉悅或不悅。「理義之悅我心，猶芻豢之悅我口」這句話就極其精練地概括了兩種感官及其對象、情感等三者之間的關係。在「芻豢之悅我口」這句話中，「口」代表的是感性感官，「芻豢」代表的是其對象，「悅」就是感性情感。口耳等感性感官具有一定的普遍性，所以「芻豢之悅」這種感性情感也應有一定的普遍性。在「理義之悅我心」這句話中，「心」是理性感官，「理義」是其對象，「悅」道德情感。心這種理性感官具有普遍性，所以「理義之悅」這種道德情感有其普遍性。

「芻豢之悅我口」和「理義之悅我心」雖然都具有普遍性，但是這兩種普遍性是有根本區別的，前者只是一種相對的普遍性，後者則是一種絕對的普遍性。「芻豢之悅我口」的相對普遍性從日常經驗中可以直觀得到的。人們雖然都有一個口，而且這個口都是相同的，但是這裏的相同只是一種相似，即孟子所說的「天下之口相似」。我們不會說哪兩個人的口味完全相同，而只能說他們口味相似。這樣，雖然是同一種食物，它所給人們帶來的情感愉悅也只能是相似而不能完全相同。這也就是人們何以對同一種食物往往只能得出相似的評價而很難有完全相同的結論之原因。

孟子提出感性感官和感性情感的普遍性，是爲了引出理性感官和道德情感的普遍性。在這裏，孟子用了一種類推的方法，用感性感官和感性情感之相對普遍性來類比推出理性感官和道德情感的絕對普遍性。這種類推方法孟子是用一個字來表示的，這個字就是「理義之悅我心，猶芻豢之悅我口」之「猶」。「猶」就是「好像」、「好似」，但「好像」、「好似」並不就是「是」，並不是完全等同的意思。理義對人之心能夠引起一種愉悅情感，就好像美味佳看對人之味覺能夠引起一種愉悅快感一樣。其實，孔子早就使用過這種方法。孔子說：「好德如好色」（《論語》9.18、15.13），「見善如不及，見不善如探湯」（《論語》16.11）。《大學》也有這種表達：「所謂誠其意者：毋自欺也，如惡惡臭，如好好色，此之謂自謙」。這兩個地方的「如」就是孟子所使用的

「猶」。美色能夠引起好感，相反則引起厭惡；與此相似，善良的德性也能夠引起好感，反之則令人厭惡。兩者雖然相似，但兩者並不完全相等，好德雖然「如」好色，但好德之好與好色之好並不是一個層次上的概念。好德之好是一種道德情感，而好色之好只是一種感性情感。同樣，「理義之悅我心」雖然好似「芻豢之悅我口」，但「理義之悅」與「芻豢之悅」也不可同日而語，兩者有質的區別，前者是道德之悅，後者只是感性之悅。孟子曾引《詩》說：「《詩》云：『既醉以酒，既飽以德。』言飽乎仁義也，所以不願人之膏粱之味也。」（《孟子》11.17）享受過德性所帶來的愉悅之後，就不會再羨慕酒食所帶來的快感了。之所以會如此，原因就在於兩種情感不是同一種性質的，是有天壤之別的。其區別之處就在於兩者的普遍性就有質的區別。前面說感性感官和感性情感有普遍性，但這種普遍性只是一種相對普遍性。道德情感與感性情感相似，也有一種普遍性。但兩種普遍性只是一種相似，本質上是有區別的，其區別就在於，道德情感必然要由感性情感的相對普遍性對翻上去，成為絕對的普遍性。否則，就仍然只是相對普遍性，仍然只是一種感性情感。

「理義之悅我心」之普遍性是一種絕對的普遍性，這從其感官、對象及情感三者的特性可以看出來。心是理性的感官。心之對象是理義，理義也就是天命之性，天命之性具有絕對普遍性。「理義之悅」是同樂，是一種道德情感。而這三者都具有絕對普遍性。孟子通過「四端之心」對此做了集中論述：

> 人皆有不忍人之心。先王有不忍人之心，斯有不忍人之政矣。以不忍人之心，行不忍人之政，治天下可運之掌上。所以謂人皆有不忍人之心者，今人乍見孺子將入於井，皆有怵惕惻隱之心——非所以內交於孺子之父母也，非所以要譽於鄉黨朋友也，非惡其聲而然也。由是觀之，無惻隱之心，非人也；無羞惡之心，非人也；無辭讓之心，非人也；無是非之心，非人也。惻隱之心，仁之端也；羞惡之心，義之端也；辭讓之心，禮之端也；是非之心，智之端也。人之有是四端也，猶其有四體也。（《孟子》3.6）

> 乃若其情，則可以為善矣，乃所謂善也。若夫為不善，非才之罪也。惻隱之心，人皆有之；羞惡之心，人皆有之；恭敬之心，人皆有之；是非之心，人皆有之。惻隱之心，仁也；羞惡之心，義也；恭敬之心，禮也；是非之心，智也。仁義禮智，非由外鑠我也，我固有之

也，弗思耳矣。故曰：「求則得之，舍則失之。」或相倍蓰而無算者，

不能盡其才者也。（《孟子》11.6）

朱子《孟子集注》曾對四端之心有過一個極其經典的解說：「惻隱、羞惡、辭讓、是非，情也。仁、義、禮、智，性也。心，統性情者也。」先不論朱子所意指的心、性、情之性質如何，僅僅從形式上看，朱子的解釋是非常精到的。再與上面分析過的「理義之悅我心」聯繫起來看，我們可以說，四端之心或「不忍人之心」就是「理義之悅我心」之心；仁義禮智是天命之性，也就是「理義之悅我心」之「理義」；惻隱、羞惡、辭讓（恭敬）、是非是情，就是「理義之悅我心」之「悅」。

從這兩段話中還可以看出，心、性、情三者都具有絕對的普遍性。首先，心是具有絕對普遍性的。孟子說「人皆有不忍人之心」，四端之心「人皆有之」，無四端之心則「非人也」，「人之有是四端也，猶其有四體」，人有四端就如人人都有四體一樣，是絕對普遍的，如果沒有四端之心，那就不能稱之為真正的人了。

其次，性是具有絕對普遍性的。眾所周知，孟子論性是從心來說的：「惻隱之心，仁也；羞惡之心，義也；恭敬之心，禮也；是非之心，智也」。四端之心就是仁義禮智之性，四端之心是絕對普遍的，那麼性自然也是絕對普遍的。當然，有時孟子直接就說性是「天之所與我者」（《孟子》11.15），這其實是用《中庸》「天命之謂性」來證明性之絕對普遍性的。

最後，情也是具有絕對普遍性的。無論是惻隱、羞惡、辭讓（恭敬）、是非之情還是「理義之悅」，都是道德情感。道德情感是在心與性的感應關係中產生出來的一種愉悅情感。「心之官則思」，所思之對象就是理義或仁義禮智，也就是天命之性；「仁義禮智，非由外鑠我也，我固有之也，弗思耳矣」，天命之性是人人先天具有的，有些人之所以不承認自己有這種普遍之性，只是不去用心反思罷了。「思誠者，人之道也」（《孟子》7.12），反思要誠，不誠即使思也無所得的。「思則得之，不思則不得」（《孟子》11.15），「求則得之，舍則失之」，如果用心反思，反身自求，自然就會求得自己的本性。「反身而誠，樂莫大焉」（《孟子》13.4），反思而有誠，自然有所得，這時在人之內心深處就必然會產生一種無比愉悅的道德情感。這種道德情感之產生是人人都會有的，概莫能外。

心、性、情都具有絕對的普遍性，而絕對普遍性的東西只能有一個，所

以心、性、情必然爲一。因此孟子之學的心性結構就必然是一種心、性、情渾然一體的結構，而不是一種判然三分的結構。「理義之悅我心」、「惻隱之心，仁也；羞惡之心，義也；恭敬之心，禮也；是非之心，智也」就是這種結構的直接表達。在這個結構中，心是良心本心，性是天命之性，情是道德情感。良心本心是理性感官，天命之性是道德本體，道德情感是道德動力。心負責對性之感知。「萬物皆備於我」（《孟子》13.4），萬物與我同性，大至宇宙萬物，細到人倫日用，無不滲透著道德之性。一旦感知到道德之性，內心的情感馬上發揮強大的動力，表現出來，付諸行動，這就是道德實踐。普遍的天命之性也就在道德實踐中得以證成、得以印正、得以實現。同時，本性得以實現，自然又會產生出來一種道德的愉悅。可見，心、性、情之渾然一體結構是一個能動而自動的自我圓成的完滿結構。

　　在心性情合一的結構中包含著兩個過程：第一個過程是由外到內的過程，第二個過程是由內到外的過程。第一個過程是從情到心再到性。「惻隱之心，仁也；羞惡之心，義也；恭敬之心，禮也；是非之心，智也」就反映了從情到心再到性的過程。這一過程又分爲兩步。第一步是由情說心。情是指惻隱、羞惡、恭敬、是非等四端之情。心是惻隱之心、羞惡之心、恭敬之心、是非之心，亦是情感之心。這就是從情來說心。第二步是由心說性。仁義禮智是性，但仁義禮智之性就是惻隱之心、羞惡之心、恭敬之心、是非之心。孟子還曾明白地說：「仁，人心也」（《孟子》11.11），「君子所性，仁義禮智根於心，其生色也睟然，見於面，盎於背，施於四體，四體不言而喻」（《孟子》13.21），性根植於心，人心就是性，性是從心來說的。

　　同時，這一過程也是孟子性善論完整的論證過程。一般認爲，孟子道性善，是從心善說起的。但是還有一點是少有人注意到的，此即孟子論良心或心善又是從情善說起的。情是惻隱等四端之情，是不忍人之情，而不忍人的四端之情是一種純善的道德情感。齊宣王看到將被宰殺的牛而「不忍其觳觫」、「不忍見其死」、「不忍食其肉」（《孟子》1.7）；人們突然看到一個小孩將要掉到井裏，自然會萌發一種怵惕惻隱的不忍之情（《孟子》3.6）。這些不「不忍」之情是一種純然至善的道德情感。孟子以情說心，四端之情即是四端之心，不忍人之情就是不忍人之心。情是純粹至善的，所以心也是純然至善的，這種純善之心就是良心本心。孟子又以心說性，仁義禮智等性就是四端之心、良心本心。良心本心是純粹至善的，所以性也是純粹至善的。情善故心善，

心善故性善，這是孟子論性善的完整過程。

第二個過程是從性到心再到情。純然至善的仁義禮智之性是人之所以為人的本質特性。在性的問題上，孟子認為「人之所以異於禽獸者幾希」（《孟子》8.19），「所以異於深山之野人者幾希」（《孟子》13.16），「先聖後聖，其揆一也」（《孟子》8.1），「堯舜與人同耳」（《孟子》8.32）。人與禽獸最根本的區別只在善性這一點點上，而這一點點善性則是人人都具有的，無論聖凡，都是一樣。善性並不神秘，它普遍存在於日常人倫之中，「仁之於父子也，義之於君臣也，禮之於賓主也，智之於賢者也，聖人之於天道也，命也，有性焉，君子不謂命也」（《孟子》14.24）。善性表現於父子關係中就是仁，表現於君臣關係中就是義，表現於賓主關係中就是禮，表現於賢者身上就是智，表現於聖人身上就是天道。心是直覺理性，能夠於倫常關係中直接感知到自己內在的善性。感知到仁義禮智之性的心就是「仁義之心」（《孟子》11.8），就是四端之心。心感知到善性，就會產生一種愉悅的情感，這就是「理義之悅我心」。性本身就是可心的，「可欲之謂善」（《孟子》14.25），善性本身就是一種可以引起愉悅之性；而且人心本身就對天命之善良德性產生興趣。這種愉悅性，這種興趣，就是道德情感。

道德情感是一種強大的道德動力。外在機緣一旦引動了這種愉悅性和興趣，就必然會有所表現，必然會在人之面容、四體上有所反映，必然會促動人採取行動，付諸實踐。孟子說：「君子所性，仁義禮智根於心，其生色也睟然，見於面，盎於背，施於四體，四體不言而喻。」（《孟子》13.21）良心善性會表現在臉上，反映在背上，甚至會在人之舉手投足中體現出來。之所以如此，就是因為有道德情感在內部不斷激發。孟子還曾說：「上世嘗有不葬其親者，其親死，則舉而委之於壑。他日過之，狐狸食之，蠅蚋姑嘬之。其顙有泚，睨而不視。夫泚也，非為人泚，中心達於面目，蓋歸反虆梩而掩之。」（《孟子》5.5）以前父母去世後，人們把父母的屍體拋在野外溝邊。但是當人們看到父母的屍體被狐吃蚊咬，不忍之情瞬間發動，良心本心頓時發現，至善之性立即呈現，表現於臉上就是羞愧滿面，汗流浹背，只有馬上把父母的屍體掩埋了才覺心安。這種由性到心再情的過程進一步擴大，就是孟子所說的推己及人、仁民愛物之仁政：「仁者以其所愛及其所不愛」（《孟子》14.1），「人皆有所不忍，達之於其所忍，仁也；人皆有所不為，達之於其所為，義也」（《孟子》14.31），「君子之於物也，愛之而弗仁；於民也，仁之而弗親。

親親而仁民，仁民而愛物」（《孟子》13.45），「老吾老，以及人之老；幼吾幼，以及人之幼。天下可運於掌」（《孟子》1.7）。「四體不言而喻」，「中心達於面目」，「親親而仁民，仁民而愛物」就是一個由性到心再到情的過程。

　　這兩個過程都是圍繞著善性及其實現來說的。第一個過程即由外到內的過程，也就是由情到心再到性的過程，是對性的認識過程。情是動力，就必然有其能動者；心是感官，就必然有其對象。性就是這個能動的對象。情是不忍之情、四端之情，是一種純粹至善的道德情感。心不是一般的感性感官，而是一種道德的理性感官。一般的感性感官無所謂善惡，但孟子所說之心是良心本心，是一種純粹至善的不忍人之心、四端之心。孟子由情說到心，再由心說到性。道德情感是善的，所以心是善的；心是善的，所以性是善的。於是，人們就可以通過情與心之純粹至善認識到性也是純然至善的。

　　第二個過程即由內到外的過程，也就是由性到心再情的過程，這是性之實現過程。第一個過程是一個認識過程，通過情和心使我們認識到性不但是存在的，而且是至善的。在第一個過程中，雖然是由情善說到心善，再由心善說到性善，但是情善和心善其實還是因爲性善。歸根到底，還是那句話，性是道德本體，是道德的形上根據。於是，孟子心性之學就與《中庸》的哲學理論接上了。性是未發的大本之中，是無聲無臭，莫顯莫現的。未發必須通過已發才能呈現出來。大本既立，要想實現，就必須通過心和情來完成。因爲心是能夠直接覺知到內在之性的理性感官，情是性自身之能動的動力系統。心感知到性之存在，情促動性之實現，三者共同作用的結果就是道德實踐之促成。道德實踐是天命之性在現實中的自然實現和如如呈現。

　　這兩個過程其實是一個過程，是一個過程的兩個方面。前者是從人之感性認識習慣來說的。人們往往習慣於由外到內地開始認識，所以這個過程是「知」，是一個認識過程。經過這一過程，人們認識到了善性之存有性、絕對性和普遍性，從而爲道德實踐尋找到了形上根據。後者是從道德實踐之發生來說的。性是道德實踐能動的內在本體和形上根據，它必然要在道德實踐中實現自己。所以這個過程是「行」，是一個實現過程。經過這一過程，道德本體即性最終自我實現，而不只是一個幽存、潛在的存在，而是一個活生生、實在在的實體。知之必行，知行合一，兩個過程就是對知行合一過程之分解性的表達。

　　以上兩個過程都是對本體之認識和實現所做的一種分解的分析，相應於

這兩個過程，孟子提出了針對本體的工夫。儒學是成德成聖之學，工夫是為成德成聖而做的實踐。純然至善之性是聖凡同有、人人具備之德性，成德成聖就是成就、實現這純然至善之性。這是孔子、《中庸》和孟子都一再強調的。在孟子這裏，性與心、情是渾然為一的，性之成就、實現離不開心與情。通過以上的分析，我們知道，由心與情而實現性有自外到內和由內到外兩個過程，相應地，成德成聖之工夫方向也就有兩種。

第一種工夫方向是由外向內地做工夫，這種工夫孟子稱之為「反求」。良心善性人人具有，「堯舜與人同」（《孟子》8.32），「聖人，與我同類者」（《孟子》11.7），「先聖後聖，其揆一也」（《孟子》8.1）。如果按照自己的心性行動，萬事莫不成善，聖人當下即是。有些人之所以常常做出一些過與不及甚至十惡不赦的行為，就是因為完全聽任感性情感的支配，沒有跟從道德情感所激發出來的道德力量的指引。結果就是良心本性的喪失，「失其本心」（《孟子》11.10），「放其良心」（《孟子》11.8）。東西丟了，要找回來。同樣，良心本性丟失，也一定要找回來，否則不但成德成聖化為泡影，甚至還會淪為禽獸。因為良心本性是「人之所以異於禽獸者」（《孟子》8.19），是人禽之辨的分界點。為找到喪失的良心本心而免於墮入禽獸之域，孟子認為需要做的工夫有三步：

第一步是「反思」。孟子說：「仁義禮智，非由外鑠我也，我固有之也，弗思耳矣。」（《孟子》11.6）性是自身固有的，現在卻丟失了。其實不是丟失了，性是先天具有的，哪裏會丟失呢？只是人們「弗思甚也」（《孟子》11.13），只是不去反思而已。孟子說：「人人有貴於己者，弗思耳矣」（《孟子》11.17），人人都有值得尊貴的東西，這就是人之良心善性，只是人們不去反思它罷了。性是本身固有的，「思則得之，不思則不得也」（《孟子》11.15），只要稍微反思一下，立即就找到它了，不反思不反省，馬上就又丟失了。可以說，寸心得失只在一念之間，此念是思念之念。

第二步是「反求」。經過反思反省，人們警覺到自己的良心本性，但這還不夠，還要積極地去追求它。孟子反覆強調了這一點：「人病不求耳」（《孟子》12.2），「求則得之，舍則失之」（《孟子》11.6），「求則得之，舍則失之，是求有益於得也，求在我者也」（《孟子》13.3），「仁，人心也；義，人路也。舍其路而弗由，放其心而不知求，哀哉！人有雞犬放，則知求之；有放心，而不知求。學問之道無他，求其放心而已矣」（《孟子》11.11），「萬物皆備於我矣。

反身而誠，樂莫大焉。強恕而行，求仁莫近焉」（《孟子》13.4）。由於心性是「非由外鑠我也，我固有之」，它就在自己身上，不是在外面；說它丟失了，這只不過是一個比喻的說法，其實它還是在自己身上。所以對它的積極追求不是到外面去孜孜以求，還是到自己身上去找。而且這種尋找、追求最終只能依靠自己的力量、根據身邊手頭的事來完成，別人的現身說法、表率模範充其量只能起到一種誘引作用和輔助作用。因此對心性的追求又稱為「反求」或「反身自求」、「切身自求」。對此，孟子也給予了足夠的重視：「反而求之」、「反其本」（《孟子》1.7），「反求諸己」（《孟子》3.7），「愛人不親，反其仁；治人不治，反其智；禮人不答，反其敬。行有不得者，皆反求諸己」（《孟子》7.4），「君子必自反」、「自反而仁矣，自反而有禮矣」（《孟子》8.28），「反身而誠」（《孟子》13.4）。

　　第三步是「操存」。經過反思、反求的工夫，丟失的心性被找回來了。但這往往只是一時之成果，很不穩定。孟子引用孔子的話說：「『操則存，舍則亡；出入無時，莫知其向。』其惟心之謂與！」（《孟子》11.8）心性出入無時，去向不明，稍縱即逝，極不穩定。所以對心和性還要做操存的工夫。操是操持、把持；存是保存。用現代的話說，操存就是緊緊攥在手裏，一刻也不放鬆。操存是成德成聖之關鍵，孟子說：「人之所以異於禽獸者幾希，庶民去之，君子存之」（《孟子》8.19），「君子所以異於人者，以其存心也。君子以仁存心，以禮存心」（《孟子》8.28）。人禽之辨在於有沒有良心善性，而聖凡之別則在於對自己的良心善性能否操存涵養。能操存就是聖人君子，不能操存就是凡夫俗子。

　　這三步總起來說就是盡心知性知天和存心養性事天。孟子說：「盡其心者，知其性也。知其性，則知天矣。存其心，養其性，所以事天也。」（《孟子》13.1）孟子由心論性，所以他說盡心知性、存心養性。孟子與《中庸》一脈相承，《中庸》第廿章說：「君子不可以不修身；思修身，不可以不事親；思事親，不可以不知人；思知人，不可以不知天。」前面說過，這裏的「知人」即是「知仁」，也就是「知性」。《中庸》首章說「天命之謂性」，性之終極根源是天，所以知性則知天。《中庸》第廿二章還說：「唯天下至誠，為能盡其性；能盡其性，則能盡人之性；能盡人之性，則能盡物之性；能盡物之性，則可以贊天地之化育；可以贊天地之化育，則可以與天地參矣。」這是從盡性說到參天地，參天地就是與天地為三。這是自豪的說法。謙虛地說就

是事天。孟子之盡心知性知天、存心養性事天即從《中庸》這兩章而來。在孟子這裏，心、性、情三位一體，渾然爲一，由情說心，再由心說性。那麼盡心知性知天和存心養事天之前肯定還有一個環節，這就是盡情。盡情即盡心存心，盡心存心則知性養性盡性，知性養性盡性才能知天事天參天。這整個是一個由外到內、下學上達的工夫方向。

第二個工夫方向是由內向外地做工夫，這種工夫孟子稱之爲「擴充」。前一個工夫方向是相應於性之認識過程而提出來的，是屬於「致知」的工夫。相對於此，「擴充」是相應於性之實現過程而提出來的，是屬於「踐形」的工夫。孟子性善論的一個基本原則是知之必行。知的工夫眞正做到家了，行的工夫也自然就帶出來了。所以相對而言，孟子關於擴充和踐形的工夫論述得比較簡單。「人皆有所不忍，達之於其所忍，仁也；人皆有所不爲，達之於其所爲，義也。人能充無欲害人之心，而仁不可勝用也；人能充無欲穿踰之心，而義不可勝用也；人能充無受爾汝之實，無所往而不爲義也」（《孟子》14.31），「凡有四端於我者，知皆擴而充之矣，若火之始燃，泉之始達。苟能充之，足以保四海；苟不充之，不足以事父母」（《孟子》3.6），「形色，天性也。惟聖人然後可以踐形」（《孟子》13.38）。只要將天命之性、四端之心和不忍人之情完完全全地推擴出去，充於四體，布滿天下，自然就是道德實踐，自然就是實行仁政，自然就能成德成聖。擴充工夫非常容易理解，不待多說。

總之，孟子關於性情理論的觀點主要有以下幾個方面：

第一，孟子承接《中庸》關於未發已發和兩種情感的理論，認爲人有兩種情感：一是道德情感，一是感性情感。孟子之情是用樂、悅、好等概念來表達的。同樂、悅於仁義、好善好仁等樂、悅、好是道德情感，獨樂、悅於利、好貨好色好名好小勇等樂、悅、好是感性情感。兩種情感之根本區別在於道德情感具有先天的絕對普遍性，而感性情感只有後天的相對普遍性。孟子偏重道德情感，但同時也承認感性情感是人之基本情感，並且對道德情感具有一種類比的輔助作用，可以幫助人們認識到道德情感之絕對普遍性。

第二，由情言心，再由心言性〔註4〕；情善故心善，心善故性善。孟子有進於《中庸》的一點就是大談特談心，並以心言性。這就把心內化於性，完

〔註4〕顧炎武說：「孟子論性，專以其發見乎情者言之。」（《日知錄》卷七「性相近也」條）顧炎武看到了孟子從情說性；但又省卻了中間一個良心，不免說得太急了些。

成了儒學的內化。心是純粹至善之良心本心，性也是純然至善的天命之性。同時，孟子之心又是四端之心、不忍人之心，四端和不忍都是情。所以孟子之心是從情來說的。四端之情和不忍人之情是道德情感而非感性情感，孟子是以道德情感言心而非以一般的情感言心，更不是以感性情感言心。以道德情感言心，心才是良心本心，性才是天命之性。

　　第三，心性情三位一體，渾然爲一，這是儒學完全內化後的完整結構。由情言心，由心言性，三者名異實同。性是道德本體，是從人之所以爲人的本質規定性上來說的；心是理性的感官，是從對性之感知上來說的；情是道德本體自我實現、自我呈現的內在動力，是從性之能動性上來說的。性是本體，心也是本體，情也是本體，但心體、性體、情體並不是三個本體，而是同一個道德本體之不同方面。

　　第四，強調反求操存和擴充踐形的先天工夫。未發之性必須而且必然通過已發之情呈現出來。這就有兩個過程，一是從情到性的「必須」的過程。要認識性，必須經過由情到心再到性的過程。通過這一過程，性被認識。二是從性到情的「必然」的過程。性一旦被認識到，性必然會在心、情之共同作用下，付諸實踐。通過這一過程，性得到實現。前一過程是「知」，後一過程是「行」，知之必行，知行合一。相應於這兩個過程，孟子提出了一套工夫的兩個方向。相應於前一過程，孟子提出了反思、反求和操存的工夫；相應於後一過程，孟子提出了擴充和踐形的工夫。這些工夫都是針對情、心、性所做的工夫。心性情三位一體，渾然爲一，都是道德的本體。所以這些工夫都是針對本體所做的工夫，都是先天工夫。〔註5〕

二、荀子以感性情感論性又以認知之心治情性

　　荀子旗幟鮮明地反對孟子的性善論，主張性惡論。荀子所說之性包含形下和形上兩個方面。形下之性是爲人熟知的，即一般所說的自然屬性。荀子論性惡就是從形下之性來說的。而荀子在說形下之性時又是從情來說的。荀子所說之情只有一種，即感性情感，沒有孔子、《中庸》和孟子所一貫重視的

〔註 5〕當然，孟子也曾論及惡，也有針對感性情感的後天工夫，比如「養心莫善於寡欲」（《孟子》14.35）等即是後天工夫。但總體來說，惡在孟子的理論系統裏，不是一個獨立的概念。孟子認爲，只要大本確立，諸惡自然消退。所以孟子關於後天工夫的論述比較簡略，這裏也就不予詳言。

道德情感。荀子以情論性，只是以感性情感論性，而不從道德情感論性。感性情感外發見於社群容易導致惡，由情見性，情惡所以性惡。因此荀子所說之性惡其實是情惡。荀子從情惡說性惡，這與孟子從情善說心善性善正相反。此外就是形上之性，亦即知能之性。荀子在論及性之形上方面時，措辭很隱晦，是把它納於心來討論的。這樣一來，形上之性就融化於心之認知能力而隱匿不彰。也正因此，荀子所說的形上之性往往爲人視而不見，語焉不詳。形下之性與形上之性之間是一種割裂的、緊張的、對治的關係，這就是人們常說的心治性情。爲了紓解這一緊張關係，荀子必然要強調虛一而靜、積學固知的工夫，以隆禮強法，治情化性，引人向善。

　　無論是性善還是性惡，都是針對性所做的價值判斷。荀子以性惡論標宗，批判孟子的性善論，首先就要對性做出有異於孟子的解讀。荀子說：「凡性者，天之就也，不可學，不可事」（《荀子》23.4），「是人之所生而有也，是無待而然者也」（《荀子》4.11）。性是天然如此、生而具有的，是不可習得、不可人爲做作的。這是對性的一個總的判斷。根據這種判斷，荀子必然承認性之普遍性。所以荀子說：「凡人有所一同」（《荀子》4.11），「凡人之性者，堯舜之與桀蹠，其性一也；君子之與小人，其性一也」（《荀子》23.12），「聖人之所以同於眾、其不異於眾者，性也」（《荀子》23.7）。這種普遍性只是一種形式上的籠統說法。孟子也承認性是人所俱同、聖凡無二的。從形式上並不能區別孟荀性論之差異。孟荀性論之差異更多地表現在性之內容和性質上。深究其實，就會發現，荀子所說之性在內容性質上是相當複雜的，既有形下的方面，也有形上的方面。這裏暫且將形下方面之性稱爲「形下之性」，將形上方面之性稱爲「形上之性」。

　　形下之性是從人之動物性上來說的，它包括三個方面的內容：一是血氣之性，二是感知機能，三是感性情欲。

　　形下之性的第一個方面是血氣之性。血氣之性是人作爲一種自然的生命存在所必備的質地。「水火有氣而無生，草木有生而無知，禽獸有知而無義；人有氣、有生、有知，亦且有義，故最爲天下貴也。」（《荀子》9.19）「人有氣、有生」，氣和生就是血氣之性。血氣之性分爲兩層：一是氣，一是血。「水火有氣」是從氣這一層來說的，「草木有生」是從血這一層來說的。氣完全是物質性的元素，水火等五行都是氣。「草木有生」之生是血的意思。荀子所說之血不是現在所指的在血管裏流淌的血，血管裏流淌的血仍然是氣，荀子所

說之血代表的是有機生命。血與生之區別在於它們是針對不同的對象而言
的，對動物而言，生就是血，對草木來說，血就是生。人有氣和生即是說人
有氣和血。血和氣都是「天之就也，不可學，不可事」，所以血氣不能說不是
一種性，這就是「血氣之性」。血氣之性是人作為一種生物之最低級最基本的
性質。血氣之性是會變化的，具有剛柔、強衰、平和威猛等特徵。孔子曾說：
「君子有三戒：少之時，血氣未定，戒之在色；及其壯也，血氣方剛，戒之
在鬥；及其老也，血氣既衰，戒之在得。」（《論語》16.7）血氣之性是不定的，
會隨著人之身體的變化而變化，不同年齡階段，血氣也會呈現出剛衰等不同。
荀子關於血氣之性的說法來源於孔子：「血氣筋力則有衰」（《荀子》18.5），「血
氣剛強，則柔之以調和」（《荀子》2.4），「安燕而血氣不惰，柬理也」（《荀子》
2.15），「血氣和平」（《荀子》12.3、20.9）。血氣之性雖然是可變的，雖然具有
剛強柔和之不同，但這是針對所有人來說的，它自身雖然是可變的，但每個
人都具有血氣之性這一點卻是絕對普遍的。

形下之性的第二個方面是感知機能，荀子稱之為「才性」或「材性」。「性
者，本始材樸也」（《荀子》19.15），「彼人之才性之相縣也，豈若跂蟜之與六
驥足哉？」（《荀子》2.8）「材性知能，君子小人一也」（《荀子》4.9）。性是一
種原始的材質，人們的材質懸殊不會太大，甚至是完全相同的。材性是一種
「知能」，其特質在於「知」，「材性知能」、「知能材性」、「知慮材性」（《荀子》
4.9）說的都是這一點。「知能」是一種感知機能、感知本能。「目辨白黑美惡，
耳辨聲音清濁，口辨酸鹹甘苦，鼻辨芬芳腥臊，骨體膚理辨寒暑疾養，是又
人之所常生而有也，是無待而然者也，是禹桀之所同也」（《荀子》4.11）。這
裏的辨不是「辨莫大於分」（《荀子》5.10）之辨，而是辨知、辨識、感知的意
思。眼睛能辨識黑白美醜，耳朵能辨識聲音清濁，口舌能辨識酸甜苦辣，鼻
子能辨識芳香腥臭，肌膚能感知冷暖癢痛，這是人人同有固具的一種感知本
能。「凡生天地之間者，有血氣之屬必有知」（《荀子》19.18），「水火有氣而無
生，草木有生而無知，禽獸有知而無義，人有氣、有生、有知」（《荀子》9.19）。
血氣之性是人之同於草木等生物之性，知能材性是人之高於植物而同於動物
之性。現代生物學認為，草木等生物也有感知機能，比如向日葵之向陽性。
照這樣說，植物也有知能材性。但是一來荀子的觀察沒有達到現代生物學的
認知高度，二來即使植物有感知機能，其感知也必定不同於動物。荀子所說
的知能材性正是從動物之不同於植物的那一點上來說的。同時，應該提前交

待的是，材性知能之知不同於下面將要提到的「心不可以不知道」（《荀子》21.7）之知，材性知能之性也不同於「凡以知，人之性也」（《荀子》21.15）之性。後兩者都屬於形上之性而不是形下之性。

形下之性的第三個方面是感性情欲，荀子稱之爲「情性」或「性情」。首先，性、情兩者有本質上的同一關係：「不事而自然謂之性。性之好、惡、喜、怒、樂謂之情」（《荀子》22.1），「性者，天之就也；情者，性之質也」（《荀子》22.12）。天然而有、不假人爲的東西就是性，荀子有時稱之爲「天性」（《荀子》8.22）。天性中的喜怒哀樂就是情。人身上天然而有、不假人爲的天性有很多，比如血氣之性、材性都是天性。但是只有喜怒哀樂等天性是情。不僅如此，情與血氣、材性的區別還在於情是「性之質」，是天性的本質性特徵和實質性內容。性是天性，情自然也就是「天情」：「形具而神生，好惡喜怒哀樂臧焉，夫是之謂天情」（《荀子》17.4）。由於情與性的這種本質的內在關係及情在性中的地位，荀子把性稱徑作「情性」：「縱情性，安恣睢，禽獸行，不足以合文通治」（《荀子》6.2），「忍情性，綦谿利跂，苟以分異人爲高，不足以合大眾、明大分」（《荀子》6.3），「起禮義、製法度，以矯飾人之情性而正之，以擾化人之情性而導之也」（23.3），「故順情性則不辭讓矣，辭讓則悖於情性矣」（《荀子》23.6），「若夫目好色，耳好聲，口好味，心好利，骨體膚理好愉佚，是皆生於人之情性者也」，「夫好利而欲得者，此人之情性也」（《荀子》23.7）；而把情稱徑作「性情」「縱性情，安恣睢而違禮義者爲小人」（《荀子》23.3），「縱情性而不足問學，則爲小人矣」（《荀子》8.23）。「情性」、「性情」兩個詞同時見於《荀子》，足以證明荀子以情論性及情、性同一併非偶然而無根之談。

情有喜怒哀樂，自然也可以從很多方面來考察分析，但荀子關注得更多的只是情的一個方面，這就是欲。「欲者，情之應也。以所欲爲可得而求之，情之所必不免也」（《荀子》22.12），「夫人之情，目欲綦色，耳欲綦聲，口欲綦味，鼻欲綦臭，心欲綦佚。此五綦者，人情之所必不免也」（《荀子》11.11）。情感是一種感應能力，它的一個特質是對所感應到的對象一定要去追求，欲就是情的這種欲求性。荀子認爲，欲是情的一個本質特性。欲的一個同義詞是「好」，「夫好利而欲得者，此人之情性也」（《荀子》23.7），「人之性，生而有好利焉」、「生而有耳目之欲，有好聲色焉」（《荀子》23.2），「目好色，耳好聲，口好味，心好利，骨體膚理好愉佚，是皆生於人之情性者也」（《荀子》23.7）。欲與好的意思相同，都可以直接用來指稱性、情或情性。性是絕對普

遍性的，根據欲、好與情、性的關係來推斷，欲、好也必然是普遍的。其實，荀子在說性之普遍性時，正是從好、欲之情來說的，「凡人有所一同：饑而欲食，寒而欲暖，勞而欲息，好利而惡害，是人之所生而有也，是無待而然者也，是禹桀之所同也」（《荀子》4.11），「夫貴爲天子，富有天下，是人情之所同欲也」（《荀子》4.14），「好榮惡辱，好利惡害，是君子小人之所同也」（《荀子》4.9），「同類同情」（《荀子》22.5）。而且，從欲和好的這些內容可以看出，它們都是一種感性感官之欲望和愛好，由它們所規定的情也就是一種感性情感。

　　除了上面所分析的三個方面的形下之性，荀子所說之性還隱含有一種形上之性。之所以說是「隱含」，是因爲這種形上之性是從語脈和邏輯上推導出來的，荀子本人對之並無具體的陳述。這樣的形上之性大致包含兩個方面，一是作爲生命的超越根據之性。荀子在《正名》篇中曾對性下過一個定義：「生之所以然者謂之性」（《荀子》22.1）。然是實然，所以然是實然之所以如此的根據。這個根據可以是形上的也可以是形下的，如果是形上的，生之所以然之性就是前面所說的種種形下之性的形上根據，是從實然之性向上躍翻而得出的一種形上之性。順此下去，完全可以發展出一種先天的形上之性。〔註6〕二是能知之性。荀子在《解蔽》篇中說：「凡以知，人之性也；可以知，物之理也。以可以知人之性，求可以知物之理，而無所疑止之，則沒世窮年不能遍也。」（《荀子》21.15）「凡以知」之「以」是「能」的意思。〔註7〕「凡以知，人之性也」是說能知是人的一種本性，從這個方面來說的性可以稱之爲「能知之性」。能知之性包含「能」和「知」，既是一種性能、能力，又是一種知性。前面說，形下之性的第二個方面是知能材性，也包括「能」和「知」，似乎也是一種「能知之性」。那麼爲什麼說材性是形下之性，而能知之性是形上之性呢？它們最本質的區別在於知和能之感官與對象不同。知能材性的感官是目耳舌鼻身等感性感官，其對象是「白黑美惡」、「聲音清濁」、「酸鹹甘苦」、「芬芳腥臊」、「寒暑疾養」等形下的感性現象，所以材性只能是一種形下之性。能知之性的感官是心。這個心不是「目好色，耳好聲，口好味，心好利」之心，好利之心與耳目等感性感官是一個層次的，也是一種感性感官，好利之心的對象是利，是經驗的感性對象。能知之心是「心居中虛，以治五

〔註6〕徐復觀：《中國人性論史·先秦篇》，第232～233頁。
〔註7〕張覺《荀子譯注》據裴學海《古書虛字集釋》卷一訓「以」爲「能」。

官，夫是之謂天君」（《荀子》17.4）之心，是能夠統攝目耳舌鼻身等感性感官的天君，是理性感官。能知之心的對象也不是形下的、經驗的感性之物，而是物之理。不僅僅是物之理，下面還將看到，能知之心的對象還有道，還有仁義之理。所以能知之性是一種形上之性，與知能材性有本質的區別。

當然，以上兩點只是從《荀子》一書的語脈和邏輯上推斷，理應有此兩種形上之性，而實際上荀子甚至有意識地把形上之性排除在自己的思想系統之外。一方面，荀子在主觀上對所以然之性並沒有作形上的理解，而是以情論性，情又是感性情感，所以然之性的形上方面就化爲烏有。這時，「生之所以然者謂之性」就完全等同於告子所說的「生之謂性」了，完全滑到了形下之性了。另一方面，荀子把知道、知物之理、知仁義之理的能知歸於心，從而就把形上的能知之性融化於心，能知之性的形上性便完全被掩而不彰。從整個義理系統來看，荀子之心有形上性，而且能知之性與能知之心應該有重合的部分，這就意味著荀子思想中有一種形上的能知之性存在。但是除了上引「凡以知，人之性也」一句話外，荀子在其餘地方只把這種形上的能知稱作心而不稱作性，形上之性始終透顯不出來。

如此一來，荀子論性就只重在形下之性。在形下之性中，血氣之性是人之同於植物之性，知能材性是人之同於動物之性，這兩者無所謂善惡的，荀子性惡論也從不就這兩個方面著筆。荀子論性惡是從形下之性的第三個方面即感性情欲或情性來說的。可見，在論性的入路方法上，荀子與孟子走的是相同的路數，即都是以情論性。所不同者有兩點，而且是本質上的不同。其一，孟子以情論性是以道德情感論心再論性，荀子以情論性是以感性情感論性。其二，孟子以道德情感論性是以道德情感本身論性，道德情感本身是善的，所以心善性善；荀子以感性情感論性卻不是以感性感情本身來論性，而是以感性情感在社會中易於產生的後果論性。感性情感本身只是一種實然的感性能力，沒有價值性，當然也無所謂善惡。但是當感性情感放於社會中時，就易於導致惡的後果，這就有了價值意義。感性情感之後果是惡的，所以情是惡的，情惡故性惡。

荀子論性惡是從欲好等感性情感之社會後果進入的，而不是就情性本身立言，性惡是社會後果與感性情感之結合。我們知道，一種結合可以是外在的結合，也可以是內在的結合。外在的結合是綜合的、偶然的、沒有普遍性的，內在的結合是分析的、必然的、具有普遍性的。社會後果與感性情感之

結合如果是外在的，導致惡果的原因可能有很多，感性情感可能不是其原因，感性情感就可能不是惡的。情不惡，性是從情來說的，那麼也就不能說性必然是惡的。社會後果與感性情感之結合如果是內在的，惡果是從感性情感中直接析出的，情本身就必然具有惡的因子，情惡故性惡。荀子要證明性是惡的，就必然要證明感性情感與社會後果是一種內在的關係。

　　為證明感性情感與社會後果是一種內在的結合，荀子提出了五個預備性條件。我曾把它們稱爲荀子性惡論的五個「理論預設」。〔註8〕

　　（1）「情性」。即以欲好論情，以情論性。荀子從欲、好說感性情感，又從感性情感說性，欲、好、情、性是同體同質而不同名的。性是天之就、生而有、無待然的，因而欲好等感性情感也是人之本性，人生來就有欲好之性。「饑而欲食，寒而欲暖，勞而欲息，好利而惡害，是人之所生而有也，是無待而然者也，是禹桀之所同也；目辨白黑美惡，耳辨聲音清濁，口辨酸鹹甘苦，鼻辨芬芳腥臊，骨體膚理辨寒暑疾養，是又人之所常生而有也，是無待而然者也，是禹桀之所同也」（《荀子》4.11），「夫人之情，目欲綦色，耳欲綦聲，口欲綦味，鼻欲綦臭，心欲綦佚。此五綦者，人情之所必不免也」（《荀子》11.11），「故人之情，口好味，而臭味莫美焉；耳好聲，而聲樂莫大焉；目好色，而文章致繁、婦女莫眾焉；形體好佚，而安重閒靜莫愉焉；心好利，而谷祿莫厚焉。合天下之所同願兼而有之」（《荀子》11.16）；「夫貴爲天子，富有天下，名爲聖王，兼制人，人莫得而制也，是人情之所同欲也」（《荀子》11.16），「夫貴爲天子，富有天下，是人情之所同欲也」（《荀子》4.14）；「好榮惡辱，好利惡害，是君子小人之所同也」（《荀子》4.9）。人之欲好包括自然性的生理欲好、心理性的榮辱情感和社會性的政治追求。耳目口鼻之欲好與「好美」、「好色」之欲均屬生理欲好，也是人最基本的欲好，「是人之所生而有也，是無待而然者也」。好榮惡害是心理性的榮辱情感。「貴爲天子，富有天下」之欲求等則是政治欲好。生理欲好和榮辱情感雖然一個是生理性的，一是心理性的，但其對象都仍然是社會性的。從對象上來看，生理欲好、榮辱情感與政治欲好並無本質的分別，都是感性情感在社會中的表現。

　　（2）「同欲」。即人之欲好是相同的。欲好相同表現在兩個方面，一是欲好之情人人同有。人人都有欲好之情，荀子反覆說欲好之感性情感「凡人有

所一同」（《荀子》4.11），「是君子小人之所以同也」，「是禹、桀之所同也」。
二是欲好的目標對象是一致的、相同的。人們「同欲」「同求」、「欲惡同物」
（《荀子》10.1），美好的東西「是人情之所同欲也」，人所好者，吾亦好之，「人
之所惡者，吾亦惡之」（《荀子》3.14）。這兩個方面對論證性惡是必不可少的。
欲好相同的第一個方面其實也就是前一個預設，即欲好是人人本有的情性，
自然必不可少。欲好相同的第二個方面也是必不可少的，如果人們的欲好目
標對象不相同，便不會對同一目標對象有所欲求，採取行動，也便不會有衝
突和爭亂，更不會導致什麼惡果，性惡論證也就不能自圓其說。

（3）「欲多」。即人之欲好是趨於多而不是趨於寡的。宋鈃說：「人之情，
欲寡，而皆以己之情爲欲多，是過也。」荀子批評他說：「若是，則說必不行
矣。以人之情爲欲此五綦者而不欲多，譬之，是猶以人之情爲欲富貴而不欲
貨也、好美而惡西施也。古之人爲之不然。以人之情爲欲多而不欲寡，故賞
以富厚而罰以殺損也。是百王之所同也。故上賢祿天下，次賢祿一國，下賢
祿田邑，願愨之民完衣食。今子宋子以是之情爲欲寡而不欲多也，然則先王
以人之所不欲者賞而以人之所欲者罰邪？亂莫大焉。」（《荀子》18.10）荀子
駁宋鈃「欲寡論」得出的最終結論是「人之情爲欲多而不欲寡」，甚至是「合
天下之所同願兼而有之」（《荀子》11.16）。這一點也是性惡論的必要條件。如
果人之欲好是趨於寡而不是趨於多的，人們也不會爲同一對象發生爭奪，性
惡論也就失去了一個必要的理論前提。

（4）「物寡」。即社會資源是適度匱乏的。適度匱乏的意思是說社會資源既
是匱乏的，又是適度的。這包含兩層意思：第一層意思是在絕對的意義上來說
的，第二層意思是在相對的意義來說的。一方面，社會資源之絕對量是匱乏的，
不能夠完全滿足人的欲求。戰國時代，社會生產力較以往雖大有提高，但其所
生產的物資產品仍然是有限的，仍然是「物寡」（《荀子》10.1）、「物不能贍」（《荀
子》4.14）。另一方面，社會資源之匱乏又是適度的、相對的，相對於人之欲求
而言是匱乏的，並不是完全不能滿足人之欲求。物寡、物不能贍並不是完全沒
有，只是相對於列國諸侯的吞象野心來說仍然是杯水車薪。對於荀子的性惡論
來說，絕對的豐富和絕對的匱乏都是沒有意義的。首先，絕對的豐富和絕對的
匱乏使社會分配失去意義，都不能構成現實的社會關係。絕對的豐富會使社會
分配和社會關係成爲多餘。社會資源就像無限的陽光，取之不盡，用之不竭，
能夠完全滿足人之欲好。在這種情況下，社會分配是不存在的，社會分配不存

在，社會關係就是不健全的，非現實的。絕對的匱乏將使社會分配和社會關係完全崩潰。社會資源極少，但又是人們生命所繫，於是人們就會進行無休止的爭奪戰爭，最終的結果必定是人類社會的整體覆滅。其次，絕對的豐富和絕對的匱乏都只是一種非現實的極端狀態。就社會資源來說，絕對的豐富是天堂，只是一種理想狀態，絕對的匱乏是地獄，是另一個極端。荀子是一個現實感極重的思想家，對於他而言，天堂和地獄都是不存在的，所以荀子所說的「物寡」只是社會資源的適度匱乏。〔註9〕

　　（5）「人群」。即人是一種群居性、社會性動物。「人生不能無群」（9.20），「人之生不能無群」（《荀子》10.5）。荀子所說之「群」可能有多種意思，但按照荀子自己的說法，其最明顯的意思就是「群居」。荀子屢次說：「群而無分則爭」（《荀子》9.20、10.1、10.5）。群與群居是可以互換的。荀子所說的群居與現在所說的群居差別不是太大，但哲學意味要更濃。現在一般所說的群居是指團體性的社會生活。荀子所指的群居除了這種實然的群居的社會生活外，還有一層意思就是這種群居生活、社會生活的內在性質，即群居性、社會性。這樣就可以發現，「人之生不能無群」含有兩種意思。一是說人一生下來就處於一種群居性的社會生活中，而且人要繼續生存下去，也一定要處於一定的群居性的社會生活中。與群或群居相對的是離或離居，「離則弱，弱則不能勝物」（《荀子》9.20），「離居不相待則窮」（《荀子》10.1）。所以人必須群居在一起，才能生存。二是說人天生就有一種群居性、社會性，人天生就是群居性的、社會性的動物。從理論上說，人一生下來就處於群居之中，而且必須群居才能生存。在現實上，人類的確一直存在著，而且的確一直以群居的方式存在著。這就證明了人是能群居的，「力不若牛，走不若馬，而牛馬為用，何也？曰：人能群，彼不能群也。人何以能群？曰：分。分何以能行？曰：義」（《荀子》9.19）。能群就必定有能群性。荀子把能群的原因歸結為「分」和「義」，這仍然只是實然的原因，是為其明分使群和禮法制度張本。其實，使群得以能行之分、義、禮、法也必須建立在人之能群性上。如果沒有人的能群性，無論禮義法度怎麼加在人身上，仍然只是一盤散沙，仍然是不能群的，仍然不能形成群，不能形成社會。群是人類存在的必要條件，能群性是

〔註 9〕休謨（David Hume）把這種適度匱乏的狀態描述為人類社會的黃金時代（Golden-age）或中間狀態。見其《道德原則研究》，北京：商務印書館，2002年，第 40 頁。

人禽之辨的標誌。人之所以仍然生存著，而且不是禽獸似地生存著，就證明
了人是以群居、社會的方式存在著的；人以群居、社會的方式存在，就證明
了人是能群的；能群就證明了人是具有能群性的。能群性也就是一種社會性。
社會性是人之所以爲人、人之所以異於禽獸的一種本性。這可以說是荀子論
性極其重要的一環，缺少了這一環，性惡論就失去了其理論上的圓滿性，也
失去了其關懷現實的批判光彩。比如，如果沒有「群」，荀子性惡論所特重的
「爭」就絕不會發生。因爲人類的無情爭奪和殘烈攻擊與其他動物的一樣並
不發生在一切場合，往往只發生在生存空間較小的地方。〔註 10〕雖然有以上
種種預設，但是如果每一個人都只是一個完全獨立的個體，都存在於一個完
全獨立的世界，人與人之間根本不會與其他人發生任何現實關係，自然也就
無所謂爭亂並產生出什麼惡果。

　　在這五項內容中，欲好之感性情感是人的自然本性（「情性」），人之欲好
是相同的，其目標對象是相同的（「同欲」），人之欲好是趨於多的（「欲多」），
欲好的目標對象即社會資源是適度匱乏的（「物寡」），人是群居地生活在一起
的社會性動物（「人群」）。這五項就是荀子爲論證性惡所準備的五個理論預
設。這五項可以進一步分爲三組：前三項爲第一組，是從人的方面來說的，
是主體方面的預設；第四項爲第二組，是從物的方面來說的，是客體方面的
預設；第五項爲第三組，是前兩組的一個綜合，是主客體兩個方面發生關係
的邏輯空間。第五項的兩層意思（實然的群居生活與能然的能群性）分別與
前兩組相關聯：人之群居生活與社會資源相關聯，人之能群性、社會性與人
的自然本性相關聯。

　　而且，主客兩方面的相互關聯既是定然而必然的，又是自然而天然的。
荀子說：「萬物同宇而異體，無宜而有用爲人，數也。人倫並處，同求而異道，
同欲而異知，生〔註11〕也。」（《荀子》10.1）萬物雖然形體不同，但並存於宇
宙之中而且對人有用，這是自然的天數。人類群居地生活在一起，雖然其道
不同，但同求同欲，這是人類共同的天性。「數」即「天數」（《荀子》9.3），
是定然而必然的，「生」即「天性」，是自然而天然的，都表示的是一種普遍

〔註10〕D.莫里斯：《人類動物園》，何道寬譯，上海：復旦大學出版社，2010 年，第
　　　　142 頁。
〔註11〕按：「生」讀爲「性」。見王念孫《讀書雜志・荀子第三・生也》，清同治庚午
　　　　十一月金陵書局重槧本，南京：江蘇古籍出版社，1985 年影印，頁 677 下。

的必然性。「數」是從客觀方面之物來說的必然性，「生」是從主觀方面之人來說的必然性。萬物同宇，有用於人，人倫並處，同求同欲，人對物的欲求是天然如此的，人與物的關係是天定如此的。總之，這五個預設之間的關係是內在的必然的關係，因即是果，果即是因，既可以由因推及果，又可以由果推及因。人類情性及其目標對象之結合是因，情性是主觀之因，其目標對象是客觀之因，由主客觀之因所產生的便是果。有此作為因之情性和對象，必定有此後果，同樣，有此後果就可以推知必定有此作為因之情性和對象。

　　這五項預設中的每一項都是性惡論的必然條件，但都不是充分條件。單獨而論，它們中的任何一項都是中性的，都是沒有善惡價值的，然而，當它們結合在一起的時候，價值就出現了，善惡就彰顯了。「欲惡同物，欲多而物寡，寡則必爭矣」（《荀子》10.1），「物不能贍則必爭」（《荀子》9.3）。從主觀方面說，人之本性有欲好的感性情感，人之欲好是趨於多而不是趨於寡的，而且每個人的欲好之目標對象是大致相同的。從客觀方面說，作為人之欲好的目標對象，社會資源之數量是一定的，即相對於人之欲好來說是適度匱乏的。從主客觀方面之綜合說，人們必須同住一個屋簷下，同在一塊土地上，同處一片藍天下。這些都是天數，都是定然而必然的，都是自然而天然的。順著這種情況自然往下發展，人與人之間就必然會發生爭奪，「爭則必亂，亂則窮矣」（《荀子》9.3），「爭則亂，亂則離，離則弱，弱則不能勝物」（《荀子》9.20）。「不能勝物」是「以己為物役」（《荀子》22.16）的意思，這是最終後果。這一後果可以從兩種意義上來理解：一是人不能戰勝物，比如動物，本來是牛馬為用，否則有可能為牛馬所用；二是人不如物，人淪落為禽獸，就是平時所說的「禽獸不如」。前者危及人類的現實生存，國將不國；後者危及人禽之辨，人將不人。這一後果是一種惡果，是「人之大害」（《荀子》10.5）。荀子輕易不用「大害」一詞。遍檢《荀子》一書，「大害」一詞總共才出現三次。另外兩次，一次是說人之無知的，「陋也者，天下之公患也，人之大殃大害也」（《荀子》4.12），一次是說君主之毛病的，「解國之大患，除國之大害，成於尊君安國，謂之輔」（《荀子》13.2）。荀子重學尊君，陋而無知、君主無能當然是大害。荀子嚴厲地將以上後果稱為「大害」，足見其在荀子眼中是極其邪惡的。

　　這種惡果是人類普遍的欲好情性與社會資源的適度匱乏相結合而產生的社會性後果，荀子正是由這種社會惡果來論證人之性惡的。《性惡》篇說：

今人之性，生而有好利焉，順是，故爭奪生而辭讓亡焉；生而有疾惡焉，順是，故殘賊生而忠信亡焉；生而有耳目之欲，有好聲色焉，順是，故淫亂生而禮義文理亡焉。然則從人之性，順人之情，必出於爭奪，合於犯分亂理而歸於暴。故必將有師法之化、禮義之道，然後出於辭讓、合於文理而歸於治。用此觀之，然則人之性惡明矣，其善者偽也。（《荀子》23.2）

這段話完整地暗含了以上五個理論預設。好、疾、耳目之欲等是人之情性，利、聲色等是其目標對象，這分別說的是主客觀兩方面的理論預設。至於第三組預設即人之群居性、社會性，則暗含在字裏行間。這段話有兩個字非常關鍵，一個是「順」，一個是「故」。「順」是順其自然，表示的是一種必然的趨勢。「故」表示的是順著這種趨勢而必然產生的社會惡果，「爭奪生而辭讓亡」，「殘賊生而忠信亡」，「淫亂生而禮義文理亡」，「必出於爭奪，合於犯分亂理而歸於暴」。

五個預設的關係是內在的必然的關係，有因必有果，有果必定可以推知因。情性是主觀之因，其目標對象是客觀之因。社會後果是惡的，由此也就可以推知其因也是惡的。但是社會資源等目標對象是客觀之因，無所謂善惡。當然，也可以說社會資源之匱乏本身就是一種惡，但這只是一種客觀之惡、自然之惡，而不是道德之惡、倫理之惡。儒家講道德善惡不從客觀面來講，只從主觀面來講，客觀面的種種現象只是對主觀面之情、性、心起到一種誘引、激發作用。所以客觀面的社會資源之匱乏仍然可以視之為無所謂善惡的。那麼造成社會後果之惡的原因只能是人之情性。由果可以推知因，社會後果是惡的，所以作為原因之情性也是惡的。

總起來說，荀子性惡論的基本進路是以情論性，以感性情感論性。其完整的順序是這樣的：只以形下之性而不以形上之性論性，只以形下之性中的感性情感而不以血氣之性和知能材性論性，只以感性情感的社會後果而不以感性情感本身論性。感性情感的社會後果為惡，故感性情感是惡的；感性情感是惡，故形下之性是惡的；形下之性是惡的，故人性是惡的。在這裏，荀子以情論證性惡時，情與性是內在的關係，但感性情感的社會後果卻是一個引進的「附加」條件，而且似乎是一個外在的「附加」條件。常有人據此批評說，荀子的性惡論證在邏輯上是不嚴密的。感性情感無所謂善惡，而其社會後果又是一個外在的附加條件，與情性沒有內在的本質必然關係，那就不

能得出結論說情性是惡的。這種批評其實冤枉了荀子。在荀子看來，感性情感的社會後果同樣是人性的一種本質性東西，並不是一個附加的條件，更不是一個外在的東西。荀子是把人性放於一定的社會群體生活中來理解的，沒有脫離於社會生活之外的形上情性，人性的道德意義就大大客觀化了。這可以說是荀子有進於孟子之處。

惡果產生出來以後，就必須遏制惡，使之歸於善，而且要標本兼治，從根子上遏制惡。對惡進行遏制，就引出了荀子思想中最具特色的兩個因素：一個是禮，一個是心。「人之性惡，必將待師法然後正，得禮義然後治」（《荀子》23.3），「聖人積思慮、習偽故，以生禮義而起法度」（《荀子》23.7），「使天下皆出於治、合於善也」（《荀子》23.9）。師法禮義總起來說可以歸為一個「禮」字，思慮即是指心而言。情性是惡的，縱情性而來的是惡果，這就需要用禮以遏制惡，使之歸於善；禮是聖人通過心之思慮作用而制定出來的。這就是荀子治氣養心、處心積慮、化性起偽的基本進路。很明顯，在這個進路中，心是關鍵，居於中樞、核心地位。心明不明，心之作用發揮得如何，直接決定著禮之產生，最終影響到惡的遏制。從現實的層面來看，荀子以禮治惡，強調禮義師法的重要性；但從理論的層面來看，禮由心而成，以禮治惡其實是以心治惡。所以對惡的遏制歸根到底在於心。

荀子所說之心包含兩層：第一層是「人心」，第二層是「道心」。荀子引古書《道經》說：

> 處一之危，其榮滿側；養一之微，榮矣而未知。故《道經》曰：「人心之危，道心之微。」危微之幾，惟明君子而後能知之。故人心譬如槃水，正錯而勿動，則湛濁在下，而清明在上，則足以見鬚眉而察理矣。微風過之，湛濁動乎下，清明亂於上，則不可以得大形之正也。心亦如是矣。（《荀子》21.11）

人之心就像盤中之水。盤子端置不動的時候，盤中的污渣濁滓就沉澱在下面，清瑩明澈之水就澄靜在上面，這時候，盤水就能夠明鑒鬚眉，洞察肌理。但是微風拂過，下面的渣滓就被攪動泛起，進而把上面清澈的水也擾亂了，這時候，水就不再能夠鑒照人體本形了。這個比喻意味著，人之心有兩層，即底層的沉濁之心與和上層清明之心，人之心是沉濁與清明的統一體，沉濁之心即「人心」，清明之心即「道心」。〔註12〕

〔註12〕需要說明的是，這裏所用的「人之心」是廣義的用法，即《道經》所說的「人

　　人心與道心是一種什麼關係呢？兩者的關係要分兩個方面來看。一方面，從這個比喻中可以看出，人心與道心雖是兩層心，但並非兩顆心，它們仍然是同一個心。〔註 13〕人之心包括沉濁和清明兩層，道心只是其上面的清明部分，道心包括於人之心，道心仍然屬於人之心。人之心包括道心，人人都有道心，因此途之人皆可以爲善。另一方面，道心雖然屬於人之心，人心與道心雖是同一個心，但兩者具體所指的側重點是不一樣的。人之心側重於心之普遍性，泛指一般人、塗之人之心，荀子又稱之爲「民心」（《荀子》10.1、20.6）。有時，人之心專作狹義使用，偏指心之沉濁部分。這就爲宋明儒人心、道心之辨打開了方便之門。道心則側重於心之清明性，專指君子、大人、大儒及聖人之心，因此荀子又稱之爲「聖心」（《荀子》1.6）。道心、聖心雖然是專指聖人之心，但聖人並非沒有人心，聖人是人，自然也有人心。當然，荀子在《解蔽》開篇即說「天下無二道，聖人無兩心」（《荀子》21.1），但「聖人無兩心」可以兩解。其一是說人心、道心仍然是一個心，同是人之心。但同一個心仍然是可以分爲兩層的。其二是說人之心雖然可以分爲兩層，但聖人能夠持之以恒地保持其道心不役於人心，看似只有一個聖心、道心，其實是道心勝過、蓋過了人心。這從《解蔽》篇「心不使焉」一句也可以看出。一般人是「心不使焉」，而聖人是「心使之也」（《荀子》22.11）。「心不使」則人心勝道心，「心使之」則道心勝人心。無論是「心不使」還是「心使之」，

心之危」之心，泛指包括沉濁和清明兩層之心。而這裏所用的帶引號之「人心」是狹義的用法，專指人之心中底層的沉濁之心，道心則是人之心中清明之心。爲了便於區別，下文把廣義之心統稱爲人之心，而狹義之「人心」不再帶引號，統稱爲人心。

〔註 13〕人心與道心的關係有人做一體地理解，也有人做二分地理解。一體地理解會說人心與道心是一個心，二分地理解會說人心與道心是兩個心。這裏取一體地理解。關於這一點，徐復觀曾批評唐君毅把荀子所說之心裂分爲人欲之心和道德之心，即人心是人欲之心，道德之心是道心。而徐復觀自己則主張一體地理解，人心與道心是同一個心的兩個方面而非兩個層次，人心是從心的欲望方面來說的，道心是從心之認識能力方面來說的。但是人有兩種認識能力，材性之知能是一種知，是一種認識能力，道心之知道是一種知，也是一種認識能力。如果單從認識來說，並不能區分出人心與道心爲兩個方面。所以這裏雖然亦主一體說，但仍把人心與道心分兩層，也只有這樣，才能顯示出荀子對道心之尊崇。唐君毅的觀點見《中國哲學原論‧原性篇》，《唐君毅全集》卷十三，第 73～74 頁。只是從唐君毅的陳述中似乎看不出有徐復觀所批評的意思。徐復觀的批評及主張見《中國人性論史‧先秦篇》，第 242～243 頁。

都只是從道心、聖心來說的，這只是從人之心的一個層面來說的，除此還有人心的層面。

荀子區分人心與道心還有其更深層的用意。人心是爲了引出虛一而靜的工夫論，道心則是爲了引出成善成聖的可能性。如果沒有人心之危，人通體都是道心智慧，也就不會有性惡，更不需要虛一而靜的工夫。如果沒有道心之微，人整個就是一片濁滓，途之人成善成聖就落了空。這樣說來，人心與性惡是貫通的，道心與禮義是貫通的。

人心與性惡之貫通要從人心與耳、目、鼻、口、身等五官的關係說起。關於這一點，荀子多次論及：

（1）使目非是無欲見也，使耳非是無欲聞也，使口非是無欲言也，使心非是無欲慮也。及至其致好之也，目好之五色，耳好之五聲，口好之五味，心利之有天下。（《荀子》1.15）

（2）夫人之情，目欲綦色，耳欲綦聲，口欲綦味，鼻欲綦臭，心欲綦佚。此五綦者，人情之所必不免也。（《荀子》11.11）

（3）故人之情，口好味，而臭味莫美焉；耳好聲，而聲樂莫大焉；目好色，而文章致繁、婦女莫眾焉；形體好佚，而安重閒靜莫愉焉；心好利，而谷祿莫厚焉。（《荀子》11.16）

（4）若夫目好色，耳好聽，口好味，心好利，骨體膚理好愉佚，是皆生於人之情性者也；感而自然，不待事而後生之者也。（《荀子》23.7）

（5）故必將撞大鍾、擊鳴鼓、吹笙竽、彈琴瑟以塞其耳，必將錭琢刻鏤、黼黻文章以塞其目，必將芻豢稻梁、五味芬芳以塞其口，然後眾人徒、備官職、漸慶賞、嚴刑罰以戒其心。（《荀子》10.12）

從以上材料來看，這裏的心與耳目鼻口身等五官是一種並列的關係，討論的是心與五官之性能。五官是感性感官，那麼這裏所說之心是人心，是沉濁之心。從其性能來看，人心是形下之性中知能材性與感性情感的渾合體。它有以下三種基本性能。首先，人心具有材性之知慮性。五官各司其管，各有其能。目之性能是見，口之性能是言，耳之性能是聽，而心之性能是「慮」。慮就是知，荀子常有「知慮」、「智慮」、「思慮」並稱。可見，人心與五官一樣，也不過是一種感性感官，只不過其性能是知慮。知能材性之基本性能也是知慮，人心之知慮性能屬於材性層面的性能，而與道心知道之知不是一個

層面的。道心之知慮性能是用來思善惡、決對錯的，而人心之知是在感性層面用來謀利害、權得失的。謀利害、權得失往往具有價值色彩，荀子將這種染上了價值色彩的人心稱爲「詐心」（《荀子》7.3、11.5）。

其次，人心具有感性情感之欲好性。感性情感可以從五官中發出。從目、耳、口、鼻、身等五官中發出的感性情感分別是對美色、美聲、美食、美味和體膚適佚的欲好之情。從心這種感官中也可以發出一種欲好之情，這種欲好之情的對象是財利。因此，荀子常常又把這種心稱爲「利心」（《荀子》6.14）或「貪利之心」（《荀子》12.2）。

最後，人心與感性情性一樣，具有趨惡性。荀子以感性情感論性，以欲好論情，以順縱欲好之社會後果論性惡。社會後果惡故欲好惡，欲好惡故情惡，情惡故性惡。由人心發出的欲利好利之情是感性情感，當然也會致惡。所以荀子才說「漸慶賞，嚴刑罰，以戒其心」，肯定是因爲心會帶來惡，所以才要對之進行警戒。荀子對這種致惡之心非常反感，曾罵懷有這種心的人「心如虎狼，行如禽獸」（《荀子》2.1）。對於這種心，荀子有時稱之爲「奸心」（《荀子》6.11）、「姦人之心」（《荀子》7.8）、「趨奸之心」（《荀子》16.8）；有時稱之爲「傾側之心」（《荀子》13.5）、「邪心」（《荀子》27.64），傾側就是歪邪、不端正；有時稱之爲「倍叛之心」（《荀子》19.10）。荀子之所以這樣說、這樣罵，仍是從其性惡論立場出發的。人心或人心中之沉濁部分和感性情感與性惡相貫通，會引致惡果，對之發出詆詬之語是理所當然的。

道心或聖心與禮義師法、成善成聖之貫通要從其性能上看出。道心之根本性能是「知能」。當然，這與材性之知能不是一個層次的。道心之知能性又可以分爲三個方面：一是認知性，這時的道心就表現出「認知心」的面相；二是主宰性，這時的道心就表現出「統類心」的面相；三是決斷性，這時的道心就表現出「意志心」的面相。

先來看道心之認知性。認知性是道心最明顯的一個性能。道心之認知性有其必然性。道心之認知性甚至道心本身是由性惡逼出來的，人必須有道心，道心必須有認知性，這樣才能認識到性惡，並制定出應對惡的禮義法度來。荀子說：

> 心不可以不知道。心不知道，則不可道而可非道，……以其可道之心與道人論非道，治之要也。何患不知？故治之要在於知道。（《荀子》21.7）

在荀子這裏，「道者，非天之道，非地之道，人之所以道也」（《荀子》8.4），所以「知道」之道亦非天、地之道，而是人道。荀子還說：「禮者，人道之極也。」（《荀子》19.8）荀子所說之人道其實是禮義之道，是治惡的標準和治國的關鍵。心必須知道，如果心不知道，情性就沒有了方向和標準，就會做出一些違背道的東西，進而發展為惡。

　　道心之認知性又有其可能性。道心能夠知一切具有可知性的物之理。「凡以知，人之性也；可以知，物之理也。以可以知人之性，求可以知物之理，而無所疑止之，則沒世窮年不能遍也。」（《荀子》21.15）從前面對荀子性論之分析也可以知道，這裏的性應該是一種形上之性，但是荀子不從此論性惡，而是把形上之性化歸於心。如此來說，這裏的性其實就是心，是道心。「凡以知」是道心之能知性，是道心知道的主觀可能性，「可以知」是物理之可知性，是道心知道的客觀可能性。從能與所上來說，前者是能，後者是所，有能有所，能所兼具，道心知道才是現實可能的。

　　道心也能夠知情性之理。道心能知，物理可知，這是泛說。「物之理」之物泛說時遍指道心的一切可知對象。在荀子看來，情性從廣義上說也是「物」，也是道心的對象，也是可知的。情性之理即是為惡之理，是性惡論的五個理論預設及其必然關係。對於情性之理或為惡之理，道心也是能夠知道的。荀子說：

> 欲惡取舍之權：見其可欲也，則必前後慮其可惡也者；見其可利也，則必前後慮其可害也者。而兼權之，孰計之，然後定其欲惡取舍。（《荀子》3.13）

> 人之情：食，欲有芻豢；衣，欲有文繡；行，欲有輿馬；又欲夫餘財蓄積之富也；然而窮年累世不（引者按：「不」字是衍文）知不足，是人之情也。今人之生也，方知畜雞狗豬彘，又畜牛羊，然而食不敢有酒肉；餘刀布，有囷窌，然而衣不敢有絲帛；約者有筐篋之藏，然而行不敢有輿馬。是何也？非不欲也，幾不長慮顧後而恐無以繼之故也？於是又節用御欲、收斂蓄藏以繼之也，是於己長慮顧後，幾不甚善矣哉？今夫偷生淺知之屬，曾此而不知也；糧食太侈，不顧其後，俄則屈安窮矣。……以治情則利，以為名則榮，以群則和，以獨則足樂，意者其是邪！（《荀子》4.13）

喜歡食美味佳肴，喜歡穿錦衣麗服，喜歡乘肥成華輿，喜歡屯萬金之財，這

是天然而自然的情性；情性欲好是越多越好、永不知足的，這是情性必然而定然之趨向。順由情性自然發展，必然導致惡，這就是情性之理。對於這一點，道心是能夠清醒地知道的，因而才會思左慮右，瞻前顧後，並創制禮義，治情向善。在這裏，荀子提出了「治情」的說法，情性也是心之認知對象，是必須加以對治的。

　　道心還能夠知仁義之理。情性是惡之源，情性之理是為惡之理，仁義也有理，仁義之理是成善之理，仁義的成善之理也是可知的。「仁義法正有可知可能之理，然而途之人也，皆有可以知仁義法正之質，皆有可以能仁義法正之具，然則其可以為禹明矣」。（《荀子》23.14）仁義法度與其他「物」一樣，也具有可以知之理。既然有可以知之理，道心之能知性就可以加於其上，並對之進行認知、創制。道心是每一個人都具有的，道心之能知性當然也是人人兼備的，這就為途之人皆可以成善成聖準備了理論上的可能性。

　　道心對物理之知是總說，對情性之理之知是從為惡的方面來說，對禮義之理之知是從成善的方面來說。這三個方面都是道心之認知的可能性所必不可少的。能知物之理是總的理論依據，如果不能從總的方面具有認知客觀對象的可能性，知善知惡也就沒有了理論依據。能知情性之理是治惡的理論基礎，如果不能知情性之理，就不能知惡，如此一來，即使能知仁義之理，能夠創制出整套的禮義法度，也是無從下手的。能知仁義之理是成善的理論依據，如果不能知善、知仁義之理，即使知道情性之惡，也是白知，面對性惡，只能空自痛苦。從道心之認知性能中還可以看出以下兩點：第一，道心之認知性不同於材性之知能性。這從兩者的認知對象就可以看出。材性之知能性是對眼前具體欲好對象的知能追求，而道心不再限於此，更主要的是對具體對象的本質性或運作原則、去向走勢之認知。所以道心之認知性是比材性之知能性更高一個層次的認知功能。第二，情性與仁義都是心之認知對象。情性之理和仁義之理可知，那麼情性和仁義也都是可知的。所不同的是，道心知情性之理是為了治情性，而知仁義之理是為了用來治情性的。情性是心對治的對象，仁義是心對治情性的工具。

　　再來看道心之主宰性。認知性是道心能動的認知作用，主宰性則是道心主動的統攝作用。這種主宰性、統攝作用表現在兩個方面：一是對萬物之理、禮義之道的統歸作用，荀子稱之為「道之工宰」：

　　　　心也者，道之工宰也。道也者，治之經理也。（《荀子》22.8）

心知萬物之理、禮義之道。萬物之理是各有其理，道心能知萬物之理，也能知每一物之理。不但能知每一物之理，而且還能夠將分散的個物之理統總歸結，以求其類。這就是《正名》篇所說的定名辨類。荀子還說：

> 心知道，然後可道。可道，然後能守道以禁非道。以其可道之心取人，則合於道人而不合於不道之人矣。（《荀子》21.7）

心知道以後，還可以贊同道而禁止非道，進而也就會贊同並選擇有道、禁止並排斥無道。在這中間，都表現出心對道的主宰性。道心之主宰性的另一個表現是對感性感官的主宰作用，荀子稱之爲「天君」、「神明之主」：「耳目鼻口形，能各有接而不相能也，夫是之謂天官。心居中虛，以治五官，夫是之謂天君」（《荀子》17.4），「心者，形之君也，而神明之主也」（《荀子》21.9）。耳目鼻口形等五官是天官，是天然的感性感官，而心是天君，是天生的管治五官之君主。「君」形象地比喻了心所具有的主宰地位和統攝作用，心象至高無上的君主一樣，向感性五官發號施令。

從道心的主宰性也可以看出道心與人心是不同層次的官能。人心與五官是並列的關係，而道心既然是「天君」、「工宰」、「神明之主」，那麼它與五官肯定不是平起平坐的，不是並列的關係。當然，道心仍然屬於人之心，仍然是一種官能，只不過是一種高高在上、更高層次的官能。人之心分爲兩層，第一層是與耳目舌鼻身等五官並列之心，即「人心」，第二層是高出於五官之上的心，即「道心」。人心與耳目等一樣，是一種感性感官，道心則超越於感性感官之上，是一種理性感官。用現在的話來說，第一層的人心相當於一種感性之心，第二層的道心相當於一種理性之心。

最後來看道心之決斷性。決斷性是從道心的意志性和行動力來說的。荀子說：

> 心者，形之君也，而神明之主也，出令而無所受令。自禁也，自使也；自奪也，自取也；自行也，自止也。故口可劫而使墨云，形可劫而使詘申，心不可劫而使易意，是之則受，非之則辭。（《荀子》21.9）

「自禁」、「自使」、「自奪」、「自行」、「自止」可以簡稱爲「六自」。道心向五官發令是自發自動、自作主宰的，沒有一個太上皇在那裏垂簾聽政。心的「出令而無所受令」及「六自」都顯示出心具有強烈的自我決斷性和自主意志性。同時，從心能可道、守道、禁非道以及「六自」來看，道心必定是能夠自我

行動的。如果道心只能知而不負責行動，就不可能守道，更不可能禁非道，「六自」也就成為虛言。

人之心分為上下兩層，下面一層是沉濁的人心，與情性相貫通，是致惡的源頭；上面一層是清明的道心，與禮義相貫通，是成善的資具。人心通過性惡論五個理論預設的神秘作用，引發出社會性惡果，道心通過知道、可道、守道、行道等認知功能、主宰功能和決斷作用創制禮義，對人心情性進行管治，從而化性成善。在這中間，人心以本能的方式運作，道心以理性的方式運作。人心與道心的關係就是禮義與情性的關係，人心從於道心，情性從於禮義，則清明而治；人心從於人心而不從於道心，情性從其欲好而不從於禮義，則沉濁而惡。人心從於道心是「心使之也」（《荀子》22.11），人心不從於道心是「心不使焉」（《荀子》21.1），使不使都是對道心而言的。使就是「自使」之使，是道心的主宰性和決斷性。所以對於成善成聖來說，道心使不使，道心的主宰作用、決斷功能發揮得如何是關鍵。這對於聖人而言，自不成問題；但對於一般的「庸人」來說，卻並不必然，因而會出現「五鑿為正，心從而壞」（《荀子》31.2）、「中心不定，則外物不清」（《荀子》21.13）、「暗其天君，亂其天官」（《荀子》17.4）等現象，這種現象荀子稱之為「大凶」（《荀子》17.4）。

人心、道心或情性與禮義的這種關係就引出了荀子的工夫論。道心不使，天君發暗，荀子稱之為「蔽」：「為堯禹則常安榮，為桀蹠則常危辱；為堯禹則常愉侠，為工匠農賈則常煩勞。然而人力為此而寡為彼，何也？曰：陋也。」（《荀子》4.11）淺陋無知使人成為桀蹠之惡而遠離堯禹之聖。因此荀子說蔽是「心術之公患」（《荀子》21.2）。「蔽」的直接結果是「陋」。因而荀子亦極討厭陋：「陋也者，天下之公患也，人之大殃大害也。」（《荀子》4.12）

所以成善成聖就必須解蔽、除陋，「清其天君，正其天官」，「養其天情」，「以全其天功」（《荀子》17.4）。「天功」即成善成聖的天大功業，解蔽、除陋、清其天君、正其天官、養其天情就是達至成善成聖之天功的必要工夫。這一工夫具體地說，就是荀子赫赫有名的「虛壹而靜」：

> （1）人何以知道？曰：心。心何以知？曰：虛壹而靜。心未嘗不藏也，然而有所謂虛；心未嘗不滿（引者按：「滿」當為「兩」）也，然而有所謂壹；心未嘗不動也，然而有所謂靜。人生而有知，知而有志；志也者，藏也；然而有所謂虛，不以所已藏害所將受

謂之虛。心生而有知，知而有異；異也者，同時兼知之；同時兼知之，兩也；然而有所謂一，不以夫一害此一謂之壹。心，臥則夢，偷則自行，使之則謀，故心未嘗不動也；然而有所謂靜，不以夢劇亂知謂之靜。（2）未得道而求道者，謂之虛壹而靜，作之則。將須道者，之虛則人（引者按：「人」當爲「入」）；將事道者，之壹則盡；將思道者，靜則察。知道察，知道行，體道者也。

（3）虛壹而靜，謂之大清明。（《荀子》21.8）

荀子的「虛壹而靜」可以從本體、工夫和境界三個角度來理解。上引文字可以爲三個部分（已以序號標明），分別從三個角度來說明了虛壹而靜的具體涵義。第一部分是從心之本體的角度對虛壹而靜作了詳盡的說明，第二部分是對虛壹而靜作爲必要的解蔽工夫做了強調，第三部分則把虛壹而靜視爲一種工夫所至的境界。工夫和境界上的說明都極爲簡略，而本體的說明最爲詳盡。原因在於工夫是本體的工夫，境界是工夫的境界，本體地理解搞清楚了，工夫所至即是本體，也是境界。

這裏的本體與道德本體之本體意思不一樣，這裏的本體是本來面目，心之本體即人之心的本然之體。從前面盤水之喻和人心、道心的分析可以知道，人之心就像盤水一樣包括兩層，上層是清明之道心，下層是沉濁之人心。上清下濁就是心的本然之體。上清下濁，兩不相妨，人心不失其天情，道心不失其天君。「虛壹而靜」就是對心之本體的具體表述。

虛是虛納，是從心之認知性上來說的。只有虛才能容納，才能認知更多對象。虛與藏相對，但並不相斥。相反，藏是虛之結果，虛是能夠繼續藏的必要條件。心越虛也就越能藏，藏得越多也就意味著認知得越多。藏與認知之對象是情性之理和仁義之道。情性之理和仁義之道藏得越多，認知得越多，對於善惡的瞭解也就越多，於是成善成聖的可能性也就越大。儲藏的過程也就是積纍的過程，認知的過程也就是學習的過程。於此可以明白，荀子成善成聖的工夫論何以非常強調學，並在學的過程中非常強調「積」：「能積微者速成」（《荀子》16.7），「積善成德，而神明自得，聖心備焉」（《荀子》1.6），「聖人者，人之所積而致矣」（《荀子》23.14）。道德、聖人皆由積學而成。

壹是專一，是從心之主宰性上來說的。心能夠認知萬物之理，並且能夠對之進行歸類化一，這是心之主宰性的一種表現。萬物之理是極其多的，而心能夠「同時兼知之」，這就是「壹」，是心之主宰性在起作用。如果心不能

「壹」，即使知得再多，仍是一盤散沙。心之主宰性不能發揮作用，即使知道了情性之理、仁義之道，仍然不能以仁義治情性。所以荀子解蔽工夫重學，重學又必然重視「專一」：「凡治氣養心之術……莫神一好」(《荀子》2.4)，「學也者，固學一之也。一出焉，一入焉，涂巷之人也；其善者少，不善者多，桀紂盜跖也；全之盡之，然後學者也」(《荀子》1.14)，「今使涂之人伏術為學，專心一志，思索孰察，加日縣久，積善而不息，則通於神明，參於天地矣」(《荀子》23.14)。專一不但可以治氣養心、固學積善，甚至可以辨智愚賢不肖，使愚者智、不肖者賢，其功大矣。

靜是平靜，是心在虛和壹的過程中所始終保持的境界和狀態。虛是對外物有所虛納，壹是對虛納之物進行歸一。無論是虛納還是歸一，都是同一個心與外物打交道的無限過程。心無時不在虛納，無時不在對虛納進來的東西進行歸分化類，於是心也就無時不在活動，每時都要面對著外物的擾動而活動。在盤水之喻中，「微風過之，湛濁動乎下，清明亂於上」，下動上亂就是不靜。不靜必須使之歸於靜，關於歸於靜的方法，荀子說：

> 故導之以理，養之以清，物莫之傾，則足以定是非、決嫌疑矣。小物引之，則其正外易，其心內傾，則不足以決庶理矣。故好書者眾矣，而倉頡獨傳者，壹也；好稼者眾矣，而后稷獨傳者，壹也。好樂者眾矣，而夔獨傳者，壹也；好義者眾矣，而舜獨傳者，壹也。倕作弓，浮游作矢，而羿精於射；奚仲作車，乘杜作乘馬，而造父精於御。自古及今，未嘗有兩而能精者也。(《荀子》21.11)

荀子在這裏一連用了四個比喻來說明歸於靜的方法是「壹」。這個「壹」也就是「虛壹而靜」之「壹」，即從道心的主宰性來說的。道心發揮其主宰作用，對人心進行統攝、管制，雖有人心及外物之擾動，但仍不失其大體上的靜。可見，虛壹而靜之靜不是一個無動之靜，而是一個永動之靜、動中之靜。動必有不靜，但又必須使之靜。這時的靜就是通過道心對人心及虛納之物的主宰作用而獲得的。人心與情性相貫通，道心與禮義相貫通，虛壹而靜的問題歸根到底是心治情性的問題。

以上就是從心之本體的角度來對虛壹而靜所做的說明，其中包含著解蔽、除陋工夫的理據和方法。「未得道而求道者，謂之虛壹而靜」就是對虛壹而靜作為工夫方法的強調。這個強調表明，虛壹而靜是「求道者」由「未得道」走向「得道」的必由之路和必有工夫。未得道的原因是人心和情性的存

在，如果每一個人之心都只有道心一層，道心本自虛壹而靜，那麼每個人都是天生的得道者，自然不需要虛壹而靜。但現實情況表明，人人都有人心，情性也是天之就、人人同有而無待然的，並非人人都是得道者。這就需要工夫，就需要虛壹而靜。即使是聖人也有人心，也有情性，所以聖人也需要做工夫，也需要虛壹而靜，更不用說一般的途之人了。一般人雖然是未得道者，但也有道心，也都可以求道。求道並不一定能夠得道，能不能得道關鍵是看工夫如何，關鍵是看能不能虛壹而靜。這時的虛壹而靜就是從工夫的角度來說的。荀子說：「將須道者，之虛則入；將事道者，之壹則盡；將思道者，靜則察。」「入」是「入其道」（《荀子》13.5）之「入」，「盡」是「涂之人積善而全盡，謂之聖人」（《荀子》8.22）之「盡」，也是「聖也者，盡倫者也；王也者，盡制者也；兩盡者，足以爲天下極矣」（《荀子》21.15）之「盡」，「察」是「見鬚眉而察理」（《荀子》21.11）之「察」。這三者都是說，如果能夠虛壹而靜，就能夠得道，就能夠成善成聖。

虛壹而靜，通於神明，道察而盡，成善成聖，這就是「大清明」的境界。「虛壹而靜，謂之大清明」，此時的虛壹而靜就是從境界上來說的。元刻本《荀子》無「大」字，「大清明」成了「清明」，這就與盤水之喻中「湛濁在下，清明在上」混爲一談了。其實，「大清明」雖然是「清明」，然而是比「清明」更高一層的清明。盤水之喻中的「清明」僅僅是無「微風過之」、無「小物引之」之時，人之心所具有的一種理想的原初狀態，是絕對靜的清明。但是「大清明」是「微風過之」而不動、「小物引之」而仍正的清明。人之心雖然處於活動狀態，但仍然保持著一種靜壹清明的狀態。這時的清明就是一種動中之靜、不靜之靜，是一種比前一種清明更難能可貴、更高層次的清明，因而稱之爲「大清明」。「大清明」的境界是聖人的境界，「濁明外景，清明內景。聖人縱其欲，兼其情，而制焉者理矣」（《荀子》21.12）。聖人也有人心，也有情性欲好，但聖人能夠以道心管制人心，使整個心境仍然保持著清明靜壹的狀態，這就是「清明內景」，也就是「大清明」。其實，分開來說，虛、壹、靜三者也構成本體、工夫和境界的關係。虛是本體，壹是工夫，靜是境界。

孟子以情論心，以心情論，情是道德情感，心是良心本心，情善心善故性善。荀子以社會後果論欲，以欲論情，以情論性。欲好之情是感性情感，性是感性情性，欲好的社會後果是惡，故情惡性惡。在孟子那裏，只需要對先天的心性情加以存養擴充，自然成德成聖。在荀子這裏，需要發揮心之認

知功能和主宰作用，對後天的情性加以化治，始能成善成聖。人之心包括人心和道心兩層，人心與情性相貫通，道心與禮義相貫通。化性治情的是道心而非人心，相反人心還會對道心施以擾動的反作用。虛壹而靜就是對人心所做的工夫，對人心做工夫也就是對情性做工夫。這種工夫路數是一種後天工夫。通過這種後天工夫，最終達到虛壹而靜的「大清明」境界。虛壹而靜是心之本體，也是工夫，是對人心、情性所做的工夫。

以上就是荀子以感性情感論性以及心治情性的大致思想。最後，還有四個非常重要的問題，它們直接關涉荀子性惡論之圓滿問題，需要集中加以討論。

第一個問題是惡的來源到底如何理解？人們常說，性惡論的最大困難在於善的來源問題。細心觀察，我們會發現，其實惡的來源是性惡論的一個更不容易理解的問題。關於善的來源，荀子說得很明白，是化性起偽而來的，這只涉及善是外在還是內在，但從來源上看，並不難理解。但是惡的來源卻是一個「謎」。單獨看來，五個預設都無所謂善惡，但五者一旦結合在一起，聯繫起來運作，就會「神秘地」產生出一種後果，這種後果是惡的，是一種惡果。至於為什麼一定會產生這種後果而且是惡的而不是善的，從以上的分析來看，這是「神秘的」，是一個「謎」，是一個「性惡論之謎」。

這個「謎」源於性惡論中可能存在的一個矛盾。五個預設單獨而言，均無所謂善惡，但這裏卻推出情性是惡的，這就出現了一個矛盾。而且，這個矛盾如果不能得到很好地解釋，對性惡論能否自成體系來說，將是一個毀滅性的災難。因為一個體系要想自立，就必須是自我圓滿的。如果承認性惡論是可以自成體系的，那麼就它就必須是能夠自圓其說的，就必須把這個矛盾說圓，必須解決這個矛盾。荀子不遺餘力地點名批評孟子性善論，荀子又是一個「具有邏輯之心靈」〔註14〕的大哲，其思想極具邏輯品質，他在外在的對象上可能看走眼（比如荀子所論及的性，與他所批評的孟子所說的性根本不是一回事），但在自己的理論內部應該不會存在這麼大一個邏輯矛盾和理論漏洞。

有鑒於此，我們應該承認性惡論是可以自成體系的。那麼剩下來的問題就是這個「性惡論之謎」如何理解，這個矛盾如何解決呢？理解的訣竅仍然在五個理論預設的關係內。由果推知因，是在因果關係中推知的，如果離開

〔註14〕牟宗三：《名家與荀子》，《牟宗三先生全集》（2），第165頁。

了因果關係，就無所謂因也無所謂果了。同樣，由社會惡果推知性惡，也是在五個預設的內在必然關係中推知的，離開了五個預設的關係，便無所謂因果，更無所謂善惡了。但在荀子眼裏，惡果的產生並不神秘，也不存在一個謎，而是必然的、現實的，因爲五個預設及其關係都是必然的、現實的。或者說，五個預設之結合及其後果其實都出於人的本性，甚至可以說，這五者的必然結合是人性的根本內容，是「人類的第二天性」〔註15〕。荀子性惡論的奧秘就在這種第二天性。從這種必然的第二天性來說，「情性」、「同欲」、「欲多」、「順是」〔註16〕、「群居」以及由於「物寡」所引起的「爭奪」都已經成爲人之本性。只有從五個預設及其關係來理解性惡論才能獲得善解，這是全面理解荀子性惡論的關鍵，也是最終破解荀子性惡論之謎的密鑰。總之一句話，惡產生於感性情感與其對象的關係之中。理解性惡論必須把它放到五個理論預設中來理解，否則必然會說出性惡論如何如何不圓滿之類的渾話。

　　第二個問題是道心是否是善的？孟子以情論心，良心本心是從道德情感來說的，情善當然心也是善的，這是沒有任何問題的。荀子所說的善是禮義對情性的化治後果，而禮義源於道心之認知作用，善也就可以說是道心對治情性的結果。那麼道心本身是否就是善的呢？荀子對心有「善心」（《荀子》20.1）、「仁心」（《荀子》22.9、27.11）、「公心」（《荀子》22.9）等用法，從字眼上看，似乎道心是善的。

　　其實，在荀子這裏，善與惡一樣都是從心、情發動在社會中所造成的結果來說的，而不是從情、性、心本身來說的。惡是從情性的社會後果來說的，善則是從禮義化性的結果來說的，而禮義又是道心創制的結果，善最終是道心認知的結果。「善心」、「仁心」、「公心」等說法只不過是從道心能夠製禮義化情性、能夠產生出善的結果而言的，並非是從道心本身的性質來說的。所以從「善心」、「仁心」等字眼上並不能證明道心具有善性。但是當聯繫到上面一個問題時，似乎又必須承認道心具有善性。性之惡是從情性的社會後果推出來的，準此而言，當然也應該可以從道心的化治後果之善中推出道心本身是善的。道心具有認知和主宰功能，能夠認知物之理，能夠知仁義之道，也能夠認識到情性之惡。道心能知仁義，能知善，其中必有與仁義和善相一

〔註15〕韋政通：《中國思想史》，上海：上海書店，2003年，第220頁。
〔註16〕虞聖強認爲：「荀子所謂『性惡』者，即此自然的情性，而主要的還在於其自然而然的『順是』的本性。」「順是」也是「人之性惡」之性的本質內容。（《荀子「性惡」新解》，《復旦學報》，1996年第4期）

致的東西，否則無論如何也無法認識到仁義和善。有人也許會說，道心同樣可以認識到惡，是否也可以說道心之內有與惡相一致的東西呢？在這個地方就不能用依例類推來論證道心之內有與惡相一致的東西。恰恰相反，因為道心能夠認識到惡，正證明了道心是善的。當然，這個問題與上一個問題一樣，最終也只能歸為一個「謎」。要麼只能說，「道心是否是善的？」這個問題壓根兒就是不能問的，因為道心不是從價值性質上來說的，而是從功能上來說的。

第三個問題是聖人與凡人的區別到底在什麼地方？聖人與途之人的區別不在於心，聖人與凡人均有人心與道心。人心與道心或民心與聖心只是側重點上的不同，這種不同主要是根據它們應對外物引誘時的結果而言的。在盤水之喻中，盤水渾亂是由「微風過之」引起的。對於心來說，「微風過之」即「小物引之」，微風比喻的是外在之物，心之擾亂是由外物引起的。在這裏，聖人與凡人的區別出現了。面對外物的引誘，為之所動、不能繼續保持心之清明者是凡人，其心即「人心」、「民心」；不為所動、能夠繼續保持心之清明者就是聖人，其心即「道心」、「聖心」。

但是聖人也是人，其心也是人之心，當然也有湛濁和清明兩層。為什麼凡人不能而聖人能夠繼續保持心之清明呢？關鍵在於「危微之幾，惟明君子而後能知之」一句話。「危」、「微」是凡、聖之別，「幾」相當於《易傳・繫辭下》「幾者動之微」之「幾」，是危微之際、凡聖之分的一刹那。明君子即聖人。聖人知道危微之幾、凡聖之際，所以才能保持其心之清明，只須「養一之微」卻能臻至精微神妙之境界。一般人沒有這種能力，不知道這一點，所以很難保持其心之清明，必須「處一危之」才能達到戒懼而安的境地。但問題仍然沒有最終解決。「知」都是心之知，聖人與凡人之心是一樣的，為什麼聖人能夠而一般人不能知危微之幾呢？《易傳》說「知幾，其神乎！」神既可以從知幾之效果上來說，「不測之謂神」（《繫辭上》），知幾是一種神妙不測的境界，也可以從知幾所應具備的素質上來說，知幾之人具備一種神妙不測的能力素質。據此來說，聖人還是具有異於一般人的神乎其神的素質的。

第四個問題是心知「道」之後的道德行為是如何可能的呢？這是主張良知之心的人對認知之心的一個普遍的質問。道心具有認知性，能夠認識仁義之道，也能夠認識情性之惡，而且還能夠知道需要用仁義之道來化治情性之惡。但問題是，即使認識到這些以後，並不能促成行為，並不能保證人們按

照所認識的眞實情況行動。質問者一般會認爲，之所以會出現這種現象，完全是因爲在認知之心下，仁義與情性一樣，是被認識的對象，是外在於心的，這樣就缺少了道德行爲的內在根據。進一步的原因其實是，心與情性是分開的、對治的關係，而且荀子只有感性情感而沒有道德情感。情感是動力系統，無論是感性情感還是道德情感都是一樣。形下之性與感性情感是一體的，所以形下之性就有了動力，遇到可欲的對象，馬上就能夠促成行動。但是荀子的理論中忽視形上之性，更沒有道德情感。荀子雖然也有「好義」（《荀子》21.11、27.67）、「好禮義」（《荀子》12.2）、「好善」（《荀子》2.1、19.17）等說法，但這些說法都是不太重要的勸勉之語。沒有道德情感，道德行爲就缺少了內在的動力系統，於是只有靠外在的禮義法度來強制行動。

雖然如此，我們並不能立即就說在荀子的理論中，道德行爲就沒有內在的根據，沒有內在的可能性。沒有道德情感這一動力系統，卻有另外一種動力。這種動力就是道心本身。道心不但具有認知性，還有主宰性和決斷性，從認知性上看不出道德行爲的內在動力，從其主宰性和決斷性卻能夠看出。道心不但能夠「知道」，還可以「可道」、「守道」、「禁非道」，還能夠自禁、自使、自奪、自取、自行、自止，這就是道心之主宰作用和決斷功能。在道心的主宰作用和決斷功能下，「君子之求利也略，其遠害也早，其避辱也懼，其行道理也勇」（《荀子》2.14），「仁者之行道也，無爲也；聖人之行道也，無強也」（《荀子》21.12）。「知道」、「可道」、「守道」、「禁非道」與「六自」一旦結合，就必然「行道」，這中間沒有任何勉強和做作。從這一點來說，荀子也必定承認知行合一，眞知必行。只是這裏的知是認知之知，道德的性質較弱，而這裏的行卻是道德行爲。由認知之知向道德之行過渡的動力不能從道心之認知作用上尋找，而要從道心之主宰性和決斷性上尋找。質難荀子思想中沒有道德行爲的內在動力的批評者正是沒有看到道心之主宰性和決斷性。

第二節　宋明「心學」兩派及其內在問題

宋明理學是儒學發展的一個頂峰。人們常說「程朱理學」、「陸王心學」，但根據孔子心性之學的兩個部分來看，宋明理學都應該屬於孔子之「心學」。〔註17〕因爲宋明理學整個兒只是發展了孔子之「心學」，而孔子之「情學」則

〔註17〕孔子之「心學」包括認知之心和良知之心，相對於通常所說的陸王心學，孔子

失傳了。張橫渠最先區別開「聞見之知」和「德性所知」，聞見之知就是認知，德性所知就是良知。朱子是「心學」之認知派，陸王是「心學」之良知派。朱子主張理氣二分、性情相對、心統性情。朱子的理論架構是思孟與荀子性情理論的有機綜合，性是思孟的天命之性，心和情則是荀子的認知之心和感性情感，情的地位相當低。〔註18〕如此一來，就必然遺傳有荀子心學中的痼疾，即忽視道德情感，性中無情，從而致使性體無力。陸王則提出心即性即理，性是天命之性，心是良知之心。陸王的理論形態是思孟心學的復歸。從理論上說，既然陸王思想的主幹是思孟一脈，就應當承認道德情感與心性的同一關係，即心性情爲一，道德情感是性體發用的內在動力。但是陽明過分相信良心的功能，時不時流露出重心輕情的意思。這樣一來，道德情感旁落，道德動力不明，性體如何實現的動力系統不得而知。陽明主張知行合一，由於動力不明，知與行「兩頭明」，由知到行「中間暗」，從而予人口實，被指爲禪。

一、朱子之認知派及其「性體無力」問題

孟荀以後，儒家的心性情理之學經過漢唐眾儒和北宋諸哲一千多年艱苦卓絕的開拓與前赴後繼的創發，到了南宋，最終沉澱凝聚爲朱子理氣二分、性情對言、心統性情的義理架構。在這一架構中，理氣二分是宇宙論的說明，心統性情是人性論的說明。理與性是一層，屬於形上的本體層面，氣與情是一層，屬於形下的本體發用處，而貫通形上形上、兼攝理與氣或性與情的是心。

從義理結構上看，朱子心性之學是孟荀心性之學的有機綜合，其上半截

之「心學」是一個更寬廣的概念，當然應該包括朱子之學。錢穆曾說：「一部中國中古時期的思想史，直從隋唐天台宗，下迄明代末年，竟可說是一部心理學史，問題都著眼在人的心理上。只有朱子，把人心分析得最細，認識得最眞。一切心學的精採處，朱子都有。一切心學流弊，朱子都免。識心之深，殆無超朱子之右者。今日再四推闡，不得不認朱子乃當時心理學界一位大師也。」(《朱子心學略》，《中國學術思想史論》(五)，臺北：東大圖書公司，1984年，第157～158頁) 後來更是說「朱子之學徹頭徹尾乃是一項圓密宏大之心學」。(《朱子新學案》第二冊，臺北：三民書局，1982年，第1頁) 錢穆看出宋明整個兒是心學，朱子亦屬心學，這是其獨到之處。不過，他說朱子也是心學，只是現象地說，只是看到朱子講了很多心，才這樣說的。他可能沒有看到朱子之心學本來就源自孔子之「心學」。這才是朱子亦爲心學的深層原因。

〔註18〕關於荀子之學與朱子之學心性情之異同，可參見蔡仁厚《荀子與朱子心性論之比較》，新加坡：東亞哲學研究所，1987年。

之性理思想是孟學，其下半截之情氣思想是荀學。朱子學的上半截是孟學，性是天命之性。這就保證了道德本體的存在，避免了荀學本體不明的大問題。這也是歷來判定朱子屬思孟一脈而不歸於荀學的一個總標準、大原則。朱子學的下半截是荀學，心是認知之心，情是感性情感。朱子雖然不說情就是氣，但由於對道德情感和感性情感沒有區別開來，最終把所有的情都拉入形下之氣，這就造成了性情二分。性情二分的一個嚴重結果是，雖然保證了道德本體的存有，但道德本體中沒有道德情感，性體不同時是情體，於是性或道德本體就缺少一個動力系統，必然導致理弱氣強、性體無力。為解決這一理論困難，朱子不得不在整體上啓動荀子的認知之心，以張橫渠「心統性情」一語貫通理氣，融合性情，彌合其理論上的縫隙。

　　朱子的整個哲學系統主要就是兩塊：一是宇宙論方面的理氣二分，二是人性論方面的心統性情。在這兩塊中，理氣論又是人性論的理論基礎。所以要明白朱子心、性、情三個概念的精義與關係，必須先瞭解朱子的理氣思想。朱子的理氣論中最重要的是理與氣的性質和關係問題。這主要包括三個問題：一是理氣形上形下問題，二是理氣動靜問題，三是理氣善惡問題。

　　對於理氣形而上下問題，朱子從太極與陰陽的關係開始討論。「太極，形而上之道也；陰陽，形而下之器也。」〔註19〕形而上之道或太極即理，形而下之器或陰陽即氣，這就等於說「太極是理，形而上者；陰陽是氣，形而下者」〔註20〕。太極即是理，陰陽即是氣，在朱子的宇宙論系統裏，太極流行、陰陽萬化而爲天地萬物，所以「天地之間，有理有氣。理也者，形而上之道也，生物之本也；氣也者，形而下之器也，生物之具也。是以人物之生，必稟此理然後有性，必稟此氣然後有形。其性其形雖不外乎一身，然其道器之間分際甚明，不可亂也」〔註21〕。總之一句話，「理未嘗離乎氣。然理形而上者，氣形而下者」〔註22〕，理屬形上，氣屬形上，兩者雖然同體而不離，但在根本屬性上卻界限分明，不可混淆。

　　在朱子思想中，理氣動靜問題是一個非常複雜的問題。但從分解的角度來說，朱子始終認定理靜氣動。「太極，理也；動靜，氣也。氣行則理亦行，二者常相依而未嘗相離也。太極猶人，動靜猶馬；馬所以載人，人所以乘馬。

〔註19〕《太極圖說解》，《朱子全書》13/72。
〔註20〕《朱子語類》卷五，《朱子全書》14/218。
〔註21〕《朱子文集》卷五八《答黃道夫》，《朱子全書》23/2755。
〔註22〕《朱子語類》卷一，《朱子全書》14/115。

馬之一出一入，人亦與之一出一入。蓋一動一靜，而太極之妙未嘗不在焉。」
〔註23〕太極或理是形而上的，本來是無所謂動靜的，動靜是一個經驗的概念，
只能說形而下的陰陽或氣是動靜的，而不能說理是動靜的。如果一定要對理
氣動靜有個說法，那只能說理靜氣動。朱子常用「人跨馬」的比喻說，「理搭
在陰陽上，如人跨馬相似」〔註24〕，就是對理靜氣動的一個形象說明。人騎
在馬上，馬動人亦動，馬是主動，人是被動。理搭在氣上，氣動理亦動，氣
是主動，而「理卻無情意，無計度，無造作」〔註25〕，理只是「搭於氣而行」
〔註26〕。理靜氣動，造成理被動氣主動，理被動氣主動又造成理弱氣強，「氣
雖是理之所生，然既生出，則理管他不得。如這理寓於氣了，日用間運用都
由這個氣，只是氣強理弱」〔註27〕。

　　理氣善惡問題是由理氣動靜問題引出來的，確切地說，是由氣主動理被
動引發出來的。本來，「人與鬼神天地同此一理，而理則無有不善」〔註28〕，
理是至善純善，是無所不善的。但是「理固無不善，才賦於氣質，便有清濁、
偏正、剛柔、緩急之不同。蓋氣強而理弱，理管攝他不得。如父子本是一氣，
子乃父所生；父賢而子不肖，父也管他不得。又如君臣同心一體，臣乃君所
命，上欲行而下沮格，上之人亦不能一一去督責得他」〔註29〕。理之純善至
善是就其形上的層面而言的。然而理是不動的，是無情意、無計度、無造作
的，所以一旦落到形下的層面，理只能「入鄉隨俗」，成為「賓客」。「賓客」
雖然在形式上也時時受到「主人」的尊敬，但在現實中卻不得不處處遷就於
「主人」。這個「主人」就是氣。在動靜問題上，成為「賓客」的理就處於這
種境況，它失去了本來的主宰權，只能搭於氣而行，再也管不了氣。在荀子
那裏，我們已經感到，惡的根源是一個「謎」，是一個非常棘手的問題。在宋
明理學也是一樣。在朱子看來，惡的根源雖然不就是氣，氣是無所謂善惡的，
但惡與氣卻有著本源的關係。現在的形勢是理靜氣動，理弱氣強，理管不了
氣了，於是理也不能純善至善地如如呈現出來，惡也就表現出來了。

〔註23〕《朱子語類》卷九四，《朱子全書》17/3128-3129。
〔註24〕《朱子語類》卷九四，《朱子全書》17/3126。
〔註25〕《朱子語類》卷一，《朱子全書》14/116。
〔註26〕《朱子語類》卷九四，《朱子全書》17/3128。
〔註27〕《朱子語類》卷四，《朱子全書》14/200。
〔註28〕《朱子語類》卷八七，《朱子全書》17/2985。
〔註29〕《朱子語類》卷四，《朱子全書》14/200-201。

　　以上就是對朱子理氣論三個主要問題的簡要說明，概括起來說就是：理屬形上氣屬形下，理靜氣動，理無不善而氣有善惡。朱子的理氣論是其心性論的理論基礎，朱子的心性論是其理氣論的人生化。朱子的心性論主要包括兩層內容：第一層是性情二分，第二層是心統性情。這兩層內容大體都可以在理氣論中找到理論基礎。

　　從理論淵源上說，朱子的心性論是對程伊川、程明道和張橫渠的三句話之創造性發揮。

　　（1）伊川說：「性即理也，所謂理，性是也。天下之理，原其所自，未有不善。喜怒哀樂未發，何嘗不善？發而中節，則無往而不善。」〔註30〕朱子對「性即理也」一句推崇備至，說「伊川性即理也四字，擷撲不破」，「自孔孟後，無人見得到此，亦是從古無人敢如此道」〔註31〕，「是真有功於聖門！」〔註32〕

　　（2）明道說：「『人生而靜』以上不容說，才說性時，便已不是性也。」〔註33〕明道這句話與其另外一句話「論性，不論氣，不備；論氣，不論性，不明」〔註34〕同義。這兩句話都是朱子經常引以說論的話頭。

　　（3）橫渠說：「心統性情者也。」〔註35〕二程的以上兩句話只是說了性與性及性與氣的關係，尚未及情，而橫渠這句話卻兼論心、性、情，比較而言，更為全面。所以這句話也成了朱子藉以標宗明義的法言，對此大加讚賞。朱子說：「『心統性情』。二程卻無一句似此切」〔註36〕，「如橫渠『心統性情』一句，乃不易之論。孟子說心許多，皆未有似此語端的。子細看，便見其他諸子等書，皆無依稀似此」〔註37〕。在朱子看來，橫渠「心統性情」四個字全面概括了心性論的關係，因此「此話大有功」〔註38〕，不但超邁二程，甚且遠過孟子及其他諸子。

　　性即理說的是性與理之同一關係。「人物之生，天賦之以此理」〔註39〕，「性

〔註30〕《程氏遺書》卷二二上，《二程集》，第 292 頁。
〔註31〕《朱子語類》卷五九，《朱子全書》16/1889。
〔註32〕《朱子語類》卷九五，《朱子全書》17/3193。
〔註33〕《程氏遺書》卷一，《二程集》，第 10 頁。
〔註34〕《程氏遺書》卷六，《二程集》，第 81 頁。
〔註35〕《張載集‧性理拾遺》，第 374 頁。
〔註36〕《朱子語類》卷九八，《朱子全書》17/3304。
〔註37〕《朱子語類》卷一百，《朱子全書》17/3349。
〔註38〕《朱子語類》卷五，《朱子全書》14/226。
〔註39〕《朱子語類》卷四，《朱子全書》14/184。

是許多理散在處爲性」〔註40〕。此理即朱子宇宙論中之天理、實理，天理髮用流行，下貫到人物，人物稟得此天理而爲其性。理是從天來說的，性是從人而言的，說法不同，其實爲一。明道的那兩句話說的是性與氣之間的合一關係。理自天來說，性自人而言，天賦人以理，人受理爲性。在宇宙萬物的生成過程中只有理和氣，人稟受天理，其實不是人來承受，而是氣來承受，「天所賦爲命，物所受爲性。賦者命也，所賦者氣也；受者性也，所受者氣也」〔註41〕。可見，理與性雖然是同一的關係，但它們也有區別。這種區別就是，理是一種理想的未完成狀態，這就是明道所說的「『人生而靜』以上」，而性則是一種現實的完成狀態，這就是明道所說的「才說性時」。由此來說，理是性之本源形態，所以理當然是性，只不過是「本然之性」，是「性之本體」；性是理與氣之雜合，這就是「氣質之性」。氣質之性是理「墮在形氣之中，不全是性之本體矣」〔註42〕，但這仍然也是性，也是理，「但論氣質之性，則此全體墮在氣質之中耳，非別有一性也」〔註43〕。人作爲天地間的一種完成品，是理與氣之「渾合物」，「人之所以生，理與氣合而已」〔註44〕。理是性，是天地之性，性是氣中之理，是氣質之性，理即性，性即理，兩者名異實同，只不過「論天地之性，則專指理言；論氣質之性，則以理與氣雜而言之」〔註45〕。

既然性即理，性與理爲一，那麼性也必然具有理的一切屬性。理屬形而上的，是靜而不動的，是至善無惡的，那麼性也必然屬形而上，是靜而不動的，是至善無惡的。所以朱子說：「性是形而上者」〔註46〕，「性是未動」〔註47〕，「性則是純善底」〔註48〕。不過，理與氣的動靜關係落實到人性論時，除了動與靜的關係之外，還發展出另外一對非常重要的概念，這就是《中庸》所說之未發已發。在人性論中，性靜氣動，氣動性也跟著動，性由靜到動的過程就是性從未發到已發的過程。在動靜的關係中，與性之靜相對的是氣之動，而在未發已發的關係中，與性之未發相對的是情之已發。也就是說，性之靜

〔註40〕 《朱子語類》卷五，《朱子全書》14/216。

〔註41〕 《朱子語類》卷五，《朱子全書》14/216。

〔註42〕 《朱子語類》卷九五，《朱子全書》17/3196。

〔註43〕 《朱子文集》卷六一《答嚴時亨》，《朱子全書》23/2960。

〔註44〕 《朱子語類》卷四，《朱子全書》14/194。

〔註45〕 《朱子語類》卷四，《朱子全書》14/196。

〔註46〕 《朱子語類》卷五，《朱子全書》14/233。

〔註47〕 《朱子語類》卷五，《朱子全書》14/229。

〔註48〕 《朱子語類》卷五，《朱子全書》14/216。

與性之未發處於同一層面，氣之動與情之已發處於同一層面，性與氣的相對
關係即性與情的相對關係。這樣一來，理與氣的關係也應該適用於性與情的
關係。理屬形而上，氣屬形而下，是否也可以說性情分屬形上形下？理靜氣
動，是否也可以說性靜情動？理無不善，氣有善惡，是否也可以說性善而情
有善惡？

在宇宙論中，理與氣相對，理屬形上，氣屬形下。在人性論中，性與情
相對。朱子的人性論是按照其宇宙論的架構來設計的。性即理，所以性屬形
而上。順此而推，似乎也應當可以說情即氣，情屬形而下。但是將性情的關
係按照理氣形上形下的二分結構來進行機械地劃分，從而認定情為形下之
氣，馬上就會遇到兩個極其棘手的麻煩：一是情與氣在性質上到底是一種什
麼關係？二是在理氣關係中，理靜氣動，在性情關係中，是否就是性靜情動？
這裏的「情動」又是從什麼意義上來說的？

關於第一個麻煩，有人主張：與「性即理」對應，應該承認「情即氣」；
性與理是形而上的，情與氣是形而下的。〔註 49〕但問題是，我們根本不能從
朱子的言語中找到確切的相關證據。也就是說，雖然朱子大講「性即理」、「性
是形而上者」，但他從來沒有說過「情即氣」、「情是形而下者」等之類的話。
當然，主張朱子「情即氣」的人常會舉以下幾則材料以證其說。第一則材料
是以水流來比喻心、性、情、才：

> 心譬水也。性，水之理也。性所以立乎水之靜，情所以行乎水之動，
> 欲則水之流而至於濫也。才者，水之氣力所以能流者，然其流有急
> 有緩，則是才之不同。伊川謂「性稟於天，才稟於氣」，是也。只有
> 性是一定。情與心與才，便合著氣了。〔註50〕

這裏的關鍵之語是最後一句話：「情與心與才，便合著氣了」。朱子的意思好像
是主張情與心與才都是氣。其實不是這樣的。朱子只是說情與心與才「合著氣」，
是與氣相混合在一起的。但「合著氣」與「即是氣」的意思並不能相等。「合」
是一種外在的關係，是一種外在的相合，而不是內在的相同。「合」的這種用法，

〔註49〕牟宗三：《心體與性體》第二冊，《牟宗三先生全集》（6），第 309 頁；《心體
與性體》第三冊，《牟宗三先生全集》（7），第 201、267、467、528 頁。蔡仁
厚：《宋明理學》（南宋篇）第五章第六節，臺北：臺灣學生書局，1983 年增
訂再版，第 185～201 頁。劉述先：《朱子哲學思想的發展與完成》，臺北：臺
灣學生書局，1984 年增訂再版，第 196 頁。
〔註50〕《朱子語類》卷五，《朱子全書》14/233。

朱子經常使用，比如「人之所以生，理與氣合而已」〔註51〕，再比如朱子認爲明道「才說性時便已不是性」這句話「是合理氣一衮說」〔註52〕。這兩個地方的「理與氣合」或「合理氣」就是一種外在的融合，而不能說理即是氣。否則朱子之理氣形而上下的宇宙論結構就亂了套。所以「情與心與才，便合著氣」也不能說情、心、才就是氣，而只是說情、心、才是與氣融合在一起的。

　　另一則材料與伊川的一句話有關。伊川曾說：「陽氣發處，卻是情也。心譬如穀種，生之性便是仁也。」〔註53〕朱子對此是肯認的：「程子所謂陽氣發處，皆指情而言之，不得爲仁之體矣。」〔註54〕朱子所說的「仁之體」即伊川所說的「生之性」，都是從性之本體處立言的。一般來說，程朱主張性是未發而情是已發，但是這裏卻不說情是性之已發，而說情是「陽氣發處」。陽氣當然是氣，而且無論氣發不發，都仍然是氣。「陽氣發處」即是情，這就很容易引導人們認爲氣即是情，情就是氣。但這卻是一種誤解。引起誤解的主要原因在於對「陽氣發處」之「處」沒有搞清楚。「陽氣發處」可以作兩種理解：一是陽氣發而所及之處，二是性之發而所及之處是陽氣。前一種理解是從氣之發來說的，後一種理解當然是從性之發來說的。但兩種理解應該是統一的，即性之發必然伴隨著氣之發，這也是朱子理氣動靜關係的一個必然要求。情就是從陽氣發而所及或性之發於陽氣處來說的，這其實與上一則材料中「合於氣」的意思是一樣的，也是說情是性與氣之混合，而不是說氣本身就是情。〔註55〕

　　再就是涉及「造化」的一則材料：「春夏秋冬便是天地之心；天命流行有所主宰，其所以爲春夏秋冬，便是性；造化發用便是情。」〔註56〕我們知道，在宋代理學中，「造化」一詞所指稱的就是「氣化」，是從氣來說的。程伊川曾說：「天地造化又焉用此既散之氣？其造化者，自是生氣」〔註57〕，朱子也

〔註51〕《朱子語類》卷四，《朱子全書》14/194。
〔註52〕《朱子語類》卷四，《朱子全書》14/202。
〔註53〕《程氏遺書》卷十八，《二程集》，第184頁。
〔註54〕《朱子文集》卷五六《答方賓王》，《朱子全書》23/2658。
〔註55〕與這則材料相似的還有另一則材料：「或問太極。曰：『未發便是理，已發便是情。如動而生陽，便是情。』」（《朱子語類》卷九四，《朱子全書》17/3126）太極或理與陰陽或氣之動靜關係是「理搭於氣而行」，這就是「動而生陽」。無論是理搭於氣還是動而生陽，都是「理與氣合」，是理與氣之混合，而不是單純的氣。所以「動而生陽，便是情」也不是說陰陽之氣就是情。
〔註56〕《朱子語類》卷九五，《朱子全書》17/3188。
〔註57〕《程氏遺書》卷十五，《二程集》，第163頁。

有「氣化是那陰陽造化」〔註58〕的說法。造化既然是從氣來說的，那麼「造化發用便是情」好像就意味著情即是氣。朱子還說：「昨晚說『造化爲性』，不是。造化已是形而下，所以造化之理是形而上。」〔註59〕把這些說法綜合起來，似乎就可以說：造化發用就是情，造化是氣，所以情就是氣；造化是形而下，所以情就是形而下。造化之理即性，是形而上的。於是性理屬形上，氣情屬形上，朱子的宇宙論與人性論就對應起來了。但是與前面的分析相似，朱子在這裏只是說「造化發用便是情」，而不是說「造化」就是情，只是說氣之發用是情，而不是說氣就是情。造化或氣之發用與造化或氣是不同的，氣之發用已經合著理在內，已經不是單純的氣了。「造化發用便是情」仍然是從「理與氣合」的方面來說的，而不是只從氣這一個方面來說的。

　　這樣來看的情就與氣質之性很相像。一方面，情與氣質之性都是關聯著性理與氣來說的。情不即是氣，而是理與氣合，是性之發用於氣。氣質之性也不是氣質，而是性墮在氣質之中。另一方面，情與氣質之性都是偏重於氣來說的。情不是性，而是性之發，而且是性之發用於氣中。氣質之性就更明白了，是氣質中的性，而不是天地之性，不是性之本體。但是朱子在討論情時，往往只說到情是性之發，是性之發用處，是性之動，是性之動處，而沒有像討論氣質之性那樣，反覆交待氣質之性只是天地之性「墮在氣質之中耳，非別有一性也」。朱子對情的這種特徵的交待不明，可能就是人們在討論朱子之性情論時，也認情爲氣的原因。

　　朱子爲學重於分析，但何以會出現對情合理與氣的特徵交待不明的情況呢？現在看來，很可能是對《中庸》首章喜怒哀樂之情理解不透造成的。《中庸》首章所說的喜怒哀樂之情包括兩種情感，即道德情感和感性情感。道德情感是天命之性的基本要素和本質內涵，當然是純善無惡的，感性情感是由氣質感性發出來的情感欲望，用理學的話語系統來說，是由氣發出來的，所以感性情感有善有惡、有過不及、有不中節。道德情感同時又是性體發用流行的動力系統，在道德情感的發動下，性必然呈現出來、表現於氣。這時，道德情感就與感性情感混合在一起了。道德情感雖然是純善無惡的，但感性情感卻有善有惡，兩種情感之混合當然也會呈露出有善有惡的面相，雖然這時的有善有惡仍然只是感性情感之有善有惡。但朱子沒有看到這一點，沒有

〔註58〕《朱子語類》卷六十，《朱子全書》16/1941。
〔註59〕《朱子語類》卷四，《朱子全書》14/191。

看到已發之喜怒哀樂其實包含兩種情感，於是也就不能把它們區別出來，並分別對待。當然，朱子也隱隱約約感到「情本不是不好底」，「情不是反於性」〔註60〕。所以他才堅決反對李翱復性滅情的佛家學風。也正因此，雖然朱子斷言「性是形而上者，氣是形而下者」〔註61〕，但朱子從來不說「情是形而下」之類的話頭。〔註62〕在朱子那裏，即使情有形而下的意思，我們也必須清醒地意識到，「情屬形而下」與「氣是形而下」是完全不同的，因爲情不是氣。在朱子理氣性情的結構中，性與理都屬形而上，氣與情都屬形而下，雖然可以直接說「性即理」，但卻不能簡單地說「情即氣」，原因也就在於，情屬形而下與氣屬形而下的內涵也是不同的。朱子還說過一句非常好的話：「四端是理之發，七情是氣之發。」〔註63〕如果順此討論下去，大有區別出兩種情感之可能。可惜這在朱子的著作中是一句孤語，再無類似的進一步討論。〔註64〕朱子對兩種情感不加區別，一衮說去，最終也引起後人誤認其情屬氣。

再來看第二個麻煩：從動靜來看，情與性到底是一種什麼樣的關係呢？相對於理氣動靜問題的複雜性來說，性情動靜的關係似乎顯得十分明朗，那就是性靜情動。朱子對此過也有過明確的表態。而且從朱子的書信和《朱子語類》的相關討論來看，在這個問題上也並沒有人提出多過的追問。朱子說：「情者，性之動也」〔註65〕，「性是未動，情是已動，心包得已動未動。……

〔註60〕《朱子語類》卷五九，《朱子全書》16/1881。

〔註61〕《朱子語類》卷五，《朱子全書》14/233。

〔註62〕遍檢朱子的主要著作《文集》、《語類》，「形而下」與「情」字相關者只有「形而上者，無形無影是此理；形而下者，有情有狀是此器」（《朱子語類》卷九五，《朱子全書》17/3185）一句話。但這裏的「情」字顯然是與前面的「形影」相照應的，所以這個「情」字是「情狀」的意思，而不是「性情」之情。情狀與形影當然是形而下者，而性情是否是形而下者，朱子未曾直接說及。在近世中國，直接說情是形而下的似乎只有一個人，這就是元代的郝經。他曾明確地說：「夫性，形而上者也，情，形而下者也。」但是郝經雖然說情是形而下者，但並不認爲情就是氣，相反卻說：「情也者，性之所發，本然之實理也。其所以至於流而不返者，非情之罪，欲勝之也。」（《陵川集》卷十七《論八首·情》，《四庫》1192/148-149）情出於性，是性之所發，情之本體是本然之實理，也就是性，而不是氣。這與朱子的意思是一致的，情雖然屬於形而下，有形而下的特徵，但從性質上來說，情之形而下與氣之形而下是不同的，因爲情不是氣。

〔註63〕《朱子語類》卷五三，《朱子全書》15/1776。

〔註64〕陳來：《朱子哲學研究》，上海：華東師範大學出版社，2000年，第211頁。

〔註65〕《孟子集注》卷十一，《朱子全書》6/399。

心如水，性猶水之靜，情則水之流」〔註66〕，「性是不動，情是動處，意則有主向」〔註67〕。性是形而上之理，本來是無所謂動靜的，動靜只是就形而下的經驗事物而言的。但是如果一定要在動靜問題上對性作個了斷，那只能說性是未動的，是不動的。性雖然不動、未動，卻是含著動的，是能動的，是「未動而能動者」〔註68〕。這就是朱子所說的「性之分雖屬乎靜，而其蘊則該動靜而不偏」。〔註69〕

　　性是不動的，是未動而能動者；情是動的，是性之動。情與性與動的關係，在朱子那裏共有三個說法，即「情者性之動」，「情是已動」，「情是動處」。「情者性之動」又可以有兩種理解：一是說情是引起性動之動力，二是說情是性被引動後之結果。這兩種理解的差別很大。如果說情僅僅是性被引動後的結果，那麼情就不是性之未動而能動的動力，性之能動性力量在性情之關係中看不出來，仍然需要向別處尋找。此時之性就只是一種存在著的「性體」，而不同時又是一種具有能動力量的「情體」。但是如果說情是性動之動力，那就意味著情就是性之未動而能動的動力，這時的性不但潛在地具有一種能動性，而且現實上也的確具有一種能動性，這種能動的力量就是情。於是性就不只是一種存在著的「性體」，而且同時又是一種具有能動性力量的「情體」。

　　到底是哪一種理解更符合朱子本人的意思呢？如果聯繫到「情是已動」和「情是動處」兩種說法，就可以發現，朱子意思是第一種理解而不會是第二種理解。「情是已動」和「情是動處」表達的意思基本一樣，都是說情是性被引動以後所表現出來的結果。「已動」、「動處」與「動」是不同的。朱子曾經說過「動處是心，動底是性」一句話，他的一個弟子說「竊推此二句只在『底』、『處』兩字上」〔註70〕。這種分別如果用在性情的關係上似乎更為合理。只不過心與性之區別在「處」與「底」兩個字上，而情與性之區別則在「動處」與「動」兩個詞上。「動」可以指「動」之動力，也可以指「動」之結果，而「已動」和「動處」只是指「動」之結果。朱子說情是已動，是動處，這時的「動」不是從動力本身而言，而只是從動力所引起之結果而言。

〔註66〕《朱子語類》卷五，《朱子全書》14/229。
〔註67〕《朱子語類》卷五，《朱子全書》14/232。
〔註68〕《朱子語類》卷五，《朱子全書》14/232。
〔註69〕《朱子文集》卷七五《記論性答槁後》，《朱子全書》24/3636。
〔註70〕《朱子語類》卷五，《朱子全書》14/226。

此即情是「已動」和「動處」的確切意思。作爲結果而言之「動」其實就是一種有形的、形下的表現。情是「已動」，是「動處」，是動之結果，是未動而能動之性被引動以後的外在表現和形於外者。朱子曾說：「好之、惡之者，情也。形焉者，其動也。」〔註 71〕好惡是情，好惡之情表現出來就是動，這裏的「動」仍然不是從動力來說的，而是從動力之結果即「形」來說的。

更清楚地表明朱子關於性情之動靜關係的是性情之未發已發關係。性情之未發已發問題亦即中和問題是宋明理學極其重要的一個論題，也是朱子心性情理思想中非常關鍵的一個環節。朱子青壯年時曾前後花去十多年時間，反覆兩次，苦參中和，最後確定了性是未發、情是已發、心統性情的義理架構，也最終完成了其心性之學的義理系統。

性情之未發已發與性情之動靜是一種對應關係。靜與動和未發與已發是對應的，朱子說「未發時便是靜，已發時便是動」〔註72〕，「未發，即靜之謂也」〔註73〕，那麼已發即動之謂也。性情分屬靜動，性靜情動對應著性未發情已發。朱子論性情之動靜與未發已發的對應關係可以上溯至《中庸》與《易傳》。《易傳·繫辭上》說：「易，無思也，無爲也，寂然不動，感而遂通天下之故。」「寂然不動」和「感而遂通」分別指靜和動。《中庸》首章說：「喜怒哀樂之未發謂之中，發而皆中節謂之和。中也者，天下之大本也；和也者，天下之達道也。」這說的是未發和已發。程伊川曾將這兩句話合在一起來理解：「『喜怒哀樂之未發謂之中。』中也者，言寂然不動者也。故曰『天下之大本』。『發而皆中節謂之和。』和也者，言感而遂通者也，故曰『天下之達道』。」〔註74〕還說：「心一也，有指體而言者，寂然不動是也；有指用而言者，感而遂通天下之故是也。」〔註75〕朱子在伊川之說的基礎上又進一步將這些內容具體爲性情兩端：「『寂然不動』是性，『感而遂通』是情」〔註76〕，「性以理言，情乃發用處，心即管攝性情者也。故程子曰『有指體而言者，寂然不動是也』，此言性也；『有指用而言者，感而遂通是也』，此言情也」〔註77〕，「於其未發也，見其感通之體；於

〔註71〕《朱子文集》卷六九《樂記動靜說》，《朱子全書》23/3263。
〔註72〕《朱子語類》卷九四，《朱子全書》17/3143。
〔註73〕《朱子文集》卷七五《記論性答槁後》，《朱子全書》24/3636。
〔註74〕《程氏遺書》卷二五，《二程集》，第319頁。
〔註75〕《程氏粹言》卷一，《二程集》，第1183頁。
〔註76〕《朱子語類》卷五九，《朱子全書》16/1886。
〔註77〕《朱子語類》卷五，《朱子全書》14/230。

已發也，見其寂然之用」〔註78〕。在朱子看來，性是靜，是寂然不動之體，是未發的大本之中；情是動，是感而遂通之用，是已發的達道之和。

　　性是靜，情是動，但情之動是從動之結果而不是從動之本身即動力而言的，所以情只是性之外在表現，而不是性之內在動力。這一點如果用性情之未發已發來說明就非常好理解了。朱子說：「情者，性之所發」〔註79〕，「性是根，情是那芽子」〔註80〕，還說：「性不可言。所以言性善者，只看他惻隱、辭遜四端之善，則可以見其性之善，如見水流之清，則知源頭必清矣。四端，情也，性則理也。發者，情也，其本則性也，如見影知形之意」〔註81〕，「未發時無形影可見，但於已發時照見。謂如見孺子入井而有怵惕惻隱之心，便照見得有仁在裏面；見穿窬之類而有羞惡之心，便照見得有義在裏面」〔註82〕。性是未發，未發之性是無形影、不可見、不可言的，必須發出來才有形可見，有影可言。情是已發，是性發出來而有形影可見可言的東西。如果說性是根，情就是從那根發出來的芽子。根深埋在土裏，誰也不知道它是什麼樣子，只能根據發出來的芽子對它進行推測、判斷。如果說性是水源，情就是水流，處在下游的人們不知道水源是什麼樣子，只能根據水流來對水源進行推測、判斷。這些都是說，已發是未發之外在表現，情是性之外在表現。已發是未發得以呈現的必然途徑，未發之性只有通過已發之情才能為人所察識。朱子說情是「發者」，是「性之所發」，這裏的「發」就是從發之表現和結果來說的。發之表現和結果，用另一個更加明朗的詞來說，就是「發處」或「發用處」，朱子常說：「情便是發用處」〔註83〕，「性以理言，情乃發用處」〔註84〕，「性只是理，情是流出運用處」〔註85〕。「發」與「發處」的關係與「動」與「動處」的關係一樣，發或動既可以指發或動這種發動力本身，也可以指由發動力所引發、所引動之結果，而發處或動處只是從結果來說的。依朱子的意思，情是性之發，這裏的發只是後一種意思，即情是性之發處、發用處或流行運用處，而不是「發」這種動力本身。情只是性表現出來的東西，只是性之外在表現，而不同時是性之內在動力。

〔註78〕　《朱子文集》卷六七《易寂感說》，《朱子全書》23/3258。
〔註79〕　《朱子語類》卷五九，《朱子全書》16/1881。
〔註80〕　《朱子語類》卷百十九，《朱子全書》18/3751。
〔註81〕　《朱子語類》卷五，《朱子全書》14/224。
〔註82〕　《朱子語類》卷五三，《朱子全書》15/1765-1766。
〔註83〕　《朱子語類》卷四，《朱子全書》14/192。
〔註84〕　《朱子語類》卷五，《朱子全書》14/230。
〔註85〕　《朱子文集》卷五五《答潘謙之》，《朱子全書》23/2590。

論述到此，我們就可以發現，在性情之形上形下、動靜和未發已發等關係上，朱子與《中庸》開始出現微妙但結果卻相當嚴重的歧異。《中庸》講的未發已發最初都是從喜怒哀樂之情來說的，但性情為一，分開來說未發是性、已發是情也未嘗不可。《中庸》所說之情包括兩種，即道德情感和感性情感，而性情為一之情只指道德情感。《中庸》講性情之未發已發有三重意思：第一，情是性之呈現方式，第二，情是性發用流行之動力系統，第三，情是性之本質內涵。這三重意思綜合起來就是性情為一，性是能動的實體，情是性體之動力，所以性體同時也是情體。

但是當朱子將性情關係放在理氣二分的宇宙論結構中來思考時，問題就出來了。朱子只保留了三重意思中之第一重意思，即情只是性之呈現方式。由於朱子沒有區別開道德情感和感性情感，另外兩重意思就被悄悄化去了。一方面，理氣二分，性情對言，性理屬形而上，氣情屬形而下，性情不再為一，性與情不再是同一個實體。雖然朱子不認為情就是氣，但是他始終沒有把已發的兩種情感區別開來，反而偏重於從形而下之氣來定位情。這就造成了性情雖然不是截然兩分，卻是「不共戴天」，未發只能是性，而不能是情，說已發時只能指情，而不能再稱之為性，性情不能同時並存。簡單地說，情雖然不是氣，但也不完全是性，情不再是性之本質內涵，情與性之間就出現了隔閡，情與性也就不再是完全同一的了。另一方面，理靜氣動，性靜情動，性未發而情已發，情不再是性之動力系統。雖然情之動或發與氣之動不同，但也與《中庸》所說的喜怒哀樂之情之發也不同。《中庸》的情之發是從性自身內具的發動力來說的，而朱子所說的情則只是性的發用處，只是性的一種外在表現。性中無情，便沒有內在的動力，雖然性是「未動而能動」，但這種能動只是一種抽象的、潛在的能動性，不具現實的能動力、實現力。雖然朱子也說情是性之表現、發用和照見，但這只是一種靜態的表現，是從表現、呈現和發動之結果上來說的表現。這時，雖然「性即理」，但「性只是理」，性與理一樣，也是「無情意、無計度、無造作」，不具有現實的能動性和表現力。正如牟宗三所批評的那樣，朱子所說之性是「只存有不活動」的「死性」、「死理」。〔註86〕性與理不能活動的原因就在於朱子對情的認識不透，沒有區別開道德情感和感性情感，並對兩種情感之性質和功能做出恰切的定位。

理靜氣動，性靜情動，理成死理，性成死性，這種局面會造成一個更為

〔註86〕牟宗三：《心體與性體》第一冊，《牟宗三先生全集》（5），第 392、408 頁。

嚴重的問題，這就是純善至善之性難以呈現，而惡之出現又得不到有效的解決。如果性體同時是情體，性情合一，性具有現實的能動力和表現力，純善至善之性在具體的道德情境中，在道德情感的促動引發下，自然能夠當體呈現，一無遺餘。這時，純善至善之性就具體呈現為純善至善的道德情感，當喜則喜，當怒則怒，當哀則哀，當樂則樂，發皆中節，無過不及。純善呈現，萬惡自然隱寂，「如暗室求物，把火來，便照見」〔註87〕，「如點一條蠟燭在中間，光明洞達，無處不照，雖欲將不好物事來，亦沒安頓處，自然著它不得」〔註88〕，並不需要孜孜以求於如何如何驅除黑暗，因為光明到來，黑暗自去，屋室自亮。但是現在性中沒有情，性體不同時是情體，作為性體呈現之動力系統的道德情感就與感性情感一起被拉到形下之氣的層面了。沒有情這個動力系統，性就是不動的，是死的，它再也不能自己呈現出來了，只能「搭於氣而行」。而形下之氣是有善有惡的，同屬形下層面的情自然也就有善有惡。雖然情是從性發出來的，是性之外在表現，但由於它是道德情感與感性情感之混合，已不再是性之完全呈現和發用。而且不具現實主動性之性也失去了其當然的主宰權，眼看著自己有被歪曲表現的可能，自己卻又無能為力。因為它只是潛在的，不能對現實的一切發號施令，反而在現實中它還要到受氣和感性情感的制約甚至支配。性不能動，便無法作用於情；無法作用於情，便無法保證性體自然發用而必然為善。這就是理氣二分、性情對言所帶來的理論問題。

這個問題必須被解決，否則盡性成聖之終極目標就不可能得到實現。但性本身是不能動的，自己不能解決自己的問題，而情又不分青紅皂白地被拉入形下之氣的層面，也不能用來幫助解決性的問題。怎麼辦呢？我們在前面發現，一千多年前的荀子也碰到過這種局面。荀子是通過心來解決這個問題的。同樣，朱子也使用了相同的招數，這就是朱子的「心統性情」。朱子對荀子頗多微詞，但在心的問題上，朱子可謂是全面繼承了荀子的衣缽。〔註89〕僅就這一點而言，朱子就是荀子，朱學就是荀學。同時也可見，在朱子的義理系統中，心居於一種中樞的地位，就此而言，「朱子之學徹頭徹尾乃是一項圓密宏大之心學」〔註90〕。

〔註87〕《朱子語類》卷八，《朱子全書》14/278。
〔註88〕《朱子語類》卷十五，《朱子全書》14/484。
〔註89〕陳來：《朱子哲學研究》，第220頁。
〔註90〕錢穆：《朱子新學案》第二冊，臺北：三民書局，1982年，第1頁。

　　朱子論心，最根本的一條就是一個詞即「知覺」，或者在前面再加上兩個限定性的形容詞即「虛靈知覺」。對此，朱子有過非常多也很明確的表述。現把朱子關於心的表述攝其要者臚列如下：

（1）「道心是知覺得道理底，人心是知覺得聲色臭味底」〔註91〕，「知覺便是心之德」〔註92〕，「心者，人之知覺主於身而應事物者也。指其生於形氣之私者而言，則謂之人心；指其發於義理之公者而言，則謂之道心」〔註93〕，「心之虛靈知覺，一而已矣。而以為有人心、道心之異者，則以其或生於形氣之私，或原於性命之正，而所以為知覺者不同，是以或危殆而不安，或微妙而難見耳」〔註94〕，「人心之體，虛明知覺而已。但知覺從義理上去則為道心，知覺從利欲上去則為人心，此人心、道心之別也」〔註95〕。

（2）「人之心湛然虛明，以為一身之主者，固其本體」〔註96〕，「人之一心，湛然虛明，如鑑之空，如衡之平，以為一身主者，固其真體之本然」〔註97〕，「人心至靈，有什麼事不知，有什麼事不曉，有什麼道理不具在這裏」〔註98〕，「人心虛靈，包得許多道理過，無有不通」〔註99〕，「所謂心者，乃夫虛靈知覺之性」〔註100〕，「虛靈自是心之本體，非我所能虛也。耳目之視聽，所以視聽者即其心也，豈有形象？然有耳目以視聽之，則猶有形象也。若心之虛靈，何嘗有物！」〔註101〕

（3）「虛明不昧，便是心；此理具足於中，無少欠闕，便是性；感物而動，便是情」〔註102〕，「所覺者，心之理也；能覺者，氣之靈也」〔註103〕，「心之知覺，即所以具此理而行此情者也。以智言之，所

〔註91〕　《朱子語類》卷七八，《朱子全書》16/2664。
〔註92〕　《朱子語類》卷二十，《朱子全書》14/692。
〔註93〕　《朱子文集》卷六五《大禹謨》人心道心解，《朱子全書》23/3180。
〔註94〕　《中庸章句序》，《朱子全書》6/29。
〔註95〕　《朱子文集》卷五一《答董叔重》，《朱子全書》22/2361。
〔註96〕　《朱子文集》卷五一《答黃子耕》，《朱子全書》22/2379。
〔註97〕　《大學或問》下，《朱子全書》6/534。
〔註98〕　《朱子語類》卷十四，《朱子全書》14/436。
〔註99〕　《朱子語類》卷五七，《朱子全書》15/1838。
〔註100〕《朱子文集》卷七三《胡子知言疑義》，《朱子全書》24/3559。
〔註101〕《朱子語類》卷五，《朱子全書》14/221。
〔註102〕《朱子語類》卷五，《朱子全書》14/230。
〔註103〕《朱子語類》卷五，《朱子全書》14/219。

以知是非之理則智也，性也。所以知是非而是非之者，情也。具此
理而覺其為是非者，心也」〔註104〕，「性者，心之理；情者，性之
動；心者，性情之主」〔註105〕，「性，本體也；其用，情也；心則
統性情、該動靜而為之主宰也」〔註106〕，「心便是包得那性情，性
是體，情是用」〔註107〕。

　　從上面這些材料中可以很容易地看到，朱子論心有三個方面的內容：第
一，心是知覺，是一種知覺意識，是一種意識活動。知覺之心可以從道心和
人心兩個角度來看，道心是知覺與理相合，人心是知覺與氣相合。第二，心
是一種虛靈知覺。心之知覺有兩個特性：一是虛，一是靈。知覺之心本然為
虛，虛是虛納之虛，故心能包容，能含具；虛又是虛實之虛，故心只是知覺
運動，不是實在的實體。靈是靈活之靈，故心之知覺運動能夠周流貫徹，生
生不已；靈也是神靈之靈，故心體雖虛，心之知覺卻能神靈奇妙地運作於理
氣性情之間。虛是從靜的方面來對知覺之心的本體所作的形容；靈是從動的
方面來對心之知覺的運動所作的形容。虛靈是知覺之心的本體，這裏的本體
不是實體意義上的本體，而是本來的面目、本然的狀況。第三，心只是虛而
靈的知覺運動。從性質上說，虛靈知覺之心不是理更不是氣，不是性也不是
情，心與性與情是分而為三的。但從關係上說，心雖然不是性也不是情，但
心與性情卻是渾然一體，無法分開。性是心之體，情是心之用，心含性情，
統攝性情，能夠對性情有所知覺，有所宰制。

　　進一步說，朱子對心的這些規定，也可以從心之形上形下、心之動靜或
未發已發、心之善惡幾個方面來分析。首先，心不可以形上形下言。形上形
下一般是針對一種實體而言的，心只是知覺運動，而非實體，所以心不能從
形上形下來說。〔註108〕在朱子理氣二分的宇宙論框架裏，理是形而上者，
氣是形而下者。如果心屬於理，那麼它就是形而上者，如果心屬於氣，那麼
它就是形而下者。有人曾問：「人心形而上下如何？」朱子說：「心比性，則

〔註104〕《朱子文集》卷五五《答潘謙之》，《朱子全書》22/2590。
〔註105〕《朱子語類》卷五，《朱子全書》14/224。
〔註106〕《朱子文集》卷七四《孟子綱領》，《朱子全書》24/3584。
〔註107〕《朱子語類》卷五，《朱子全書》14/226。
〔註108〕吳震：《「心是做工夫處」——關於朱子「心論」的幾個問題》，《宋代新儒學
　　　　的精神世界——以朱子學為中心》（論文集），上海：華東師範大學出版社，
　　　　2009年，第119頁。

微有迹；比氣，則自然又靈。」〔註 109〕在這個問答情景中，會給人一種感覺：朱子似乎是答非所問，或者說朱子沒有直接回答問話。朱子之所以採取這樣的方式，一個很重要的原因就是心不能從形上或形下來說，或者說這個發問本身就有問題，它把心作為一個實體來對待了。面對問者，朱子又不能不作答以示教，於是不得已就給出了一個啓發式的答案。先是心與性相比是「微有迹」，似乎是形而下者，再是心與氣比是「自然又靈」，似乎又是形而上者。其實，心既不是性，也不是氣，只是虛靈知覺，不是一個實體，只是一種運動，當然也就無所謂形而上下了。心與性是不同的，朱子說：「心與性自有分別。靈底是心，實底是性。靈便是那知覺底」〔註 110〕，「靈處只是心，不是性。性只是理」〔註 111〕。這說得就非常清楚了，心不是性，性是實體實理，而心只是虛靈知覺。

　　心與氣也不同。關於這一點，歷來爭論很多，需要多費些口舌加以澄清。朱子說：「氣中自有個靈底物事」〔註 112〕，「心者，氣之精爽」〔註 113〕。氣當然是形而下的，但心不是氣，而是氣之靈，是氣之精爽。氣之靈、氣之精爽並不是氣。這從朱子的遣詞用字上也可以看出。氣之靈、氣之精爽的主語是靈和精爽而不是氣，氣是修飾靈和精爽的。有人說氣之靈、氣之精爽也是氣，這就把這兩句話看倒了，把「氣之靈」、「氣之精爽」看成「靈之氣」、「精爽之氣」了，氣成了主語，靈和精爽成了修飾語了。氣之靈、氣之精爽也不是「氣的靈」、「氣的精爽」，而是「氣中的靈」、「氣中的精爽」，朱子說得很明白，「氣中自有個靈底物事」。所以靈、精爽與氣不是本質的關係，而是外在的關聯。靈和精爽是什麼呢？就是知覺，是虛靈知覺。如果心就是氣，朱子何不直接說「心者，氣也」，而非要繞個圈子說什麼心是「氣之靈」、「氣之精爽」呢？可見朱子是決不會認可「心是氣」的說法的，而在《朱子文集》與《朱子語類》等朱子文獻中，從來也見不到這種說法。但這只是朱子書面上的證據，除此之外還有一個義理上的理解問題。朱子在書面上說沒說「心是氣」是一回事，在義理上心到底是不是氣是另一回事。所以有人就從朱子之學的義理邏輯上推論說：朱子之宇宙論是理氣二分的結構，宇宙萬物要麼是

〔註 109〕《朱子語類》卷五，《朱子全書》14/221。
〔註 110〕《朱子語類》卷十六，《朱子全書》14/511。
〔註 111〕《朱子語類》卷五，《朱子全書》14/218。
〔註 112〕《朱子語類》卷五，《朱子全書》14/221。
〔註 113〕《朱子語類》卷五，《朱子全書》14/219。

理，要麼是氣，在理與氣之間不能存在一個居間的領域，所以心也必然分屬理或氣兩者之一；同時，在性理、氣情二分的結構中，性理靜而氣情動，性理純善而氣情有善有惡，朱子之心是動的，也是有善有惡的，所以心是氣。〔註114〕這種說法大可商量。動靜善惡的問題下面再說，這裏先說心與理氣的關係。理氣二分、性情對言，這是從兩個實體來說的，從實體上說，只有性理和氣情兩端，不能存在一個居間領域，這是毫無疑義的。但是理與氣除了以實體的方式存在以外，還以關係的方式存在。以實體的方式存在時，理與氣是相對的，是沒有居間領域的，理是理，氣是氣，不是理就是氣，不是氣就是理。但以關係的方式存在時，理與氣是相關的，理即氣，氣即理，無無理之氣，也無無氣之理，理與氣是一個整體，這就是理與氣合。朱子說「理與氣合，便能知覺」〔註115〕，知覺之心正是從理與氣之整體關係上來說的。從實體的方式存在來說，理與氣是相對的，所以理對氣言，性對情言；從關係的方式存在來說，理與氣是相關的，所以一切都是無對的。朱子說「惟心無對」〔註116〕，這顯然是從理與氣以關係的方式存在來說的，即使說心也有對，也是與理氣或性情的整體相對，而不是與性理或氣情的一個方面相對，所以朱子說「性對情言，心對性情言」〔註117〕。要之，以理氣二分來框定心屬理或氣是有問題的。問題就出在這只是把理、氣作為以實體的方式存在來思考，沒有從其以關係的方式存在來思考，而朱子的心只是知覺，不是一種實體。心既然不是一種實體，只是一種知覺，也就只能從理與氣的關係上來思考，那麼心也就既不是理，也不是氣，當然也就無所謂形上形下了。〔註118〕

其次，心有動靜，通貫於未發已發。心之動靜和未發已發既是說心之知覺是發動力，又是說心之知覺運動具有兩狀態。其一，心是動靜和未發已發之動力。在性情對言的結構中，性靜情動，性未發情已發，性是不能活動的，情也不是動力，只是動處，只是已發處，那麼使性發動而為情的動力是什麼呢？這個動力就是心。因為心是知覺，知覺是運動，運動當然有動有靜；動

〔註114〕李明輝：《朱子論惡之根源》，鍾彩鈞主編：《國際朱子學會議論文集》（上冊），臺北：中央研究院中國文哲研究所籌備處，1993年，第568～569頁。

〔註115〕《朱子語類》卷五，《朱子全書》14/218。

〔註116〕《朱子語類》卷五，《朱子全書》14/218。

〔註117〕《朱子語類》卷五，《朱子全書》14/224。

〔註118〕朱子拒絕將形上形下、理氣二分的模式引入對心的討論，一個重要的原因就是心為功能總體，而非存在實體。參見陳來《朱子哲學中「心」的概念》，《中國近世思想史研究》，北京：商務印書館，2003年，第194頁。

靜是知覺本身的性質，所以知覺之心本身就是動靜的動力，再不需要其他動力來使之由靜趨動。其二，心具有動與靜或已發與未發兩種狀態。而心之知覺運動本身也是有動有靜的，「包得已動未動」，當心未動時，心就合於性，當心已動時，心就行於情。心的動靜也就是心的未發已發，心之靜是心之未發，心之動是心之已發。朱子說：「心有體用，未發之前是心之體，已發之際乃心之用」〔註119〕，「據性上說『寂然不動』處是心，亦得；據情上說『感而遂通』處是心，亦得」〔註120〕。心有體有用，心之靜而未發的狀態是其體，這就是性；心之動而已發的狀態是其用，這就是情。

《中庸》首章之未發已發都是從喜怒哀樂之情而言的，未發已發是兩種狀態，發的動力是情。到了朱子這裏，未發已發雖然也指兩種狀態，但發之動力是心而不是情。朱子說：「喜怒哀樂未發，只是這心未發耳」〔註121〕，「已發未發，只是說心有已發時，有未發時。方其未有事時，便是未發；才有所感，便是已發，卻不要泥著」〔註122〕。就這意味著已發未發不再是從喜怒哀樂之情而是從心來說了，即使說喜怒哀樂之未發已發也只是心之未發已發，因為情不具有發的動力，只有心是動力。這樣，性情動靜的動力問題就解決了，「心有動靜」〔註123〕，「性是未動，情是已動，心包得已動未動。蓋心之未動則為性，已動則為情，所謂『心統性情』也」〔註124〕。性是未動，情是已動，心是性動而為情之動力。

這裏有一個問題需要注意，雖然心之體是性，心之用是情，性是心之靜而未發，情是心之動而已發，但切不可據此就認為心是性或情。還是那句話，心只是知覺，不是實體，心靜而未發時即是性，這只是說此時心之知覺寂然未萌而與性合在一處了；心動而已發時即是情，這只是說此時心之知覺感通發動而與情打成一片了。有人問「心之發處是氣否？」朱子答曰：「也只是知覺。」〔註125〕心之已發不是氣，言外之意，心之未發也不是性，心只是知覺。另外，理氣二分，理靜氣動，現在心是動力，是否就可以說心是氣呢？也是

〔註119〕《朱子語類》卷五，《朱子全書》14/225。
〔註120〕《朱子語類》卷五，《朱子全書》14/224。
〔註121〕《朱子語類》卷五，《朱子全書》14/221。
〔註122〕《朱子語類》卷六二，《朱子全書》16/2039。
〔註123〕《朱子語類》卷五，《朱子全書》14/217。
〔註124〕《朱子語類》卷五，《朱子全書》14/229。
〔註125〕《朱子語類》卷五，《朱子全書》14/219。

不可以的。一方面，朱子之人性論雖然是以其宇宙論爲理論基礎的，但並不能完全將兩者生搬硬套強拉在一起。正如前面所分析的，性情不能與理氣嚴格對應，因爲朱子之情不完全是氣。另一方面，氣是動的，但並不能說氣之動的動力就是氣，這個動力不在理，也可以不在氣，而在理與氣之間。心就是這個居間的動力。退一步說，即使氣既是動的，又具有動力，也不能排除心也是動力。因爲本來就可以同時存在兩種動力，比如道德情感和感性情感都是動力，都具有能動作用，只不過兩者是來源不同的兩種動力。當然，這不是現在要解決的問題，只能簡要提及。

最後，心無所謂善惡，但心可以表現出有善有惡。心只是知覺運動，不是實體，善惡總是相對於實體而言的，所以心無所謂善惡。日常說一個行爲是善的或惡的，其實最終是指行爲者是善的或惡的，並不是說這個行爲本身是善的或惡的；更不能說引起該行爲的那個動力是善的或惡的，因爲動力終歸是要有一個主體的。

但朱子卻常說「心有善惡」〔註 126〕，這又如何解釋呢？其實，這不是說心本身在性質上是善的或惡的，而只是說心所包含的性或情是善的或有善有惡的。「心是動底物事，自然有善惡」〔註 127〕，心之善惡與其動靜和未發已發有關。「性無不善。心所發爲情，或有不善。說不善非是心，亦不得。卻是心之本體本無不善，其流爲不善者，情之遷於物而然也」〔註 128〕，「性才發，便是情。情有善惡，性則全善。心又是一個包總性情底」〔註 129〕。心有體用，心之體是性，是心之靜而未發；心之用是情，是心之動而已發。性是純善無惡的，所以心之本體也是善的。「心之本體」與「心之體爲性」本來是不一樣的，「心之本體」指的是心，是心之本來面目，「心之體爲性」指的就是性。但是在心之知覺靜而未發時，「心之本體」與「心之體」往往重合在一起。這就常給人一種印象，似乎「心之體」即性就是「心之本體」。性是純善無惡，於是也就可以說「心之本體」是純善無惡的。其實不是這樣的。「心之本體本無不善」只是從心與性合一時所表現出來的混一性狀來說的，這裏的善仍然只是說性是善的，而不是說心是善的，心仍然是無所謂善惡的。同樣，性發爲情，情有善惡，而情是心之用，是心之動而發用處，從

〔註 126〕《朱子語類》卷五，《朱子全書》14/223。
〔註 127〕《朱子語類》卷五，《朱子全書》14/220。
〔註 128〕《朱子語類》卷五，《朱子全書》14/227-228。
〔註 129〕《朱子語類》卷五，《朱子全書》14/225。

心與情之混合體來看，也整個是有善有惡的。這也會給人一種印象，好像心是有善有惡的。其實並不是如此。這裏仍然是情有善有惡，心只是知覺，無所謂善惡。總之，心包總性情，心之本體與性重合，性善而無惡，心之本體也就表現出「本無不善」；心之發用與情並行，情有善有惡，心之用也就表現出「或有不善」。其實心仍是無所謂善惡的，心之善只是性之善，心之有善有惡只是情之有善有惡。從這個結論也可以看出，根據心有善惡、氣有善惡來推證說「心是氣」，這根本是站不住腳的。

　　心只是虛靈知覺，是無所謂善惡、無所謂形上形下的，是通貫於動靜、無間於未發已發的。對心的這些規定，用一個詞來表示就是「心統性情」。「統」既有兼總包具的意思，又有統御主宰的意思。〔註130〕就「統」的第一個意義來說，心包統性情，是性情之居處。心之本體虛靈不昧，心之知覺神明不測，所以心雖然不是實體，也無所謂形上形下，卻能夠包得形上之性和形下之情。心是知覺，通貫動靜，無間於未發已發。心無所謂善惡，卻因所包具之性善而情有善有惡，因而也就顯出有善有惡之性狀。就「統」的第二個意義來說，心主宰著性情，是性發為情、約情合性之動力。心對性而言，性是主宰者，心是主宰力，是性這個主宰者之主宰權得以執行的力量。性雖然是主宰者，但性是不能動的，性對情之主宰作用只有通過心這個能動的力量才能夠發揮出來。心對情而言，情是性之已發，心是情之發而皆中節的主宰力量和制約因素。情發於性，性無不善，而情有善惡。性原本是情之實際上的主人和主宰者，但性是不能動的，沒有現實的效力，不能對已發之情施加現實的作用，只能通過心這個動力對情加以規約。所以情是善是惡，是否能夠合乎本善無惡之性，關鍵是看心之主宰作用發揮得如何。朱子說：「感於物者心也。其動者情也。情根乎性而宰乎心，心為之宰，則其動也無不中節矣，何人欲之有？心不宰而情自動，是以流於人欲而每不得其正也。然則天理人欲之判、中節不中節之分，特在乎心之宰與不宰，而非情能病之，亦已明矣。蓋雖曰中節，然是亦情也，但其所以中節者乃心爾。」〔註131〕聯繫到荀子論心，我們可以看到，朱子論心之「宰不宰」關乎情之善惡，與荀子論性之

〔註130〕關於心統性情之「統」，朱子本人有兩種解釋：一是說：「統，猶兼也。」二是說：「統，如統兵之『統』，言有以主之也。……統是主宰，如統百萬軍。」（《朱子語類》卷九八，《朱子全書》17/3304）「性以理言，情乃發用處，心即管攝性情者也。」（《朱子語類》卷五，《朱子全書》14/230）
〔註131〕《朱子文集》卷三二《問張敬夫》，《朱子全書》21/1395。

善惡在於心之「使不使」，簡直如出一轍。

至此，朱子就完成了他的整個哲學架構，這就是理氣二分、性情對言、心統性情。通過心統性情，朱子似乎也解決了由於理氣二分、性情對言所帶來的理論問題。一方面，心只是虛靈知覺，而且心之知覺是神明不測的，因此心雖然不是性理，也不屬情氣，無所謂形上形下，但卻可以包得形上之性和形下之情。這樣，理氣二分所造成的性情打為兩橛的問題就解決了。另一方面，心通貫動靜，無間於未發已發，其自身就是發動力，是性之主宰權得以執行、得以實現的動力。這樣，性就可以通過心而活動了，就可以發而為情，並且可以對情之善惡做出裁斷，進行規約。可見，心統性情的確是一個嚴密的體系，也的確能夠解釋儒家心性之學諸多重大的理論問題。

然而，心統性情雖然在結構上近乎完善，但在這個結構的內部仍隱藏著四個更大的問題。其一，性體無力的問題沒有得到最終解決。心之知覺雖然因其神明不測的特性能夠對性情進行兼統包具，但在本質上心非理非氣、非性非情、非形上非形下，心與性情仍然只是外在的關係，心對性情之統包只是一種空間式的容納，而非本質性的同一。因此性因心而具有的動力仍只是外在的，與情體中情是性之動力是不可同日而語的。從根本上說，性本身仍然不具有現實的動力，性仍然「只是理」，仍然是不會活動的「死理」。

其二，心成了沒有主腦的盲動。心非理非氣，非性非情，無所謂形而上下，無所謂善惡，不是一個實體，只是虛靈知覺。從性作為實體的意義上說，性是實體，心與性為二，心整個就是一虛無。心雖然有動有靜，本身就是動力，但由於這個知覺動力沒有主腦，沒有主心骨，心這種動力也只能是一種盲目的衝動。心雖然包得性情，是性情的居處，但心與性情是一種外在的關係，而不具有本質的關係。心統性情，心就好像一個「大房子」，性情在心中，居住在心內。但對於性情來說，心這個「大房子」只是一個臨時旅居的賓館，性是這個「大房子」的「房客」而非其「房東」，性情只是暫客居於心中。性不是房東，心是無主兒的。誰是「房東」呢？誰是心之主腦、主心骨呢？在朱子這裏找不到答案。

其三，心對情進行宰制缺乏內在的必然的合法性。情有善惡，心是情之主宰，心對情之主宰就是對情進行制約使之合於性，使之發而皆中節、無過不及。但是情出於性，性是情當然之根本，情之善惡當然也應由性來裁斷、管制。然而性沒有現實的動力，是不能活動的，在已發的現實狀態中，性弱

情強，性管不了情。心雖然是動力，但心不是性，心這個動力對性來說仍然是外在的。外在的力量有什麼資格管理別人內部的事務呢？心有什麼資格來對情發號施令呢？心對情之主宰性就缺少合法性基礎。

其四，道德責任難以落實。關於心、性、情的關係，朱子有一個生動的比喻：「命猶誥敕，性猶職事，情猶施設，心則其人也」〔註 132〕，「命，便是告箚之類；性，便是合當做底職事，如主簿銷注，縣尉巡捕；心，便是官人；氣質，便是官人所習尚，或寬或猛；情，便是當廳處斷事，如縣尉捉得賊」〔註 133〕。性就像天子所命的職責任務，心就是執行任務的官人，情則是到基層一線執行任務。天子命給的職事（性）肯定是純然至善的，官人（心）只是領受職事，無所謂善惡，但官人會受到其氣質習尚的影響，執行任務（情）時就可能會出錯，這就是有善有惡。從責任歸屬上說，誰的過錯誰負責，這是常理。性無不善，情有善惡，心無所謂善惡。很顯然，惡出在情上，情應該首負其責。但情不可能成為責任者，因為情出於性，追根究底，性應該負起道德的責任。但性也不可能成為責任者，因為性不會動，性只是提供命令，提出要求。至於命令和要求如何發出，如何執行，就不是性的事兒了，而是心的事兒。那麼善惡的責任應該由心來負了。但心更不可能成為責任者，因為心雖然發動命令，可是這個命令不是自己的，命令是從性那裏出來的。於是，心、性、情三者就在道德責任的歸屬問題相互扯皮，終無善解。

這就逼著朱子通過強化工夫修為來彌補這些理論上的漏洞。由於心、性、情三分，漏洞繁多，朱子不得不三處堵截，在性、情、心上分別做工夫。性是未發，「未發時無形影可見」〔註 134〕，因此「性不可言」〔註 135〕，「性不可說」〔註 136〕，只能施以涵養工夫。相反，情是已發，有形影可見，「情卻可說」〔註 137〕，因而可施以察識工夫。除了需要對性、情分別做涵養、察識的工夫外，對心之工夫是最重要的，這就是居敬工夫。「心主乎一身則無動靜語默之間，是以君子之於敬，亦無動靜語默而不用其力焉。未發之前，是敬也固已主乎存養之實；已發之際，是敬也又常行於省察之間。」〔註 138〕針對心、性、

〔註 132〕《朱子語類》卷五，《朱子全書》14/215。
〔註 133〕《朱子語類》卷四，《朱子全書》14/192。
〔註 134〕《朱子語類》卷五三，《朱子全書》15/1765。
〔註 135〕《朱子語類》卷五，《朱子全書》14/224。
〔註 136〕《朱子語類》卷五九，《朱子全書》16/1881。
〔註 137〕《朱子語類》卷五九，《朱子全書》16/1881。
〔註 138〕《朱子文集》卷二六《答張欽夫》，《朱子全書》21/1419。

情三者所做的工夫是有輕重之分的，最主要的就是心底工夫。雖然朱子曾說「未發已發，只是一項工夫，未發固要存養，已發亦要審察。遇事時，時復提起，不可自怠，生放過底心，無時不存養，無事不省察」〔註139〕，但未發已發、存養省察所以能夠得以貫徹，還是要心上的居敬工夫，這就是朱子所說的「主於身而無動靜語默之間者，心也。仁則心之道，而敬則心之貞也。此徹上徹下之道，聖學之本統。明乎此，則性情之德、中和之妙，可一言而盡矣」〔註140〕。所以朱子說：「心者，主乎性而行乎情。……心是做工夫處。」〔註141〕心統性情，通貫動靜，無間於未發已發，性發爲情，善與不善，關鍵在心能否發揮其實際的主宰作用。所以心底工夫是心、性、情工夫中最重要的環節。

　　工夫只是針對本體的工夫，本體上的問題得不到最終的解決，工夫也只是治標不治本。而以上問題的總根子是朱子理氣二分、性情對言、心性情三分的義理架構中必然涵有的。所以根本的解決方案也只能是心性情同一。這個同一不是心統性情式的外在的合一，而是本質上的心性情爲一。性就是心，心即是情，情也是性。性體即是心體，心體即是情體，情體即是性體。心性情都是道德的實體，是道德實踐的形上本體和形上根據。性是道德本體之自身，心是對道德本體的直接覺知，負責對具體倫理情景的直接感知和對相應道德效果的當下判斷，情是道德本體的發動力，引動道德本體在具體的倫理情景中，必然如如呈現。心性情同一在朱子心統性情的框架中顯然是不可能存在的，還有待儒家心性之學的進一步開發。這也是朱子留給陸象山、王陽明以及劉蕺山等宋明諸儒的哲學課題。

二、陸王之良知派及其「兩頭明中間暗」問題

　　朱子之學的諸多問題是由性理與心情之不同一所引發出來的，尤其是認知之心與性理之間的兩分關係，是朱子之學最大的麻煩。陸象山一眼就看穿了朱子理論的問題實質，於是就率先跳出來高喊「心即理」三個字，以補朱子之失。象山「心即理」之心不是認知之心，而是道德的「本心」，是思孟學脈中的良知之心。朱陸兩人不但以信函往返的形式討論具體的哲學問題，而

〔註139〕《朱子語類》卷六二，《朱子全書》16/2041。
〔註140〕《朱子文集》卷二六《答張欽夫》，《朱子全書》21/1419。
〔註141〕《朱子語類》卷五，《朱子全書》14/230。

且還面對面地坐而論道，直接表白自己的態度，堅決捍衛自己的立場。雙方的對話成為中國儒學史上精彩而經典的篇章。這種思想交鋒方式極其難得，它要求對話雙方在人格上都極其真誠，在見識上都極為專業，在態度上都非常主動。朱陸的這種論爭也許只有春秋戰國的諸子爭鳴才能與之媲美，每每想起，令人心嚮往之焉。到了明代，王陽明接過象山的薪火，繼續反朱。在象山心即理的大原則下，陽明又獨創出知行合一、致良知二說，使象山之學得以清晰展現，也使思孟學派良知一脈昌大發越，幾臻至境。

象山的學問方式很特殊，他對很多重要的話頭都不做具體的分析。這讓一般的學者很難把握其思想之精微。陽明雖然對心即理作了倫理性的限定，但由於時而流露出以良知覆蓋認知的態度，尤其是對道德情感在知行中的動力作用沒有明確地分析出來，致使陸王心學始終擺脫不了朱子所批評的「兩頭明中間暗」的禪味。

在上一節的最後，我們看到，朱子理論中的諸多問題是由其理氣二分、性情對言、心統性情的理論架構所導致的，所以從根本上解決這些問題的關鍵還是心性情為一。象山正是看到了這一點，一語中的地揭示出「心即理」的千古名言。象山說：「心，一心也；理，一理也。至當歸一，精義無二。此心此理，實不容有二」〔註142〕，「人皆有是心，心皆具是理，心即理也」〔註143〕。在這裏有一個有趣的現象：在象山本人的所有文獻中，「心即理」一語僅此一見，但只此一句，足以令他配享孔廟。這個現象似乎還是中國哲學史上的普遍現象。很多時候，一個哲人見世，往往並不在於他說了多少話，寫了多少書，關鍵還是看他是否號對了思想的主脈，是否把握住了哲學的走向。如果他號住了思想的命脈，把握住了哲學的走向，即使一個字，亦足可傳世千古。孔子以一「仁」字開門，《中庸》以一「中」字垂統，孟子以一「心」字立世，象山單提一句「心即理」，陽明只重一個「致良知」，都是這種現象。

儒學內化完成後，思孟學派最重要的一條就是心性情為一。象山自稱學無所受，讀《孟》自得，一千多年來，他是孟子之學的一線單傳。那麼他既然主張心即理，心與理為一，也必然承認思孟學派之心與性、情為一。所以當弟子問性、才、心、情如何分別時，象山說：「情、性、心、才，都只是一

〔註142〕《陸九淵集》卷一《與曾宅之》，第4～5頁。
〔註143〕《陸九淵集》卷十一《與李宰》二，第149頁。

般物事，言偶不同耳。」而且這種不同連「同出而異名」也不能說，因為這仍然是視情、性、心為多。既然是一，為什麼還要分別用不同的字來表示呢？這只是「聖賢急於教人，故以情、以性、以心、以才說與人，如何泥得？」聖賢為了方便施教，不得已才根據不同的形勢使用了不同的名稱，但在本質上，心性情等概念是一而不是多。對於朱子那種性情對言、心統性情的作法，象山說那「只是解字，更不求血脈」〔註144〕，他認為對心性情理的關係「須是血脈骨髓理會實處始得」〔註145〕。

　　象山認為心即理，亦即情即性，明確到這一層，是學脈之根本，是「學者之大端」，是「大端大旨」，是「大綱」、「大志」；其餘都只是「粘牙嚼舌」之「意見」，都只是「揣量模寫」、「依放假借」，都只是「浮論虛說，謬悠無根」。虛說是「心不見道」，意見是「見道不明」，針對這種虛說、意見，象山強調「辨志」、「先立其大」。　辨志和先立其大儼然成了象山為學之宗旨。有人曾向象山求學，前後一個月，象山「諄諄只言辨志」〔註146〕。有人曾說象山之學「除了『先立乎其大者』一句，全無伎倆」〔註147〕。象山所辨之「志」是孔子「志於道」之志，象山所立之「大」是橫渠「大其心」之大。象山說：「學者於此，當辨其志。人之所喻由其所習，所習由其所志。志乎義，則所習者必在於義，所習在義，斯喻於義矣。志乎利，則所習者必在於利，所習在利，斯喻於利矣。故學者之志不可不辨也。」〔註148〕象山還說：「此天之所以予我者，非由外鑠我也。思則得之，得此者也；先立乎其大者，立此者也；積善者，積此者也；集義者，集此者也；知德者，知此者也。」〔註149〕我們知道，孟子說「此天之所與我者」、「非由外鑠我也」、「思則得之」，都是指心來說的。象山說「先立乎其大者，立此者也」，這個「此」是孟子「此天之所以予我者」之「此」，指的也就是心，象山根據孟子稱之為「本心」或「良心」。心與性、理、情為一，象山所志、所立的正是這心性情理為一之道德本體。

　　本心或良心與情性理為一，成為人之道德本性，是人之所以為人的本質規定性。對於這一點，象山認得非常真切。他說：「仁，人心也，心之在人，

〔註144〕《陸九淵集》卷三五《語錄》下，第444頁。
〔註145〕《陸九淵集》卷三五《語錄》下，第445頁。
〔註146〕《象山年譜》乾道八年，《陸九淵集》，第489頁。
〔註147〕《陸九淵集》卷三四《語錄》上，第400頁。
〔註148〕《陸九淵集》卷二三《白鹿洞書院論語講義》，第275頁。
〔註149〕《陸九淵集》卷一《與邵叔誼》，第1頁。

是人之所以爲人，而與禽獸草木異焉者也」〔註150〕，「人之所以爲人者，惟此心而已」〔註151〕。

良心本心是人之所以爲人之心，具有五個方面的特徵。第一，良心本心是至善無惡的。「仁義者，人之本心也」〔註152〕，「仁即此心也，此理也」〔註153〕，「此心苟得其正，聽言發言皆得其正。聽人之言而不得其正，乃其心之不正也」〔註154〕，「本心之善」〔註155〕。

第二，良心本心是至靈本明的。「此心本靈，此理本明，至其氣稟所蒙，習尙所梏，俗論邪說所蔽，則非加剖剝磨切，則靈且明者曾無驗矣」〔註156〕，「人心至靈，惟受蔽者失其靈耳」〔註157〕，「人心至靈，此理至明，人皆有是心，心皆具是理」〔註158〕。

第三，良心本心是無間於語默動靜的。「本心之善，豈有動靜語默之間哉？」〔註159〕「動靜豈有二心」〔註160〕，「若動靜異心，是有二心也」〔註161〕。

第四，良心本心具有良知性。「人精神在外，至死也勞攘，須收拾作主宰。收得精神在內時，當惻隱即惻隱，當羞惡即羞惡。誰欺得你？誰瞞得你？」〔註162〕。

第五，良心本心具有良能性。「收拾精神，自作主宰。萬物皆備於我，有何欠闕。當惻隱時自然惻隱，當羞惡時自然羞惡，當寬裕溫柔時自然寬裕溫柔，當發強剛毅時自然發強剛毅」〔註163〕，「誠之在己者，不期存而自存，而其端特在於閑邪。德之及物者，不期化而自化，而其機特在於不伐。則天理人欲之相爲消長，其間可謂不容髮矣」〔註164〕。

〔註150〕《陸九淵集》卷三二《學問求放心》，第 373 頁。
〔註151〕《陸九淵集》卷六《與傅全美》二，第 76 頁。
〔註152〕《陸九淵集》卷一《與趙監》，第 9 頁。
〔註153〕《陸九淵集》卷一《與曾宅之》，第 5 頁。
〔註154〕《陸九淵集》卷十《與邵叔誼》，第 137 頁。
〔註155〕《陸九淵集》卷四《與胡達材》，第 56 頁。
〔註156〕《陸九淵集》卷十《與劉志甫》，第 137 頁。
〔註157〕《陸九淵集》卷十四《與任孫濬》，第 189 頁。
〔註158〕《陸九淵集》卷二二《雜說》，第 273 頁。
〔註159〕《陸九淵集》卷四《與胡達材》，第 56 頁。
〔註160〕《陸九淵集》卷五《與高應朝》，第 64 頁。
〔註161〕《陸九淵集》卷四《與潘文叔》，第 57 頁。
〔註162〕《陸九淵集》卷三五《語錄》下，第 454 頁。
〔註163〕《陸九淵集》卷三五《語錄》下，第 455～456 頁。
〔註164〕《陸九淵集》卷二九《庸言之信庸行之謹閑邪存其誠善世而不伐德博而化解

在這五個特徵中，除了至靈本明和無間於動靜與朱子論心在措詞上有些相似外，其餘與朱子論心迥異，甚至完全相反。朱子的認知之心無所謂善惡，其善惡只是含於其中的性情之善惡；象山論心善則是從心之本質來說的。朱子論心之知覺，只是對心外之事事物物的感知，當然也包括對性情的感知，但此時的性情也是作為一物來對待的，心與性情是一種對待的關係；象山論心之良知，是從心之本質來說的，心之良知即性之良知，亦即情之良知，心與性情是同一的關係。朱子所說的心之能動與性動而為情之動是兩種動，心之主宰只是說心執行性之主宰權，主宰權之所有者（性）和主宰權之執行者（心）是分離的；象山論心之能動即是性情之能動，心之主宰即是性情之主宰，能動者與主宰者是不分的。這同時表明，象山所說的心之至靈至明和無間於動靜與朱子所說的心之虛靈知覺和通貫於動靜也是完全不一樣的。朱子所說的心之靈明是沒有任何顏色的，所以朱子一定強調「虛靈」、「虛明」；而象山所說的心之靈明是包含著性情在內的，心之靈明只是說心對性情之彰顯毫無雜礙，這就是象山常說的「此心炯然，此理坦然」〔註165〕、「渙然冰釋，怡然理順」〔註166〕。朱子論心之通貫於動靜，是因為心本身無所謂形而上下，只是一個知覺運動，當然通貫於動靜；而象山論心之無間於動靜，是從心之無所謂動靜而言的，因為心與性情都是形上之本體，形上本體當然無所謂動靜。雖然無所謂動靜，卻又能動能靜，這就是其靈，就是其良能。

象山論心的幾個特徵，用一句話概括就是「一是即皆是，一明即皆明」〔註167〕。心性情為一，心體即是性體，亦即是情體。心性情都是一個實體，均是一種感官，同是一股動力。心體呈現，性體、情體亦一齊呈現，中間毫無曲折，毫無周轉，毫無隱晦。道理不明，心性不善，情有善惡，那只是由於私欲蒙蔽，雜念遮掩。私欲雜念能夠蒙蔽遮掩，不能從外面找原因，根子仍在內部，只能從內部找原因。這個根子就是大本不立，志意不堅，「人惟不立乎大者，故為小者所奪，以叛乎此理，而與天地不相似」〔註168〕。所以要想心性情理一是皆是，一明皆明，也只有向內尋求，先立其大，「立乎

試》，第335頁。
〔註165〕《陸九淵集》卷一《與趙監》二，第10頁。
〔註166〕《陸九淵集》卷三《與劉深父》，第34頁；卷四《與胡達材》二，第57頁。
〔註167〕《陸九淵集》卷三五《語錄》下，第469頁。
〔註168〕《陸九淵集》卷十一《與朱濟道》，第142頁。

其大者，而小者弗能奪」〔註169〕。可以看出，象山論心性情，一是皆是，
一明皆明，頭就是尾，尾就是頭。或者說根本無所謂頭尾，沒有中間概念，
心性情整個就是一體。象山說要「先立其大」，這個「大」就是指心即理即
性即情整個兒就是一個大的整體，一切道理盡在其中。也正因此，一旦抓住
了心，也就抓住了性、情、理。同樣也可以說，一旦抓住了性、情、理任何
一個，也就抓住了心。這套工夫，象山稱之為「易簡工夫」。

　　象山這套工夫，易簡是易簡，卻不易理解，極難把捉，所以一經見世就
招來諸多非議。朱子一口咬定象山之學為禪，即使與象山同道的王陽明也嫌
象山之學「細看有粗處」〔註170〕，大而無邊，看不到具體的細處，當然就顯
得有些「粗」。朱子說：「陸子靜說道理，有個黑腰子。其初說得瀾翻，極是
好聽，少間到那緊處時，又卻藏了不說，又別尋一個頭緒瀾翻起來，所以人
都捉他那緊處不著」〔註171〕，「『子靜說話，常是兩頭明，中間暗。』或問：『暗
是如何？』曰：『是他那不說破處。他所以不說破，便是禪。所謂「鴛鴦繡出
從君看，莫把金針度與人」，他禪家自愛如此』」〔註172〕。朱子所說的「黑腰
子」與「中間暗」是同一個意思，指的就是象山「不說破」。具體地說，這「不
說破」就是「一是皆是，一明皆明」，只是一體，毫無居間概念的易簡方法。
對於重視分析的朱子來說，這當然是「黑暗」的。朱子所說「兩頭明」之「兩
頭」又是什麼呢？牟宗三說：「所謂『兩頭明』只是一方揮斥閒議論之失，一
方令歸樸實之得，這得失兩頭其為分明」。〔註173〕一得一失，固是兩頭。但是
如果因象山常說得失兩頭，就認定朱子所批評的「中間暗兩頭明」就是這兩
頭，就過於片面了。諸如一得一失、兩兩相對之類的表達，象山有很多，比
如：「只有兩路：利欲，道義」〔註174〕，「為學有講明，有踐履」〔註175〕。如

〔註169〕《陸九淵集》卷三五《語錄》下，第456頁。
〔註170〕《傳習錄》下，第205條。
〔註171〕《朱子語類》卷六二，《朱子全書》16/2134。
〔註172〕《朱子語類》卷百四，《朱子全書》17/3437。
〔註173〕牟宗三：《從陸象山到劉蕺山》，《牟宗三先生全集》（8），第10頁。
〔註174〕《陸九淵集》卷三五《語錄》下，第439頁。關於利欲與道義，象山相似
　　　　的話頭還很多：「凡欲為學，當先識義利公私之辨」（《陸九淵集》卷三五《語
　　　　錄》下，第470頁）、「且須分勢利、道義兩途」（《陸九淵集》卷三五《語
　　　　錄》下，第439～440頁）、「私意與公理，利欲與道義，其勢不兩立」（《陸
　　　　九淵集》卷十四《與包敏道》二，第183頁）、「一人恣情縱欲，一知尊德
　　　　樂道」（《陸九淵集》卷三五《語錄》下，第451頁）、「古者勢與道合，後
　　　　世勢與道離」（《陸九淵集》卷三五《語錄》下，第412頁）。

果說得與失兩者就是朱子所說的「兩頭」，那麼以上義與利、公與私、利欲與道義、恣情縱欲與尊德樂道、勢與道、講明與踐履等等都可以說是朱子所指的「兩頭」了。這樣一來，朱子的批評也太瑣碎、太沒有歸納性了。不過，在明白「兩頭」到底指的是什麼之前，首先應當明白，「兩頭明中間暗」只是朱子站在自己之性情對言、心統性情的立場對象山之學所做出的一個誤解。在象山這裏，心即理即性即情，心性情理一是既是，一明既明，原本一體，只有一頭，無所謂「兩頭」，當然更無所謂得與失、義與利、勢與道、講明與踐履等名目繁多的「兩頭」了。

「一是皆是，一明皆明」是象山之學的特色，同時也是其弱點。象山將心性情理一衮說去，渾然無間，無論從何處著眼，只是一體，所以也必定略顯「粗相」。這就是陽明所說象山之學的「粗處」。〔註176〕這「粗」就像一根極粗極長的大棒子，沒有把柄，無從把捉，根本不能把它拿在手裏，肢解開來，仔細把玩，只能遙契想望，心會神領。朱子所說的「黑暗」與陽明所說的「粗處」有相通之處，都是指象山將心性情理捆綁打包來渾淪地理解的說教方法。

陽明既然看到了象山之學「粗」，而這「粗」同時就是朱子所指責的「黑暗」，於是他就要想辦法使它「細」，以擺脫朱子所批評的「禪味」。陽明所需要做的就是讓朱子所誤解了的「黑腰子」、「中間暗」真正「明」起來。為此，陽明就提出了「知行合一」。知是一頭，行是一頭，但知行兩頭仍是一頭。之所以要說個知與行兩頭，只是為了「說破」那個「黑腰子」，打破那個「中間暗」。所以「兩頭明」之兩頭就是指知與行兩頭，而不能理解為得與失等其他兩頭。

關於王學的主旨，一般認為是「心即理」、「知行合一」與「致良知」，這也就是所謂陽明之學「後三變」的內容。這從陽明及其弟子對陽明之立言宗旨的表白可以看出。陽明及其弟子曾經五次提到陽明之立言宗旨。

其中一次陽明說「心即理」是其立言宗旨：（1）「諸君要識得我立言宗旨。我如今說個心即理是如何？只為世人分心與理為二，故便有許多病痛。如五伯攘夷狄、尊周室，都是一個私心，便不當理，人卻說他做得當理。只心有

〔註175〕《陸九淵集》卷十二《與趙詠道》二，第160頁。
〔註176〕關於陽明說象山之學的「粗處」，可參見東方朔《「只還粗些」——陽明對象山之學之評判及牟宗三先生之詮釋》，《新亞學術集刊》第十九期（2006年10月）。

未純，往往悅慕其所為，要來外面做得好看，卻與心全不相干。分心與理為二，其流至於伯道之偽而不自知。故我說個心即理，要使知心理是一個，便來心上做工夫，不去襲義於義，便是王道之真。此我立言宗旨。」〔註177〕

另外兩次陽明說「知行合一」是其立言宗旨：（2）「今人卻就將知行分作兩件去做，以為必先知了然後能行。我如今且去講習討論做知的工夫，待知得真了，方去做行的工夫。故遂終身不行，亦遂終身不知。此不是小病痛，其來已非一日矣。某今說個知行合一，正是對病的藥。又不是某鑿空杜撰，知行本體，原是如此。今若知得宗旨時，即說兩個亦不妨，亦只是一個。若不會宗旨，便說一個，亦濟得甚事？只是閒說話」〔註178〕；（3）「此須識我立言宗旨。今人學問，只因知行分作兩件，故有一念發動，雖是不善，然卻未曾行，便不去禁止。我今說個知行合一，正要人曉得一念發動處，便即是行了。發動處有不善，就將這不善的念克倒了。須要徹根徹底，不使那一念不善潛伏在胸中。此是我立言宗旨」〔註179〕。

還有一次是「致良知」，不過不是陽明本人說的，而是由其弟子錢緒山轉述的：（4）「征寧藩之後，專發致良知宗旨，則益明切簡易矣。」〔註180〕最後一次是「四句教」：（5）「已後與朋友講學，切不可失了我的宗旨：無善無惡是心之體，有善有惡是意之動，知善知惡的是良知，為善去惡是格物。只依我這話頭隨人指點，自沒病痛。此原是徹上徹下功夫。」〔註181〕

「心即理」、「知行合一」、「致良知」與「四句教」都是陽明一生學問之宗旨。如果仔細觀察，就可以發現，在以上諸處所提到之宗旨中，其實是有著一貫之義理關聯的，一以貫之者就是一個「心」字。當然，這個心是良知之心，是孟子和象山所說之「本心」，而非認知之心。事實上，陽明用了很大的精力對心進行各方面的解釋，其目的就是為了解決象山遺留下來的「黑腰子」、「中間暗」、「粗些」等問題。

歸納起來，陽明對心的解明，主要包括兩個方面的內容：第一，心之本體無善無惡，卻能知善知惡；第二，心之本體無所謂動靜，卻能立即發動。

〔註177〕《傳習錄》下，第 321 條。
〔註178〕《傳習錄》上，第 5 條。
〔註179〕《傳習錄》下，第 226 條。
〔註180〕《王陽明全集》卷二六《與滁陽諸生書並問答語》，上海：上海古籍出版社，1992 年，第 983 頁。
〔註181〕《傳習錄》下，第 315 條。

這兩點可以說是陽明關於良知之心的兩個特性。

　　先來看陽明對心之第一個特性的解釋，即心之本體無善無惡，但良知之心卻自然能夠知善知惡。

　　「心即理」是象山之學的不二宗旨，陽明視象山爲同道，對此當然是毫不含糊地要繼承發揚的。陽明一方面堅定地持守「心即理」之宗旨，另一方面又對「心即理」在內涵上做了進一步的明確。陽明龍場悟道所悟之主要內容就是「心即理」，自此以後，始終堅信不移。朱子曾說「人之所以爲學，心與理而已矣」〔註182〕，從形式上說，朱子的說法並無不可，但陽明認爲這個講法仍然不太圓融，因爲「心即性，性即理。下一『與』字，恐未免爲二」〔註183〕。陽明對「心即理」在內涵上的明確，主要表現在他不像象山那樣只是渾淪地講心與理爲一，而是進一步深入到心之本體內部來說心與理爲一的，「心之本體，即是天理」〔註184〕。不過，在心與理之間有一個過渡概念，這就是性，「心之體，性也，性即理也」〔註185〕。性是心之本體，而性即理，由此才進一步認定心之本體即理，心與理之同一關係是通過性這個中介概念貫通起來的。我們知道，「性即理」是二程以迄朱子甚至整個宋明理學的一貫宗旨，而「心之本體」也是伊川和朱子常常掛在嘴邊的話頭。朱子認爲象山「心即理」說得太高、鶻突，就是因爲象山沒有把心說清楚。陽明通過性這個概念作爲居間的緩衝，從心之本體與性的同一關係和宋明諸儒所共許之「性即理」，進而得出「心即理」，這樣一來就把象山的突兀感化解了，同時又沒有歪曲象山之學的本質。

　　性與理是至善無惡的，心即性即理，所以心之本體當然也是至善無惡的。所以陽明說「至善是心之本體」〔註186〕，「至善者心之本體。本體上才過當些子，便是惡了。不是有一個善，卻又有一個惡來相對也。故善惡只是一物」〔註187〕。這裏有一個問題，就是「善惡只是一物」如何理解？至善是心之本體，如果善惡是一物，那麼心之本體豈不也包括惡了？這種理解與思孟學派之性善傳統是相悖的。

〔註182〕《大學或問》下，《朱子全書》6/528。
〔註183〕《傳習錄》上，第33條。
〔註184〕《傳習錄》上，第96條。
〔註185〕《傳習錄》中，第133條。
〔註186〕《傳習錄》上，第2條。
〔註187〕《傳習錄》下，第228條。

這就需要瞭解性善論的一個基本設定，即：善是實在的、獨立存在的，惡不是獨立存在的，只是善的一個影子，甚至連影子都不是，只是一種虛幻。善有過與不及，惡只是善之過與不及，只有在善之過或不及時才會出現惡的觀念。那麼善為什麼會有過與不及？那是因為人是有限生命，並非人人都是聖人，並非人人都如程明道所說的「滿腔是惻隱之心」，並非人人都如陸象山所說的「通身純是道義」，事實上人人都有能夠造成過與不及的氣質稟賦。人又為什麼會有過與不及的稟賦呢？這是問題的基點，是儒家性善論的一個基本設定，只能說這就是一個「天然事實」〔註188〕，是不能再往前追問的。心之本體是純然至善的。善是獨立的實在，惡是虛幻的，不是獨立的存在。這就意味著善是無對的，是絕對的。絕對之善是無所謂善惡的。由此進一步往上推，必然會得出心之本體是無善無惡的。這樣來看的話，陽明在「四句教」中說「無善無惡是心之體」也就順理成章了。從形上與形下來說，無善無惡屬於形上層面，在此層面是至善無惡，善是無對之絕對；而善惡相對而言時，善惡都已落入形下層面。由善惡同屬形下層面而言，「善惡只是一物」之「物」非實指某物，而應指「形下層面」，意思是說善惡只是同處於形下層面。

關於無善無惡的心之本體，陽明通常用一個詞來表示，這就是「虛靈明覺之良知」。陽明這樣的話頭很多：「心者身之主也，而心之虛靈明覺，即所謂本然之良知也。其虛靈明覺之良知應感而動者，謂之意」〔註189〕，「心之靈明是知」〔註190〕，「天命之性，粹然至善，其靈昭不昧者，此其至善之發現，是乃明德之本體，而即所謂良知也」〔註191〕。心之本體是虛靈明覺之良知，這包括兩層意思：一層意思是說良知是心之本體，另一層意思是說心之本體是虛靈明覺的。陽明曾說：

> 知是心之本體。心自然會知。見父自然知孝，見兄自然知弟，見孺子入井自然知惻隱。此便是良知。不假外求。若良知之發，更無私意障礙。即所謂「充其惻隱之心。而仁不可勝用矣」。然在常人不能

〔註188〕「天然事實」（brute facts）是英國哲學家 G.E.M.安斯康姆（G.E.M.Anscombe，1919～2001）提出的一個哲學概念。參見：G.E.M.Anscombe,On Brute Facts, *Analysis*, Vol. 18, No. 3 (Jan., 1958), pp. 69～72.其原義有獨立於人之思維、變動的世界或所謂制度性事實等意思。這裏借用為一個問題之基點或原點，在此之上再無根基。

〔註189〕《傳習錄》中，第137條。

〔註190〕《傳習錄》上，第78條。

〔註191〕《王陽明全集》卷二六《大學問》，第969頁。

　　無私意障礙。所以須用致知格物之功，勝私復理。即心之良知更無

　　障礙，得以充塞流行。便是致其知。知致則意誠。〔註192〕

知是心之本體，這個知是良知。良知之心自然會知，見父兄自然知孝悌，見
孺子入井自然知惻隱。這是心之所以為心的根本性質，不需要任何外在的附
加規定。心之本體是心之本來的樣子，陽明借用佛教的話說：「本來面目，即
吾聖門所謂良知。」〔註193〕

　　良知是心之本體，心之本體自然會知，心之良知所知的內容是什麼呢？
就是善惡是非，「爾那一點良知，是爾自家底準則。爾意念著處，他是便知是，
非便知非，更瞞他一些不得」〔註194〕，「知善知惡是良知」〔註195〕。心之本
體無善無惡，心之本體又能知善知惡、知是知非，這怎麼可能呢？這就又引
出良知之心的另一個方面，即「虛靈明覺」。虛靈明覺是心之本體知是知非、
知善知惡的前提條件，如果沒有虛靈明覺，心之本體是無法知是知非、知善
知惡的，也就不成其為良知，所以「人有虛靈，方有良知」〔註196〕。

　　心之本體無善無惡，卻又能夠知是知非、知善知惡。心之本體的這種特
性，陽明稱之為「良知之妙用」：

　　良知只是一個。隨他發見流行處，當下具足，更無去求，不須假借。
　　然其發見流行處卻自有輕重厚薄，毫髮不容增減者，所謂天然自有
　　之中也。雖則輕重厚薄，毫髮不容增減，而原又只是一個；雖則只
　　是一個，而其間輕重厚薄，又毫髮不容增減，若可得增減，若須假
　　借，即已非其真誠惻怛之本體矣。此良知之妙用，所以無方體無窮
　　盡，「語大天下莫能載，語小天下莫能破」者也。〔註197〕

陽明還說良知之「妙用為神」〔註198〕，「夫良知一也，以其妙用而言謂之神」
〔註199〕。良知之心無善無惡卻能知善知惡，這是良知的神妙之用。據此，陽
明認為《中庸》第廿四章「至誠如神」不夠貼當，「就至誠而言，則至誠之妙

〔註192〕《傳習錄》上，第8條。
〔註193〕《傳習錄》中，第162條。
〔註194〕《傳習錄》下，第206條。
〔註195〕《傳習錄》下，第315條。
〔註196〕《傳習錄》下，第274條。
〔註197〕《傳習錄》中，第189條。
〔註198〕《傳習錄》上，第57條。
〔註199〕《傳習錄》中，第154條。

用,即謂之『神』,不必言『如神』」〔註200〕。「誠是心之本體」〔註201〕,至誠就是良知,良知妙用爲神,所以應該說「至誠即神」,而不能說「至誠如神」,「如」不即「是」,所以當說至誠「如」神時,誠與神已經有隔了。

從上面的討論可以看出,心之本體是虛靈明覺的良知,良知是從心之本體自然而然的功能來說的,虛靈明覺是從良知之心的神化妙用而言的。有了這兩個特性作保證,心之本體雖然無善無惡,卻自然能知是知非、知善知惡。良知之心的這一特性,在象山那裏只是稍微提及,陽明則將它表達得更加清楚明朗了。

我們知道,朱子說心是虛靈知覺,認知之心也有一種神妙之用,那麼朱子認知之心的虛靈知覺和陸王良知之心的虛靈明覺有什麼區別呢?

根據孔子之「心學」,心有良知和認知兩種功能。無論是認知之心還是良知之心,其實只是一個心,它們的區別只在於其所負責、所處理的任務不同。既然同是一個心,從形式上說,其妙用並無區別。但是當考慮到妙用內部的實質時,良知之心和認知之心的區別就非常大了。認知之心與其對象是一種對待的關係,認知之心與其對象始終不會同一。所以認知之心的虛靈知覺只是一個知覺運動,沒有任何本質內容。當然,也可以說知覺本身就是認知之心唯一的本質內容。朱子說心有善有惡,其實是說性情有善有惡。朱子說心無善無惡,那是完完全全沒有任何顏色的無善無惡。因爲認知之心根本不能以善惡言。而良知之心與性理爲一,性理就是良知之心的直覺內容。從善惡相對來說,性理至善無惡,所以心也是至善無惡的;從至善無對來說,性理無善無惡,所以心也是無善無惡的。虛靈明覺是良知之心的神妙之用,但良知之心的妙用不只具有形式的意義,還具有實體的意義。陽明說:「良知是天理之昭明靈覺處,故良知即是天理」〔註202〕,「夫心之本體,即天理也。天理之昭明靈覺,所謂良知也」〔註203〕。虛靈明覺是心之本體的神化妙用,但它同時又是實體,這實體就是天理。天理即妙用,妙用即天理。認知之心只是妙用而不是實體,良知之心既是妙用又是實體。這是認知之心的虛靈知覺與良知之心的虛靈明覺最本質的區別。

〔註200〕 《傳習錄》中,第171條。

〔註201〕 《傳習錄》上,第121條。

〔註202〕 《傳習錄》中,第169條。

〔註203〕 《傳習錄拾遺》,第48條;《王陽明全集》卷五《答舒國用》,第190頁;《王陽明年譜》嘉靖元年八月,《王陽明全集》,第1291頁。

　　再來看陽明對心之第二個特性的解釋，即心之本體無所謂動靜，但良知之心卻能夠動靜自如。

　　從理論上說，動靜等概念只是經驗性概念，形上的先驗實體無所謂動靜；心即性即理，性理是道德本體，屬於先驗概念，所以心性理不能用動靜等經驗性概念來規定，也就無所謂動靜。陽明說：

> 未發之中即良知也，無前後內外而渾然一體者也。有事無事，可以言動靜，而良知無分於有事無事也。寂然感通，可以言動靜，而良知無分於寂然感通也。動靜者所遇之時，心之本體固無分於動靜也。理無動者也，動即為欲，循理則雖酬酢萬變而未嘗動也，從欲則雖槁心一念而未嘗靜也。動中有靜，靜中有動，又何疑乎？有事而感通，固可以言動，然而寂然者未嘗有增也。無事而寂然，固可以言靜，然而感通者未嘗有減也。動而無動，靜而無靜，又何疑乎？無前後內外而渾然一體，則至誠有息之疑，不待解矣。未發在已發之中，而已發之中未嘗別有未發者在；已發在未發之中，而未發之中未嘗別有已發者存。是未嘗無動靜，而不可以動靜分者也。〔註204〕

動靜是所遇之時，一時一地為動，另一時一地可能就是靜，動靜只是一個經驗性的概念。有事無事、寂然感通都是所遇之時，是可以言動靜的。而心之本體是一個形上的先驗概念，是「無分於動靜」的。這裏的「無分於動靜」並不是朱子所說的「無間於動靜」，而是「不可以動靜分」。「不可以動靜分」即超越於動靜，無所謂動靜，根本不可以動靜這個經驗性概念來界說心之本體。在朱子那裏，心有體用靜動的分派，到了陽明這裏，「心不可以動靜為體用」，而只能說「靜可以見其體，動可以見其用」。〔註205〕

　　心之本體無所謂動靜，從動靜的角度來看，心就是無動無靜的。「良知本體原是無動無靜的」〔註206〕，「心之本體原自不動」〔註207〕。與此相應，其它諸如出入、起滅、先後等經驗性概念同樣也都不可用於良知之心。心之本體「元是無出無入的。若論出入，則其思慮運用是出。然主宰常昭昭在此，何出之有？既無所出，何入之有？」〔註208〕「良知者心之本體，即前所謂恒

〔註204〕《傳習錄》中，第157條。
〔註205〕《傳習錄》上，第108條。
〔註206〕《傳習錄》下，第262條。
〔註207〕《傳習錄》上，第81條。
〔註208〕《傳習錄》上，第48條。

照者也。心之本體無起無不起」〔註209〕，「良知無前後」〔註210〕。良知之心無動無靜，不可以動靜言，如果一定要從動靜上對良知之心有一個說法，陽明就稱之為「定」：「定者心之本體。天理也。動靜所遇之時也」〔註211〕。定不是靜定的意思，靜定仍然是所遇之時。定是「靜亦定，動亦定」之定，「『靜亦定，動亦定』的『定』字，主其本體也；戒懼之念，是活潑潑地，此是天機不息處，所謂『維天之命，於穆不已。』一息便是死，非本體之念，即是私念。」〔註212〕心之本體無動無靜之定是從心之主宰性來說的。定是指無論所遇之時是動靜、出入、寂感、起滅、先後，良知之心的主宰性都一往永在，一直定在。「天地氣機，元無一息之停，然有個主宰。故不先不後，不急不緩。雖千變萬化，而主宰常定。人得此而生。若主宰定時，與天運一般不息。雖酬酢萬變，常是從容自在。」〔註213〕心之主宰性也就是志，心定也就是志定，「不為向時之紛然外求，而志定矣。定則不擾，不擾而靜。靜而不妄動則安」〔註214〕。心志堅定，當然也就不為所動，無動自然無所謂靜。

良知之心無所謂動靜，也可以說是無動無靜，這也與朱子的認知之心通貫動靜的涵義截然相反。認知之心是知覺運動，運動本身當然有動有靜。認知之心通貫動靜，只是說動時是此心，靜時仍是此心，動是此心之動，靜仍是此心之靜。但良知之心無動無靜，動靜只是經驗事物在動靜。「良知無所不在」〔註215〕，動時有此良知之心，靜時亦有此良知之心，按照陽明那個非常形象的比喻來說就是「未扣時原是驚天動地，既扣時也只是寂天寞地」〔註216〕。良知之心無所不在與認知之心通貫動靜是不同的。良知之心無所不在是說無論經驗事物是動是靜，良知之心都存於其中，但動靜是事物之動靜，動靜不是就良知之心本身來說的，良知之心仍然無所謂動靜、無動無靜。認知之心通貫動靜是說心有動有靜，動靜是認知之心本身的動靜。在動靜問題上，良知之心與認知之心的根本區別就在於動靜是否是心的一個本質屬性。在本質上就有動有靜，這樣的心是認知之心；在本質上就無所謂動靜，

〔註209〕《傳習錄》中，第 152 條。
〔註210〕《傳習錄》下，第 281 條。
〔註211〕《傳習錄》上，第 41 條。
〔註212〕《傳習錄》下，第 202 條。
〔註213〕《傳習錄》上，第 104 條。
〔註214〕《傳習錄》上，第 92 條。
〔註215〕《王陽明全集》卷六《答魏師說》，第 217 頁。
〔註216〕《傳習錄》下，第 307 條。

這樣的心是良知之心。

　　良知之心雖然無所謂動靜、無動無靜，但又能動能靜。這一點陽明是必須堅持到底的。心即性即理，心與性理是同一的。如果良知之心不能動，也就意味著性與理不能動。這樣一來，陸王的整個理論就可能滑到了朱子認知之心能動而理不能動、性體無力的泥淖中。所以陽明對這一點是非常肯定的，他一再說：

　　　　汝若爲著耳目口鼻四肢，要非禮勿視聽言動時，豈是汝之耳目口鼻
　　　　四肢自能勿視聽言動？須由汝心。這視聽言動皆是汝心。汝心之視
　　　　發竅於目，汝心之聽發竅於耳，汝心之言發竅於口，汝心之動發竅
　　　　於四肢。若無汝心，便無耳目口鼻。所謂汝心，亦不專是那一團血
　　　　肉。若是那一團血肉，如今已死的人，那一團血肉還在，緣何不能
　　　　視聽言動？所謂汝心，卻是那能視聽言動的，這個便是性，便是天
　　　　理。〔註217〕

　　　　蓋吾良知之體，本自聰明睿知，本自寬裕溫柔，本自發強剛毅，本
　　　　自齊莊中正文理密察，本自溥博淵泉而時出之，本無富貴之可慕，
　　　　本無貧賤之可憂，本無得喪之可欣戚、愛憎之可取捨。蓋吾之耳而
　　　　非良知，則不能以聽矣，又何有於聰？目而非良知，則不能以視矣，
　　　　又何有於明？心而非良知，則不能以思與覺矣，又何有於睿知？然
　　　　則，又何有於寬裕溫柔乎？又何有於發強剛毅乎？又何有於齊莊中
　　　　正文理密察乎？又何有於溥博淵泉而時出之乎？〔註218〕

視聽言動分別是目耳口四肢所做出的動作，但能使五官四肢能夠做出視聽言動等動作者卻是心。目耳口四肢是視聽言動者，心是能視聽言動者，五官四肢是「所」，心是「能」。心之「能」是一種主宰性，心對五官具有一種統攝和主宰作用。所以陽明又有「心統五官」〔註219〕的說法。在荀子和朱子那裏，我們看到認知之心是天君，對五官也具有主宰性。但良知之心的主宰性與認知之心的主宰性是不同的。其不同主要表現在：認知之心只是行使主宰權，主宰權並不在心而在性；而良知之心既是主宰者，又是能夠行使主宰權者，是主宰權的所有者和執行者之統一。良知之心之所以能視聽言動，因爲心即

〔註217〕《傳習錄》上，第 122 條。

〔註218〕《王陽明全集》卷六《答南元善》，第 211 頁。

〔註219〕《傳習錄》上，第 70 條。

性即理，良知之心就是性，就是天理。良知之心本自聰明睿知，本自寬裕溫柔，本自發強剛毅，本自齊莊中正文理密察，本自溥博淵泉而時出之。良知之心既是下命令者，又是執行命令者，既是道德法則，又是道德法則之運用，此即無所謂動靜，又能動能靜。

良知之心無善無惡，卻知善知惡；良知之心無動無靜，卻能動能靜。這就是陽明對「心即理」的良知之心所作的兩點詳細說明。知善知惡即良知，能動能靜即良能。良知屬知，良能屬行。良知與良能就是知與行。良知良能即知行合一。

無善無惡與無動無靜都是從心之本體來說的，無善無惡與無動無靜必然是一體而毫無縫隔的。知善知惡是無善無惡之神化妙用，當然也是毫無隔縫的。能動能靜是無動無靜者本身固有，也是沒有任何停頓的。既然如此，那麼知善知惡即良知與能動能靜即良能也必然天然爲一，這也就是知行合一。陽明說：「知是行的主意，行是知的功夫；知是行之始，行是知之成。若會得時，只說一個知，已自有行在；只說一個行，已自有知在。」〔註220〕這是陽明針對當時知先行後或知行兩分的現象所作的分解性說明。陽明這樣說，只是爲了幫助理解，實質上知行是一，是不可分的，「聖學只一個功夫，知行不可分作兩事」〔註221〕。其實，陽明不需要如此煞費口舌，他只需向學者解釋清楚，良知之心無善無惡卻知善知惡與良知之心無動無靜卻能動能靜之間的本源關係，知行合一的一切疑問也就渙然冰釋了。

良知之心無善無惡卻知善知惡與良知之心無動無靜卻能動能靜之本源爲一，只是解釋了知行合一在理論上的合法性，然而在現實中仍有兩個看似簡單的問題，陽明卻始終沒有給出令人滿意的解答。第一個問題是，良知之心知善知惡，按照知行合一，所行都應是善行，但爲什麼會有惡的行爲發生？第二個問題是，按照知行合一，良知之心知善就意味著行善，爲什麼總會有知而不行的情況？我認爲，前一個問題的原因在於陽明有意無意地以良知覆蓋認知，後一個問題的原因在於陽明沒有看清楚道德的眞正動力是道德情感而不是良知之心。

陽明之學的第一個問題簡要地說就是知並不能保證行必善。之所以會出

〔註220〕《傳習錄》上，第5條。
〔註221〕《傳習錄》上，第26條。

現這個問題，在於陽明沒有分清良知與認知的關係，常以良知覆蓋〔註222〕認知。一般來說，一個行為是惡的有兩種情況：一是意圖是惡，行為是惡，這就是常說的「壞心辦壞事」；二是意圖為善，行為是惡，這就是常說的「好心辦壞事」。根據良知之心知善知惡，這兩種情況都不能得到很好的解釋，尤其是第二種情況。

首先來看陽明對第一種情況即「壞心辦壞事」的解釋。心之本體有兩個特性：一是虛靈明覺，一是良知良能。而且，至善是心之本體，良知也是心之本體，良知之心流行發用就是行。至善是心之本體，那麼出於良知的行為必然是至善無惡的，這就是常說的「好心辦好事」。良知是心之本體，那麼人只能做出善的行為，而不會做出惡的行為。因為心之良知知善知惡，無所不知，無物不照，在良知的普照下，一切惡根本無處藏身，毫無遁迹。

但現實的情況是惡行不斷，這如何解釋呢？陽明認為，這是由於良知之心的靈明被遮蔽了，心不再靈明了，於是惡的行為也就出現了。「充天塞地中間，只有這個靈明，人只為形體自間隔了」〔註223〕，「心之本體，無所不該，原是一個天，只為私欲障礙，則天之本體失了」〔註224〕，「心之本體本無不正，自其意念發動，而後有不正」〔註225〕。良知之心的本體本來光明正大，本來純然至善，心不明不正，完全是由於私欲雜念之遮蔽。遮蔽良知之心的私欲私念，陽明稱之為「意」。意念有善有惡，良心才會不明不正。這時的心已經不是良心，而是「壞心」，壞心自然辦壞事。其實也不是心不明不正，心也不是真的壞了，只是心之光明正大被遮蔽了，才顯出其「壞」。「壞心」只是心之表象，而非心之本體。陽明常用明鏡來比喻良知之心被意念遮蔽的情況：「心猶鏡也。聖人心如明鏡。常人心如昏鏡。」〔註226〕心是明鏡，意是灰塵，心鏡不明在於意塵遮蔽。心鏡不明，當然無法照亮道路，也就不能保證行為純善。

但這只解釋了良知之心的第一個特性，即靈明的特性。良知之心還有另

〔註222〕「覆蓋」是計算機數據處理中的一個術語，原意是數據替代。借用於此，有兩層意思：一是掩蓋，二是取代。心本來同時具有良知和認知兩種功能，但由於陽明過分強調良知，開始是無意間以良知「掩蓋」了認知，後來就有可能發展為有意識地以良知「取代」認知。
〔註223〕《傳習錄》下，第336條。
〔註224〕《傳習錄》中，第222條。
〔註225〕《王陽明全集》卷二六《大學問》，第971頁。
〔註226〕《傳習錄》上，第62條。

外一個特性，即良知。「知是心之本體。心自然會知，見父自然知孝，見兄自然知弟，見孺子入井自然知惻隱」。〔註227〕良知之「良」包括兩層意思：一是先天性。良知是天之所與，非由外鑠。「是非之心，不待慮而知，不待學而能，是故謂之良知。是乃天命之性，吾心之本體，自然靈昭明覺者也」〔註228〕。二是普遍性。良知之心知善知惡，無所不知，「無物不照」〔註229〕。在「物」的問題上，陽明與朱子之最大分別就在於納物於心，「身心意知物是一件」〔註230〕。根據良知之普遍性，良知之心對於意念善惡當然也應有所知、有所照，否則便不能成其為「良」。

陽明當然不會犯這種低級錯誤，良知當然是能夠知得意念之是非善惡的。「凡應物起念處，皆謂之意。意則有是有非，能知得意之是與非者，則謂之良知。」〔註231〕「凡意念之發，吾心之良知無有不自知者。其善歟？惟吾心之良知自知之。其不善歟？亦惟吾心之良知自知之。是皆無所與於他人者也。」〔註232〕良知既然知得意之善惡是非，為什麼還會聽任惡的意念發出來呢？看來，在意念之中還存在良知之心管不住的因素，良知雖然清楚地知道它們可能會為非作歹，卻又無能為力。一方面，這涉及後面所要說的道德之動力問題。道德的動力是道德情感而不是良知之心，良知只管知，不管行。但陽明沒有看到這一點。另一方面，這涉及心與意何者為更根本的問題。當陳明水問「吾心之靈，何有不知意之善惡？」陽明七轉八拐，最後說出了個誠意。〔註233〕說到這一層，其時是把問題消化了而不是解決了。「誠意」意味著「意」是更根本的問題，是第一義的問題。而在陽明這裏，致良知是最根本的問題，是第一義的問題。問題發展至此，其實就進入了蕺山之學，已非王學所能範圍。

再來看陽明對第二種情況即「好心辦壞事」的解釋。惡的行為之所以會發生，是由於私欲障礙，意念勝心。但是如果沒有私欲障礙，沒有意念勝心，「心之良知更無障礙，得以充塞流行」，「這個靈能不為私欲遮隔，充拓得盡，

〔註227〕《傳習錄》上，第8條。
〔註228〕《王陽明全集》卷二六《大學問》，第971頁。
〔註229〕《傳習錄》下，第282頁。
〔註230〕《傳習錄》下，第201條。
〔註231〕《王陽明全集》卷六《答魏師說》，第217頁。
〔註232〕《王陽明全集》卷二六《大學問》，第971頁。
〔註233〕《傳習錄》下，第201條。

便完完是他本體」，一任良心發用，一任良知發動，那麼一切行爲是否就自然純善無惡了呢？事實告訴我們，未必。最簡單的例子就是「好心辦壞事」。

現在就拿孝順父母的例子來說明這一點。這也是陽明常常藉以論說的一個例子。良知之心發之於父母，孝順行爲完成落實，必須考慮於具體的物理條件。冬天夏天都要分析具體的氣溫變化，根據不同氣溫條件給父母準備不同的取暖乘涼設施，這樣才能讓父母過得舒心暢適，也才算得上是眞正盡了孝心。冬暖夏涼等物理條件就是陽明與弟子們常討論的「溫凊定省之類有許多節目」或「世上許多名物度數」。對溫凊定省、名物度數等物理條件之觀察思慮就屬心之認知功能。如果不發揮心之認知功能，不考慮溫凊定省、名物度數等物理條件，冬天給父母吹風扇，夏天給父母蓋棉被，雖然也有一副虔敬赤誠的孝子良心，最終仍是「好心辦壞事」。從這個例子可以看出，好心要想辦成好事，道德行爲要想圓滿完成，良知和認知兩者都是不可或缺的。良知判斷善惡是非，認知分析具體情況。良知與認知互相配合，認知要以良知爲指導才能不違道義，良知要得到認知之輔助才能如如呈現，「一眞一切眞」〔註234〕。

當然，陽明自稱「賴天之靈」〔註235〕，他不會看不到這一點。當弟子問到侍奉父母是否講求溫凊定省時，陽明說：

> 如何不請求？只是有個頭腦，只是就此心去人欲存天理上講求。就如講求冬溫，也只是要盡此心之孝，恐怕有一毫人欲間雜。講求夏凊，也只要盡此心之孝，恐怕有一毫人欲間雜。只是講求得此心。此心若無人欲，純是天理，是個誠於孝親的心，冬時自然思量父母的寒，便自要去求個溫的道理。夏時自然思量父母的熱，便自要去求個凊的道理。這都是那誠孝的心發出來的條件。卻是須有這誠孝的心，然後有這條件發出來。〔註236〕

陽明這段話向我們傳達了三點信息：第一，世間本有兩種理，一是天理，二是物理即「溫凊的道理」。第二，人之心本有兩種知：一是良知，即「誠孝的心」，二是認知，即「思量父母的寒熱，求個溫凊的道理」之知。第三，在兩種知之關係中，良知是方向，是「頭腦」，認知是手段，是良知「發出來的條

〔註234〕《王陽明全集》卷四《寄薛尚謙》，第170頁。
〔註235〕《傳習錄》中，第181條。
〔註236〕《傳習錄》上，第67條。

件」；認知要在良知的指引下活動，否則「只是閒說話」〔註237〕，只是「閒思雜慮」〔註238〕。

知行合一或致良知之教論說至此，應該是非常圓融了，但這卻不是陽明的知行合一了。陽明之知行合一或致良知的理論前提是「心即理」。心是良心，理是天理。心和理都被絕對道德化了。這樣就必然造成兩個後果：第一是物理消化於天理，進而淹沒於心性之中。「無心外之理，無心外之物」〔註239〕，「天下無性外之理，無性外之物」〔註240〕，「心外無理，心外無事」〔註241〕，「萬事萬物之理，不外於吾心」〔註242〕。第二是良知覆蓋認知。陽明雖然承認有兩種知，但卻予良知以絕對的主宰性；認知之心從屬於良知之心，在成德問題上，幾乎看不出其有什麼能動性。張橫渠區分了「德性之知」和「聞見之知」，這是橫渠有功於聖學之處。關於德性之知與聞見之知的關係，陽明有明確的說法：「世之講學者有二：有講之以身心者，有講之以口耳者。講之以口耳，揣摸測度，求之影響者也；講之以身心，行著習察，實有諸己者也。知此，則知孔門之學矣。」〔註243〕「講之以身心」即良知、德性之知，「講之以口耳」即認知、見聞之知。道理由良知所知，物理由認知所知。兩者本來同是「孔門之學」，都屬於孔子之「心學」。但陽明之學的宗旨是「心即理」，此心只是良知之心，理是倫理天理，這樣就必然過分強調良知、德性之知，而輕忽認知、聞見之知。陽明多次說：「明德性之良知非由於聞見耳」〔註244〕，「良知不由見聞而有，而見聞莫非良知之用，故良知不滯於見聞，而亦不離於見聞。孔子云：『吾有知乎哉？無知也。』良知之外，別無知矣。故致良知是學問大頭腦，是聖人教人第一義。今云專求之見聞之末，則是失卻頭腦，而已落在第二義矣」〔註245〕。良知是第一義，認知是第二義。第一義並不僅僅是居於主要地位，而是具有主宰性、決定性意義。相反，第二義就是無關

〔註237〕《傳習錄》上，第5條。
〔註238〕《傳習錄》上，第72條。
〔註239〕《傳習錄》上，第6條。
〔註240〕《傳習錄》中，第174條。
〔註241〕《傳習錄》上，第32條。
〔註242〕《傳習錄》中，第136條。
〔註243〕《傳習錄》中，第172條。
〔註244〕《傳習錄》中，第140條。
〔註245〕《傳習錄》中，第168條。

緊要的甚至可以不要的，這就是「良知之外，別無知矣」，「此知之外更無知」〔註246〕。同時，心外無理，心外無物，物理被消化掉了。物理被消化掉，認識物理的心之認知便沒有了作用對象，除了對良知起到一種輔助作用外，沒有任何用途了。「聖人無所不知，只是知個天理；無所不能，只是能個天理。聖人本體明白，故事事知個天理所在，便去盡個天理。不是本體明后，卻於天下事物都便知得，便做得來也。天下事物，如名物度數、草木鳥獸之類，不勝其煩。聖人須是本體明瞭，亦何緣能盡知得？但不必知的，聖人自不消求知；其所當知的，聖人自能問人。」〔註247〕聖人只須知個天理，此知即良知，如果再強調心之認知，那就是「說閒話、管閒事」〔註248〕，是「徒事口耳談說以為知者，分知行為兩事」〔註249〕。

但陽明認為，即使良知覆蓋了認知，也不會影響知行合一或致良知，因為知行本體本來為一。這裏的知當然是良知，而陽明所說之行則要做進一步的分析。在宋明理學中，行有兩種：一是心理行為，一是物理行為。心理行為並非現代心理學上的心理活動，而是儒學本體論意義上的心性情理之流行發用。物理行為即五官四肢視聽言動等現實活動。陽明說：「一念發動處，便即是行了」〔註250〕，「吾心發一念孝親，即孝親便是物」〔註251〕。在陽明那裏，「身心意知物是一件」，「孝親便是物」即是說孝親便是行，孝親就是一念發動處。可見，陽明所說的知行合一之行只是一種意念行為、心理行為，而非物理行為。孝親之行並非為父母鋪床疊被、遞水送飯等物理行為、實際行為，而是物理行為、實際行為之一念發動。這一念發動是心理行為而非物理行為。心是良知之心，行是心理行為，心外無行，當然是知行合一了。

但從現實上看，一個完整的知行結構應如下圖所示：

$$知\begin{cases}良知——心理行為（至善無惡）\\認知——物理行為（有善有惡）\end{cases}行（有善有惡）$$

〔註246〕《王陽明全集》卷二十《答人問良知二首》，第 791 頁。
〔註247〕《傳習錄》下，第 227 條。
〔註248〕《傳習錄》上，第 25 條。
〔註249〕《傳習錄》中，第 140 條。
〔註250〕《傳習錄》下，第 226 條。
〔註251〕《傳習錄》上，第 83 條。

根據上圖，明眼人一下子就看出問題來了。首先，陽明之學並不能保證心理行為、意念行為必然為善。一念發動處是行，但有一念為善，也有一念之差、一念為惡。「致他那一念事親從兄眞誠惻怛的良知，即自然無不是道」〔註252〕，這是一念為善。陽明自己又承認「一念而善，即善人；……一念而惡，即惡人矣；人之善惡，由於一念之間」〔註253〕，這又是一念而有善有惡了。所以陽明以「一念為訣」〔註254〕連結知行，並不能先天地保證良知發用「自然無不是道」，並不能保證行無不善。

其次，心理行為並不是完整的道德行為。一個完整的道德行為包括心理行為，也包括物理行為。從道德實踐的角度來說，物理行為甚至更為重要。道德行為或道德實踐不能僅僅停留在心理行為、意念行為的層面，它必然要實現出來，必然要表現為實實在在的物理行為和道德實踐。如果僅僅心存孝敬就是行，意念事親就是動，任何一個父母都不會稱讚這種孝行的。溫清奉養之所以是一種道德的行為，是因為它既是發自良心善念，又有切實而具體的現實行動。雖然陽明也曾說：「謂意欲溫清，意欲奉養者，所謂意也，而未可謂之誠意。必實行其溫清奉養之意，務求自慊而無自欺，然後謂之誠意。」〔註255〕雖然他也講求心理行為要向物理行為轉進，但總體上他是以心理行為論行的，這是他與朱子格物之辯的區別之一。

再次，天理除了倫理還有物理，不能單單把倫理稱為天理，或以倫理覆蓋物理。倫理只是世間眾理之一，自然現象中之物理也是客觀存在的。良知負責倫理，認知負責物理。這並沒有否定「心外無理」。因為良知、認知都屬同一顆心。良知無所不知，只是知個倫理，認知無所不知，只是知個物理。良知之心和認知之心同是一顆心，所以倫理、物理仍然在一心之內。

最後，也是最要命的一個問題，單純良知更不能保證物理行為、現實的道德行為必然為善。切實而具體的物理行為、道德實踐能夠圓滿落實，必須考慮到現實的物理環境和具體的倫理情景，這就需要有心之認知功能的參與。陽明雖然也曾說：「知如何而為溫清之節，知如何而為奉養之宜者，所謂知也，而未可謂致知。必致其知如何為溫清之節者之知，而實以之溫清，致

〔註252〕《傳習錄》中，第190條。

〔註253〕《王陽明全集》卷十七《南贛鄉約》，第600頁。

〔註254〕《王陽明全集》卷十一《乞放歸田里疏》，第389頁。

〔註255〕《傳習錄》中，第138條。

其知如何爲奉養之宜者之知，而實以之奉養，然後謂致知。」〔註256〕雖然他也講求對溫清奉養之宜等物理有所認知，但總體上他是以良知覆蓋認知，這是他心即理的宗旨所在。

以上問題，歸爲一點就是以良知覆蓋認知。這真是「良知的傲慢」。陽明曾說：「人生大病，只是一傲字」。〔註257〕結果他自己卻在其一生宗旨上患了這個「大病」。這個「大病」傳播泛濫，就是劉蕺山說的「玄虛而蕩」。王門後學流弊，有其「人病」，亦有其「法病」。究其根源，陽明以良知覆蓋認知應是其最大的「法病」。

陽明之學的第二個問題是道德的動力不明。道德動力不明，知不必能行，這就是「好心不辦事」。之所以會出現這個問題，在於陽明對道德行爲之根本動力是道德情感這一點認得不夠真切，往往讓良知僭越道德情感成爲道德的動力。

心有良知和認知兩種功能，但兩者都不是道德的動力。不過，良知與認知雖然都不是道德的動力，但其意思是不一樣的。良知雖然不是道德的動力，但良知與道德的動力即道德情感是本質的同一關係，所以能夠促成道德行爲的發生。認知不但不是道德的動力，而且與道德的動力即道德情感不是本質的同一關係，所以認知始終不能必然促成道德實踐。後一點比較簡單。我們在朱子那裏已經看到，認知不能促成道德行爲或道德實踐必然發生。但是說良知也不能促成道德行爲，這一點就比較麻煩，需要詳細分析。

首先的麻煩來自陽明的知行合一。根據「知行本體只是一個」〔註258〕之宗旨，知即是行，行即是知；知包含著行，行包含著知。那麼促成行的動力當然就包含在知內，所以良知本身就是行的動力，就是道德的動力。有沒有知而不能行，從而還需要另外一個動力來促成道德行爲呢？在陽明看來，這是絕對沒有的。知行合一的一個經典命題是「真知即所以爲行，不行不足謂之知」〔註259〕。如果知而不行，那肯定不是真知。真知即良知，真知必能行，不是真知就不是良知，而是荀子和朱子之認知，認知當然不能保證知而必行。

但是陽明在這裏混淆了兩個問題。其一，陽明混淆了「知行本體」包含

〔註256〕《傳習錄》中，第 138 條。
〔註257〕《傳習錄》下，第 339 條。
〔註258〕《傳習錄》上，第 5 條。
〔註259〕《傳習錄》中，第 133 條。

行的動力與良知包含行的動力。知行本體是一個很豐富的本體，裏面當然也包含著豐富的內容。但是知行本體所包含的內容並不等於就是良知所能包含得了的。比如，知行本體中應當包含著認知，雖然它是被掩蓋了的。但絕不能說良知就包含甚至於就是認知，因為良知與認知都只是心之兩種不同的感知功能。如果說良知就是認知，那麼認知就不是被掩蓋了，而是被取代了，其結果就是上一問題，即良知不能保證行而必善。同樣，知行本體包含著道德的動力，並不能簡單等同於良知包含甚至就是道德的動力。雖然良知與道德的動力是一體的，在本質上是一致的，因為心體就是情體，但是在具體分析道德的動力問題時，還是要具體弄清楚。

其二，陽明混淆了「能行能動」與「行動」的關係。前面在分析良知之心的特徵時看到，良知之心是形上的先驗概念，而動靜是經驗性概念，所以良知之心是無所謂動靜的，而只能說心能動能靜。但「能動能靜」並不等於「動靜」，否則心就是有動有靜的，就成為一個經驗性概念了。所以真知必行的意思只是說真知必然能行，真知必動的意思也只是說真知必然能動。能動並不一定就是動力。良知只是能動，能動不就是行動，所以良知之能動的動力並不一定同時就是良知，而可能有「另外」的力量，這就是道德情感。當然，道德情感並不是另外的力量，因為道德情感與良知是本質同一的。這裏之所以說是「另外」，只是為了方便分析。按陽明的話說，「今若知得宗旨時，即說兩個亦不妨，亦只是一個；若不會宗旨，便說一個，亦濟得甚事？只是閒說話」〔註260〕。

兩個混淆澄清了，良知不可能是道德的動力也就明朗了。知行本體包含著道德的動力並不等於良知之心就是道德的動力；良知之心無所謂動靜，但又能動能靜，這並不等於說良知本身就是動力。朱子指責象山之學「黑腰子」、「兩頭明，中間暗」，就是因為象山對知與行兩頭說得都很明朗，但對知與行兩頭之中間的種種豐富內容卻閃爍其詞，不明不白。其中最主要的一點就是對從知到行之道德動力交待不明。道德的動力交待不明，知行本體仍然處於一團朦朧的盲動之中。陽明說象山之學「粗」，其實他本人在這幾個地方也是很粗疏的。

再一個麻煩是良知與意念的關係。陽明對於良知與意念的關係，主要有兩種論述。第一，良知之心是意之本體。「心者身之主，意者心之發，知者意

〔註260〕《傳習錄》上，第5條。

之體，物者意之用」〔註261〕，「身之主宰便是心。心之所發便是意。意之本體
便是知」〔註262〕。第二，意是良知之心的發動。「故至善也者，心之本體也；
動而後有不善。意者，其動也」〔註263〕，「身之主為心，心之靈明是知，知之
發動是意」〔註264〕，「理一而已。以其理之凝聚而言則謂之性，以其凝聚之主
宰而言則謂之心，以其主宰之發動而言則謂之意，以其發動之明覺而言則謂
之知」〔註265〕。

　　從這些論述可以看到，良知與意念的關係左纏右擾，非常晦澀。一方面，
良知之心是意之本體，是意之內在根據。另一方面，意是良知之心之所發，
良知之心發動就是意。這就會給人一種印象，意與良知之心似乎有本質上的
一致性：心是體，意是用，意是良知發動的力量。

　　這是一種錯誤的印象。之所以會產生這種錯誤印象，除了陽明表述含混的
原因外，也有人們理解上的原因。首先，心與意有本質的區別，心與意之一致
不是本質上的同一。心即性即理，心與性理是本質為一的。性理在形上的意義
上是無善無惡的，在絕對的意義是至善無惡的，所以良知之心可以說是無善無
惡的，也可以說是至善無惡的。但意決不會是無善無惡的，也決不會是至善無
惡的，而是有善有惡的，所以陽明說：「意之所發，有善有惡」〔註266〕，「有善
有惡是意之動」〔註267〕。那麼陽明說良知是意之本體，這又如何理解呢？這只
能說，誠意與良知合而為一，但這種合而為一不是知行合一之本質上的合一，
而是朱子「心與理一」之工夫境界上的合一。意之發動雖然有善有惡，但可以
通過誠意工夫，使之達到一種善的境界。在這個境界上，意之發動符合了良知
之心，與良知之心融為一體。但這種融合並不是像心即理那樣是本質上的無差
別，而只是說意之惡被克去了，就像良知本體一樣善了。「心即理」之心與理是
一種分析的關係，而「心與意為一」之心與意是一種綜合的關係。良知之心是
意之本體，就是在這種綜合的關係上說的。心與意當然也可以是本質上的同一，
也可以是分析的關係，但這已經不是陽明之學，而是劉蕺山的誠意之學了。王

〔註261〕《王陽明全集》卷三二《大學古本旁釋》，第 1193 頁。
〔註262〕《傳習錄》上，第 6 條。
〔註263〕《王陽明全集》卷七《大學古本序》，第 243 頁；卷三二《大學古本原序》，
　　　　第 1197 頁。
〔註264〕《傳習錄》上，第 78 條。
〔註265〕《傳習錄》中，第 174 條。
〔註266〕《王陽明全集》卷二六《大學問》，第 971 頁。
〔註267〕《傳習錄》下，第 315 條。

龍溪拋出「四無句」說意也是無善無惡的,這要麼是從境界上來說的,要麼須從蕺山之學來理解。但在陽明這裏,良知之心與意絕對不是本質地同一的。

其次,意是良知之發動,這是說意是良知之心的「發動處」。陽明除了說意是良知之「動」或「發動」,還經常說意是良知之「發動處」:「無心則無身,無身則無心。但指其充塞處言之謂之身,指其主宰處言之謂之心,指心之發動處謂之意,指意之靈明處謂之知,指意之涉著處謂之物。只是一件。」〔註268〕這就說得很明白了,意是心之發動所及的地方,並不是心之發動的動力本身。身、心、意、知、物「只是一件」,也並不是說它們是在本質上說同一的,而只是說意之靈明處是良知。意之靈明處就是通過誠意工夫所達到的靈明無惡的境界,到了這個境界,才能說意與良知之心為一件,才能說良知之心是意之本體。

最後,意之發動與良知之發動是兩種性質不同但又同時同步的活動。陽明說:「凡應物起念處,皆謂之意。意則有是有非,能知得意之是與非者,則謂之良知」〔註269〕,「心者身之主也,而心之虛靈明覺,即所謂本然之良知也。其虛靈明覺之良知應感而動者謂之意。有知而後有意,無知則無意矣」〔註270〕。心與意一樣,都需要指向具體的事物,一旦碰到適當的倫理情境,它們都會發動,這就是「隨物而發」或「應感而動」。但這是兩種截然不同的發動。良知之心發而無不中節,無過不及,當喜則喜,當怒則怒,當惻隱時自然惻隱,當羞惡時自然羞惡。但意之發動有是有非,有善有惡,有不中節,有過不及,當喜可能會怒,當怒可能會喜,當惻隱時可能不惻隱,當羞惡時可能不羞惡。但過程上來看,心之應感而動與意之應物起念雖然是兩種性質不同的發動,卻是同步發動、相伴相隨的。原來,心之發動必然要通過一定的形式表現出來,身、意、物等都是良知之心發動的表現形式,心性本體只有通過它們才能實現出來。這樣一來,身、心、意、知、物甚至性、理等當然都是一件了,因為身、意、物都是心、知、性、理賴以表現、得以實現之具體方式。

意與良知之心不是本質的同一關係,意只是良知之心發動所及,只是性理得以實現、賴以呈現之載體。良知之心有良知之心的發動,意有意的發動,這是兩種不同性質的活動,但又同時同步,相伴相隨。但無論怎樣同時同步,

〔註268〕《傳習錄》下,第201條。
〔註269〕《王陽明全集》卷六《答魏師說》,第217頁。
〔註270〕《傳習錄》中,第137條。

終歸是兩種活動，所以意不是良知之心的發動力，更不會是道德的動力。

　　最後一個大麻煩是良知與情感的關係。陽明對情感問題的討論比象山遠爲詳細，他曾以好惡之情規定良知之心，這就把象山所說之心性情理渾然爲一進一步明確化了。而且陽明對兩種情感的區別也有相當的自覺。這些都是思孟學派題中應有之義。如果順著這些論述繼續向縱深揭示，很容易就能得出性體、心體、情體爲一，天命之性是本體、良知之心是感知、道德情感是動力的結論。這不但完全繼承了思孟學派的宗旨，也使這一學脈大大豐富。然而，陽明在情感上問題卻存在一些不明朗的論述，有時甚至說出四端之情是氣的不諦之語。這就使他在道德情感是道德的動力這一關上始終不能完全通透。

　　陽明論述的情感主要以四種形式出現：一是喜怒哀樂等一般情感，二是依《大學》而言的好惡之情，三是孟子的四端之情和《中庸》的喜怒哀樂之情，四是自慊和不安之情。

　　在陽明這裏，一般情感包括非常豐富的概念和內容。從概念上說，情感可以有多種名稱。「致此良知之眞誠惻怛以事親便是孝，致此良知眞誠惻怛以從兄便是弟，致此良知之眞誠惻怛以事君便是忠。只是一個良知，一個眞誠惻怛」〔註271〕，「樂是心之本體」〔註272〕，「父而慈焉，子而孝焉，吾良知所好也」〔註273〕，「蓋良知雖不滯於喜怒憂懼，而喜怒憂懼亦不外於良知也」〔註274〕，「父之愛子，自是至情。然天理亦自有個中和處。過即是私意」〔註275〕。情感不但包括通常所說之喜怒哀樂等情感，也包括眞誠惻怛、慈孝愛好、好惡意欲等情感。

　　更可貴的是，陽明對道德情感和感性情感之區別看得也是非常準確的。兩種情感的區別主要表現爲以下幾種形式：

　　（1）人倫至情與七情私意。「父之愛子，自是至情。然天理亦自有個中和處。過即是私意。人於此處多認做天理當憂，則一向憂苦，不知己，是『有所憂患，不得其正』。大抵七情所感，多只是過，少不及者。才過便非心之本體。」〔註276〕

〔註271〕《傳習錄》中，第189條。
〔註272〕《傳習錄》中，第166條。
〔註273〕《王陽明全集》卷七《從吾道人記》，第250頁。
〔註274〕《傳習錄》中，第158條。
〔註275〕《傳習錄》上，第44條。
〔註276〕《傳習錄》上，第44條。

（2）本體之樂與七情之樂。「樂是心之本體，雖不同於七情之樂，而亦不外於七情之樂。」〔註277〕

（3）良知之好與利欲之好。「名利物欲之好，私吾之好也，天下之所惡也；良知之好，眞吾之好也，天下之所同好也。」〔註278〕

（4）本體之愛與非本體之愛。「愛之本體固可謂之仁，但亦有愛得是與不是者，須愛得是方是愛之本體，方可謂之仁。若只知博愛而不論是與不是，亦便有差處。」〔註279〕

很顯然，人倫至情、本體之樂、良知之好、本體之愛等情感是道德情感，七情私意、七情之樂、利欲之好、非本體之愛等情感是感性情感。道德情感是本體之情，與良知本體是同一的。感性情感出於名利物色，與良知本體不是同一的。出於良知本體之道德情感至善無惡，無過不及，發皆中節，而非出於良知本體之感性情感則有是有非，有善有惡，有不中節，有過不及。雖然良知與感性情感有本質之不同，但兩者並不是絕緣無關的。陽明說：

> 喜怒哀懼愛惡欲，謂之七情。七者俱是人心合有的，但要認得良知明白。比如日光，亦不可指著方所。一隙通明，皆是日光所在，雖雲霧四塞，太虛中色象可辨，亦是日光不滅處。不可以雲能蔽日，教天不要生雲。七情順其自然之流行，皆是良知之用，不可分別善惡，但不可有所著。七情有著，俱謂之欲，俱爲良知之蔽。然才有著時，良知亦自會覺，覺即蔽去，復其體矣。〔註280〕

陽明這裏所說之「七情」即《禮記·禮運》所提到的喜怒哀懼愛惡欲等七種情感。七情之發有是有非，可善可惡，七情有著即可能爲非爲惡，七情無著即可能爲是爲善。這樣，七情對良知之發用流行就起到兩種作用：一是正面的呈現作用。七情無著，自然流行，就會幫助良知很好地實現發用；二是負面的障蔽作用。七情有著，就變成私欲，就會對良知起到一種障礙、遮蔽的負作用。這時就要通過解蔽複本的工夫，使七情歸於善，復現道德本體。總之，「良知雖不滯於喜怒憂懼，而喜怒憂懼亦不外於良知也。」〔註281〕良知與七情有著本質的區別，所以良知不滯於感性情感；但感性情感又是良知發用

〔註277〕《傳習錄》中，第166條。
〔註278〕《王陽明全集》卷七《從吾道人記》，第250頁。
〔註279〕《王陽明全集》卷五《與黃勉之》二，第195頁。
〔註280〕《傳習錄》下，第290條。
〔註281〕《傳習錄》中，第158條。

流行的必要載體，所以也不外於感性情感。七情作爲感性情感，「俱是人心合有的」。對於這裏的「合有」，一方面要清楚並不是說良知本質裏就含有七情，另一方面也要知道良知之心發用流行離不開七情，也要有賴於七情，因爲七情是生來就有的，是不可絕滅的。所以佛教主張滅情，那是「教天不要生雲」，是一種因噎廢食的伎倆，是完全行不通的。

　　兩種情感區分清楚了，陽明以好惡之情規定良知就好理解了。陽明之學所依據之最主要的典籍文本就是《大學》。《大學》論及好惡之情主要有兩個地方：一是「所謂誠其意者，毋自欺也，如惡惡臭，如好好色，此之謂自慊，故君子必愼其獨也」，二是「民之所好好之，民之所惡惡之，此之謂民之父母」。很顯然，前一個好惡之情是感性情感，後一個好惡之情是道德情感。陽明經常使用的是前一個好惡，後一個好惡則很少提及。但前一個好惡只是一種比喻，只是「如惡惡臭，如好好色」，並非就惡臭、好色之好本身上來說的。其眞正所指的應該是後一個好惡，即好善惡惡之好惡。

　　陽明以好惡之情規定良知，是其論證良心本心之良知良能最常用的一種方式。陽明說：「良知只是個是非之心，是非只是個好惡，只好惡就盡了是非，只是非就盡了萬事萬變。」〔註282〕孟子說是非之心是智之端，知是知非之心就是良知之心。陽明進一步以《大學》的好惡之情來規定孟子的良知之心，說「是非只是個好惡」，知是知非的良知之心就是好善惡惡的道德情感。這就把良知之心與道德情感本質地聯繫在一起了。而且陽明還用好惡來論證知行合一：

> 《大學》指個眞知行與人看，說「如好好色，如惡惡臭」。見好色屬知，好好色屬行。只見那好色時已自好了，不是見了後又立個心去好。聞惡臭屬知，惡惡臭屬行。只聞那惡臭時已自惡了，不是聞了後別立個心去惡。如鼻塞人雖見惡臭在前，鼻中不曾聞得，便亦不甚惡，亦只是不曾知臭。就如稱某人知孝、某人知弟，必是其人已曾行孝行弟，方可稱他知孝知弟，不成只是曉得說些孝弟的話，便可稱爲知孝弟。又如知痛，必已自痛了方知痛；知寒，必已自寒了；知饑，必已自饑了。知行如何分得開？此便是知行的本體，不曾有私意隔斷的。聖人教人，必要是如此，方可謂之知。不然，只是不

〔註282〕《傳習錄》下，條288條。

曾知。〔註283〕

見好色、聞惡臭是聞見之知，好好色、惡惡臭是物理行爲，知是心之認知，行是物理行爲。有知必有行，行就在知中，知行合一。這是一個比喻，是爲了引出陽明良知意義上的知行合一。通過這個比喻可以看到：知善知惡是知，好善惡惡是情，爲善去惡是行。陽明說好好色、惡惡臭就是行，就意味著好善惡惡之情就是爲善去惡之行。再加上前面「是非只是個好惡」，知善知惡之知與好善惡惡之情也是同一的。那麼就可以得出這樣一個結論：知善知惡之知即好善好惡之情即爲善去惡之行，知與情與行是合一的。於是，知行合一就成了知情行合一。知是良知之心，情是道德情感，行是道德行爲，三者合一，這是思孟學派的主旨，也是儒學內化後的完整內涵。從這個方面來說，陽明的確是思孟學派的正宗傳人。

但是我們不要高興得太早。上面這個結論即知情行合一，只是我們從陽明的相關論述中推導出來的，陽明本人並沒有直接這樣說。他甚至會認爲這個結論根本不符合知行合一之教，因爲知與行之間又多了一層東西，即好善惡惡之情。事實上，陽明也就是不注重中間的這一層東西。用好惡之情規定知，用好好色、惡惡臭說明行，這只是一種形象的比喻。陽明說：

> 人於尋常好惡，或亦有不眞切處，惟是好好色，惡惡臭，則皆是發於眞心，自求快足，曾無纖假者。《大學》是就人人好惡眞切易見處，指示人以好善惡惡之誠當如是耳，亦只是形容一誠字。今若又於好色字上生如許意見，卻未免有執指爲月之病。昔人多有爲一字一句所牽蔽，遂致錯解聖經者，正是此症候耳，不可不察也。〔註284〕

好惡之情只是用來形容一「誠」字，只是指示人們對待眞心良知要像好好色、惡惡臭一樣眞切、無纖假，並不是爲了說明知就是情、情就是行的。王門弟子黃直的一個記載更能說明這一點。陽明曾說：「人但得好善如好好色，惡惡如惡惡臭，便是聖人。」黃直說：「直初時聞之，覺甚易，後體驗得來此個功夫著實是難。如一念雖知好善惡惡，然不知不覺又夾雜去了。才有夾雜，便不是好善如好好色、惡惡如惡惡臭的心。善能實實的好，是無一念不善矣：惡能實實的惡，是無念及惡矣。如何不是聖人？故聖人之學，只是一誠而已。」

〔註283〕《傳習錄》上，第5條。
〔註284〕《王陽明全集》卷五《與黃勉之》二，第195頁。

〔註285〕陽明本人在另外一個場合也說過：「人但一念善，便實實是好；一念惡，便實實是惡；如此才是學。不然，便是作偽」，「聖人之學，只是一誠」。〔註286〕如好好色、如惡惡臭只是比喻聖人之學的篤切真實、毫不夾雜，只是形容致良知工夫要至誠不已，並不是為了說明好惡之情與知行為一的。這就在實質上把上面所推導出來的完美結論給打翻了。或者說陽明只認可知行合一，而不會認可知情行合一。

陽明關於四端之情的論述最亂。一方面，陽明說四端之情與性理是同質的，當然也與良知之心是同質的；另一方面，他又說四端之情是氣，四端之情與心性的關係就是理氣的關係。我們知道，孟子以四端之情論良心本心，又以良心本心論天命之性，心性情是同一的。陽明是孟子學，屬於思孟一脈，對此當然不會漠然置之。所以當門人陸澄問：「惻隱羞惡辭讓是非，是性之表德邪？」陽明答曰：「仁義禮智也是表德。性一而已：自其形體也謂之天，主宰也謂之帝，流行也謂之命，賦於人也謂之性，主於身也謂之心。」〔註287〕「表德」就是所表示的內容。四端之情是性之表德，所以四端之情與仁義禮智一樣，都是性之真實內容。〔註288〕「性一而已」是說天、帝、命、性、心是同一的，惻隱羞惡辭讓是非等四端之情與天命之性、良知之心也是同一的。程伊川與朱子曾不滿於韓昌黎「博愛之謂仁」的說法，因為愛是情是氣，仁是性是理，不能以愛訓仁。但陽明頗不意為然，並舉孟子的話說：「性即未發之情，情即已發之性，仁即未發之愛，愛即已發之仁。如何喚愛作仁不得？言愛，則仁在其中矣。孟子曰：『惻隱之心，仁也。』周子曰：『愛曰仁。』昌黎此言，與孟、周之旨無甚差別。」〔註289〕「性即未發之情，情即已發之性」一句話極其經典，性與情只是不同場合之不同名稱，而其本質則是同一的。

但是陽明這種經典的論斷沒有堅持到底，後來他竟然有四端之情是氣的說法。程明道有一句名言：「『生之謂性』、『人生而靜』以上不容說，才說性

〔註285〕《傳習錄》下，第229條。
〔註286〕《傳習錄拾遺》，第23條。
〔註287〕《傳習錄》上，第38條。
〔註288〕李明輝：《四端與七情——關於道德情感的比較哲學探索》，臺北：臺灣大學出版中心，2005年，第194～195頁。
〔註289〕《王陽明全集》卷五《與黃勉之》二，第194～195頁。

時，便已不是性也。」〔註290〕陽明認為這裏的「生」字就是「氣」字，接著他就以這種「生氣」來分析孟子的四端之情：「孟子性善，是從本原上說。然性善之端，須在氣上始見得，若無氣亦無可見矣。惻隱羞惡辭讓是非即是氣。」〔註291〕按理說，心性情理必於氣上見，其流行發用必須借助於氣才能呈現、實現。在這個時候，四端之情雖然是道德情感，但已經與感性情感混在一起，共同表現著性理。四端之情即氣，如果說「即」字是若即若離之「即」也是可以的。不過，從陽明說此話的口氣來看，他並不是這樣來理解「即」字的。「性善之端，須在氣上始見得，若無氣亦無可見矣」，性只有在氣上才能發見，而四端之情是性之發見，緊接著他就說四端之情即是氣。這顯然是在說四端之情就是氣，而不是說四端之情與氣若即若離。

與此相關，陽明又有喜怒哀樂之情是氣的說法：「性一而已。仁義禮智，性之性也；聰明睿知，性之質也；喜怒哀樂，性之情也；私欲客氣，性之蔽也。質有清濁，故情有過不及，而蔽有淺深也。私欲客氣，一病兩痛，非兩物也。」〔註292〕喜怒哀樂是性之情，這可以從兩面說：既可以說情是性之本質表現，如上面所說的「性之表德」，此時之情是道德情感；也可以如朱子所說，情只是性之發動處，此時之情雜有氣，甚至完全是氣，於是情就是感性情感。從後面「質有清濁，故情有過不及，而蔽有淺深」一句話來看，陽明顯然是順著朱子之說往下通的，即只從氣上來理解喜怒哀樂之情。前面曾分析到，《中庸》的喜怒哀樂之情所得出的結論，喜怒哀樂之情並非只是氣，並非只有感性情感，還有道德情感。據此而論，陽明對喜怒哀樂之情的理解是不夠透徹的。

對四端之情和喜怒哀樂之情的分析，表現出陽明對孟子四端之情和《中庸》喜怒哀樂之情的理解存在一些偏差。同時，這也使陽明錯過了發現道德之動力的機會。既然四端之情是氣，不是道德情感，當然也就不可能成為道德之動力。

以自慊與心安之情說明致良知與知行合一，是陽明在所有涉及情感的論述中最為精彩的部分。陽明說：「自知之明，便是良知。致此良知以求自慊，

〔註290〕《二程遺書》卷一，《二程集》，第 10 頁。

〔註291〕《傳習錄》中，第 150 條。

〔註292〕《傳習錄》中，第 165 條。

便是致知矣」〔註293〕，「君子之酬酢萬變，當行則行，當止則止，當生則生，當死則死，斟酌謂停，無非是致其良知，以求自慊而已」〔註294〕，「良知之在人心，無間於聖愚，天下古今之所同也。世之君子惟務致其良知，則自能公是非，同好惡，視人猶己，視國猶家，而以天地萬物爲一體。求天下無治，不可得矣。古之人所以能見善不啻若己出，見惡不啻若己入，視民之饑溺猶己之饑溺，而一夫不獲若己推而納諸溝中者，非故爲是而以蘄天下之信己也，務致其良知，求自慊而已矣」〔註295〕。

「自慊」一語出自《大學》，是自足快樂、心安理怡的意思。自慊與心安的意思相同，所以陽明又說：「此心安處，即是樂也」〔註296〕，「心所安處，才是良知」〔註297〕。良知自然會知，自然知是知非，欺瞞不得。在具體的倫理情境中，良知之心應感而動。動而合乎道德本性，人之內心就會獲得一種自慊的情感體驗，這就是常說的心安理得。反之，動而不合乎良心本性，「稍有私意於良知，便自不安」〔註298〕，內心就會痛苦不安。不欺良心，順心而行，就會自慊安樂；欺瞞良心，違心而動，就會難得安生。我們在此終於看到，在陽明的良知機制中，道德情感體驗是一個不可缺少的要素。〔註299〕所以陽明說致良知就是要求自慊，「務求自慊而無自欺」〔註300〕。

在思孟學派之心性情同一的義理架構中，道德情感之動力作用可以從兩個方面看出來。一是從道德本體之發用流行的動力來看，心悅理義，心是良知之心，理是天命之性，悅是道德情感，悅是心性發用之內在動力。自慊安樂是安於性理，樂於內在的道德法則。良心與性理爲一，而且良知之心與道德情感也是本質同一的，「人心本自說理義」〔註301〕。良知之心安於性理之安與樂於法則之樂就是道德情感，這本身就是一種強大的行動力量，不需要任何其他外在的鼓動和誘引，單單是這種道德情感就足以促成赴湯蹈火、殺身

〔註293〕《王陽明全集》卷五《與王公弼》，第197～198頁。
〔註294〕《傳習錄》中，第170條。
〔註295〕《傳習錄》中，第179條。
〔註296〕《傳習錄》下，第292條。
〔註297〕《傳習錄拾遺》，第7條。此語是他人問話，而爲陽明首肯。
〔註298〕《王陽明全集》卷六《與王公弼》，第215頁。
〔註299〕陳來：《有無之境——王陽明哲學的精神》，北京：人民出版社，1991年，第177頁。
〔註300〕《傳習錄》中，第138條。
〔註301〕《傳習錄》上，第111條。

成仁的道德行爲。二是從發之結果來看，心悅理義之悅是行動合乎良心性理所帶來的情感享受。陽明所說「致此良知以求自慊」，就是從這個角度而言的。道德情感之動力作用這兩個方面的表現是不可分割的。心悅義理之悅自然就是道德動力，自然就會促成道德行爲、道德實踐；道德實踐達成自然就會獲得一種自慊安樂的愉悅情感，這種情感是一種道德情感。

但陽明的自慊之說只是強調了道德情感之動力作用的結果，對道德情感作爲心性發用之內在動力本身看得並不是很清。陽明說：「處事接物，無所往而非求盡吾心以自慊也」〔註302〕，「求盡吾心焉以自慊而已」〔註303〕。這就是在強調道德情感作爲道德行爲結果之存在。這種強調就可能會掩蓋道德情感作爲道德動力本身之存在，而且還可能會給人一種感覺：只要自己快樂，就是致良知了，就是道德實踐了。這種偏失進而容易導致兩種不良後果：其一，七情之樂與本體之樂不分。對於那些對良知之心認得眞、看得切的學者來說，這當然不是問題，因爲欺得良知就會心不安。但對於那些良知之心只是光景的學者來說，就可能會視聲色利欲之樂也是自慊安樂。其二，可能會不再追問促成道德行爲、道德實踐之動力到底是什麼。本來，促成道德行爲之內在動力是道德情感。但對於那些認良心不切的人來說，就可能會認爲私心欲情是促成道德行爲的內在動力，於是就會良莠不分，泥沙俱下。事實上，這兩種不良後果在陽明后學也的確存在，這就是王學末流的「情識而肆」。

總起來說，陽明之學屬於思孟學派。他高度發展了思孟學派中良知之心一脈，同時也對情感問題給予相當的重視。陽明之學暗含了思孟學派所具有的心性情理爲一、性體心體情體合一等內容。但是陽明在把良知之心究極發展的同時，也暴露出了兩個問題：一是有以良知覆蓋認知的傾向，二是對道德情感是道德實踐之眞正動力這一點認識不夠。陽明終其一生都在破朱子所斥象山之「黑腰子」和「中間暗」，非常賣力地講學談道，要使象山之學「細」下去。但在這兩個問題上，王學卻仍然是「黑暗」的，是「粗疏」的。這兩個問題流傳到後來，就是劉蕺山所說的「超潔者蕩之以玄虛，而夷良於賊」，「猖狂者參之以情識，而一是皆良」。〔註304〕

〔註302〕《王陽明全集》卷七《紫陽書院集序》，第239頁。
〔註303〕《王陽明全集》卷二二《文山別集序》，第879頁。
〔註304〕《證學雜解》二五，《劉宗周全集》第二冊，第278頁。

第三節　劉蕺山的「心之性情」及其對思孟學派義理 結構之復歸

　　蕺山之學是為救治王學流弊而出。如上節所述，陽明知行合一的主要目的在於破除朱子所謂良知派之知與行「兩頭明」、由知到行「中間暗」的斷語。為此，陽明上承孟子，直接象山，大力鼓吹良知之心的神運妙用，並提出知行合一以解決「中間暗」問題。陽明對良知之推尊，在一新學界耳目的同時，慢慢也暴露其兩個方面的弱點：其一是以良知覆蓋認知，其二是對道德情感的動力作用認識不夠。以良知覆蓋認知，不重視認知之心的邏輯推斷功能，完全聽任良知之心的直覺判斷功能，就有可能流之於玄虛而蕩；對道德情感的動力作用認識不清，視感性情感為樂，一任感性情欲姿行妄為，就有可能流之於情識而肆。

　　看準王門後學的兩個流弊以後，蕺山就著手從理論上救治王學。蕺山的努力包括兩個方面：一是區分道德情感和感性情感，二是進行意念之辨和心意之辨。前一個方面的努力針對的是情識而肆，後一個方面的努力針對的是玄虛而蕩。

　　情識而肆主要是針對泰州後學而言的。〔註305〕陽明之學自王心齋傳至顏山農，率性而行日趨變為「任情縱欲」〔註306〕。歷來傳為笑柄的一個案例就是顏山農仿驢打滾，試看良知。〔註307〕以至於「泰州之變為顏山農，則魚餒肉爛，不可復支」〔註308〕。好端端的良知之學弄到這個地步，簡直成了一團爛肉，實在可厭。

　　泰州後學的這種流弊自然是後來學者對良知悟解之偏差所致，這是其「人病」。但追根溯源，陽明本人也難逃其咎，因為陽明對兩種情感區分不清，尤其是對道德情感的強調不夠，這即是其「法病」。任情縱欲之情不是道德情感，而是感性情感。根據孔子之「情學」，感性情感雖然對良知之心之發用呈現具

〔註305〕泰州學派包括很多人物，王學之發展具體到泰州學派個別人時，情況可能比較複雜。但作為一個總體來看，特別是到了泰州後學，指其為情識而肆、認欲為理，還是相當恰切的。詳細的討論，可參見鄭宗義：《性情與情性：論明末泰州學派的情欲觀》，熊秉眞、張壽安編《情欲明清——達情篇》，臺北：麥田出版社，2004 年。

〔註306〕史玉池語。《明儒學案》卷六十，《黃宗羲全集》第八冊，第 843 頁。

〔註307〕李贄：《答周柳塘》，《焚書》增補一，北京：中華書局，1975 年，第 261 頁。

〔註308〕王世貞：《弇州史料後集》卷三五《嘉隆江湖大俠》，《四庫禁燬》史 49/703 上。

有助緣作用，但它終歸不是道德情感，不可能發皆中節，無過不及，所以就需要對感性情感進行規約。如果感性情感任意姿行，無限膨脹，其結果必定是小人得隙，過猶不及。這就是毛式之對鄒東廓所說的「認欲爲理，認過不及爲中」〔註309〕。明儒鄒爾瞻說得更具體：「今學之流弊，認欲爲理，以情爲性，以防檢爲桎梏，以禮法爲戲場，滔滔江河莫知底止，所以語悟者害人不淺。」〔註310〕任情縱欲不是率性而行，只是認欲爲理，認情爲性。此情此欲是感性情感而非道德情感。兩種情感不分，不但良心不明，而且性理也難明。所以欲明心性，首先就要辨欲明情。

蕺山非常清楚地看到了這一點。他說：「自喜怒哀樂之說不明於後世，而性學晦矣。」〔註311〕蕺山此語極其重要，決不可輕易滑過。眾所周知，蕺山對王門後學的第一個流弊即玄虛而蕩之克治，是通過建立性天之尊來實現的。但蕺山上面這句話卻告訴我們，性學之明不明在於喜怒哀樂之說明不明，喜怒哀樂之說不明則性學不明，性學不明則玄虛而蕩之流弊就無法克治。所以在蕺山看來，王學兩個流弊的克治，歸結到一點，都要求對喜怒哀樂之情先做一個了斷。

蕺山對喜怒哀樂之情的闡明方法很特殊，他是從分析喜怒哀樂之情與春夏秋冬之氣兩者之相關性而進入情性關係之討論的。蕺山屢言：「喜怒哀樂，一氣流行，而四者實與時爲禪代。如春過了夏，秋過了冬，冬又春，卻時時保個中氣，與時偕行，故謂之時中」〔註312〕，「樂者，喜之餘氣；哀者，怒之餘氣」〔註313〕，「一性也，自理而言，則曰仁義禮智；自氣而言，則曰喜怒哀樂。一理也，自性而言，則曰仁義禮智；自心而言，則曰喜怒哀樂」〔註314〕，「天命之性不可得而見，即就喜怒哀樂一氣流行之間，而誠通誠復，有所謂鬼神之德者言之。德即人心之德，即天命之性」〔註315〕。喜怒哀樂相與禪代，春夏秋冬迭變更替，兩者都是一氣流行。春夏秋冬的迭變更替之內有一個中氣，與時偕行。喜怒哀樂之中也有一個隨時而動的東西，這就是天命之性，也就是理。正如中氣就在春夏秋冬四氣之內一樣，性理也就在喜怒哀樂四情

〔註309〕毛憲：《古庵毛先生文集》卷二《與鄒謙之》二，《四庫存目》集67/436上。
〔註310〕鄒元標：《願學集》卷五上《文江證道記》，《四庫》1294/166-167。
〔註311〕《學言》中，《劉宗周全集》第二冊，第416頁。
〔註312〕《學言》下，《劉宗周全集》第二冊，第457頁。
〔註313〕《學言》中，《劉宗周全集》第二冊，第416頁。
〔註314〕《學言》上，《劉宗周全集》第二冊，第391頁。
〔註315〕《學言》下，《劉宗周全集》第二冊，第460頁。

之內。這樣，蕺山就在喜怒哀樂四情的相與禪代和春夏秋冬四氣的迭變更替之間，爲他的性情理論和理氣理論找到了一種相關性。蕺山還說：

> 《中庸》言喜怒哀樂，專指四德言，非以七情言也。喜，仁之德也；怒，義之德也；樂，禮之德也；哀，智之德也。而其所謂中，即信之德也。一心耳，而氣機流行之際，自其盎然而起也謂之喜，於所性爲仁，於心爲惻隱之心，於天道則元者善之長也，而於時爲春。自其油然而暢也謂之樂，於所性爲禮，於心爲辭讓之心，於天道則亨者嘉之會也，而於時爲夏。自其肅然斂也謂之怒，於所性爲義，於心爲羞惡之心，於天道則利者義之和也，而於時爲秋。自其寂然而止也謂之哀，於所性爲智，於心爲是非之心，於天道則貞者事之幹也，而於時爲冬。乃四時之氣所以循環而不窮者，獨賴有中氣存乎其間，而發之即謂之太和元氣，是以謂之中，謂之和，於所性爲信，於心爲眞實無妄之心，於天道爲乾元亨利貞，而於時爲四季。
> 〔註316〕

蕺山將喜怒哀樂之情稱爲「四德」，將春夏秋冬之氣稱爲「四氣」。喜怒哀樂四德不但與仁義禮智四性一一對應，而且也與春夏秋冬四氣一一對應。蕺山有時甚至直接說喜怒哀樂就是氣，「喜怒哀樂，當其未發，只是一個中氣」〔註317〕，「喜怒哀樂，一氣流行」，「人有四德，運爲喜怒哀樂四氣」。由此足見四德與四氣之間的緊密關係。蕺山認爲，如果明白了四德與四氣之間的這種相關性，未發已發之說也就豁然開朗了：「天有四德，運爲春夏秋冬四時……人有四德，運爲喜怒哀樂四氣……知此，可知未發已發之說矣」〔註318〕。性學之所以晦暗不明，「只爲將喜怒哀樂四字看錯」〔註319〕，之所以會把喜怒哀樂四字看錯，只爲不知四德與四氣的這種相關性。

喜怒哀樂與春夏秋冬之間的相關性是理解蕺山理氣論與性情論極其關鍵的一個環節，如果這個環節不能理解，蕺山的許多良苦用心都可能得不到很好的理解。然而這個相關性之本質到底是什麼呢？就是一個「序」字。蕺山曾說：「喜怒哀樂，雖錯綜其文，實以氣序而言」〔註320〕。這就把問題昇華了。

〔註316〕《學言》中，《劉宗周全集》第二冊，第414～415頁。
〔註317〕《學言》上，《劉宗周全集》第二冊，第396頁。
〔註318〕《學言》中，《劉宗周全集》第二冊，第420頁。
〔註319〕《學言》下，《劉宗周全集》第二冊，第456頁。
〔註320〕《學言》上，《劉宗周全集》第二冊，第399頁。

喜怒哀樂四德與春夏秋冬四氣之間的相關性是從四氣之序而言的，並非是從四氣本身來說的。喜怒哀樂四德與春夏秋冬四氣之間雖然有緊密的相關性，而且蕺山也的確有「喜怒哀樂四氣」的話頭，但這只是為了強調四德與四氣相關性的緊密程度，並不是說四德與四氣之間就可以直接畫等號。否則的話，喜怒哀樂之情仍然是氣情，仍然是感性情感，蕺山也就根本無法救治王學認欲為理、情識而肆之流弊。

「氣序」與氣是不同的。氣是實然之氣質，而氣序是氣之周流不斷、迭出循環的次序。次序代表的是一種規律。在理氣論中，這個規律也就是理。「一性也，自理而言，則曰仁義禮智；自氣而言，則曰喜怒哀樂」，在性情論中，理就是性，所以序也就是性。喜怒哀樂四德是從氣序上來說的，氣之序也可說是情之序。氣序是四氣之序，序當然離不開氣，而序又是理，理當然也就離不開氣。情之序也就是性，情中自然有序、自然有性，性自然離不開情。而且，四德之序是喜怒哀樂之序，所以性是情之性，情也是性之情，兩者是不能分開的。性是天命之性，是形而上者，情當然也就具有形上性。所以性之情其實就是道德情感，而不是感性情感。

蕺山努力地在四德與四氣之間尋找相關性，並視之為發明性學的關鍵，其意義就在以氣之序而不是以氣之本身來說喜怒哀樂四德。除了在四德與四氣之間尋找這種「序」之相關性，蕺山還進一步擴大，在喜怒哀樂、春夏秋冬、元亨利貞、宮商角徵羽、東南西北中、金木水火土中尋找這個相關性。明白了這一點，當然也就明白了蕺山的良苦用心。蕺山的根本意圖並不是在為它們配對，而是想從中指示出這個「序」或性理。如果不明白這一點，就往往會說蕺山以四德與四氣相配，與漢儒那一套天人相副觀念一樣，是胡亂比附。蕺山哪裏會有這麼幼稚。

序既然是性理，那麼這個序是不能亂的。氣之序是理，氣之序亂了也就是理亂了；理亂了氣也將不成其為正常之氣。情之序是性，情之序亂了也就是性變了，性變了情也將不成其為正常的情。所以蕺山說：

> 天有常運，人有常情。至於當喜而忽感之以怒，當怒而忽感之以喜，則情與之俱變矣。如冬日愆陽，夏日伏陰，惟人事之感召使然，而天卒不改其常運。〔註321〕

〔註321〕《學言》上，《劉宗周全集》第二冊，第 396 頁。

天有四德，運爲春夏秋冬四時，而四時之變，又有風雨露雷以傚其
用，謂風雨露雷即春夏秋冬，非也。人有四德，運爲喜怒哀樂四氣，
而四氣之變，又有笑啼呞罵以傚其情，謂笑啼呞罵即喜怒哀樂，非
也。故天有無風雨露雷之日，而決無無春夏秋冬之時；人有笑啼呞
罵之日，而決無無喜怒哀樂之時。〔註322〕

春夏秋冬四時按序流行，這就是天之常運。但是如果春夏秋冬四時不按其序
運行，該是春天卻是秋天，該是夏天卻是冬天，這就是四時之變，四時之變
的結果就是風雨露雷。風雨露雷當然也是氣，但這不是正常的四時之氣。由
此類比，喜怒哀樂四情按其序發生，這就是人之常情。但是如果喜怒哀樂不
按其序發生，當怒而喜，當哀而樂，這就是四氣之變。四氣之變的結果就是
笑啼呞罵。笑啼呞罵當然也是情，但這不是正常的人情，不是道德情感，而
是感性情感。

　　蕺山就從「序」之變不變、亂不亂出發，區分出了兩種情感。喜怒哀樂
是序之不變的情感，這是性之情，是道德情感。笑啼呞罵是序之變的情感，
這是氣之情，是感性情感。蕺山說：

喜怒哀樂以四氣言，非以笑啼呞罵言。笑啼呞罵時有去來，四氣無
有去來也。不然，《中庸》何故就七情中巧巧指出四字來，破天荒一
笑而已。〔註323〕

所謂四氣者，指春夏秋冬而言。四氣與七情少別。……天無一刻無春
夏秋冬之時，人無一刻無喜怒哀樂之時。如曰喜怒哀樂有去來，而所
以喜怒哀樂者未嘗去來，是謂春夏秋冬有去來，而所以春夏秋冬者未
嘗去來也，則亦並無去來之可言矣。今曰人有絕然無喜怒哀樂之時，
必待感而後有，正以笑啼呞罵爲喜怒哀樂也。以笑啼呞罵爲喜怒哀
樂，則是以風雨露雷爲春夏秋冬矣。雖風雨露雷未始非春夏秋冬之氣
所成，而終不可以風雨露雷爲即是春夏秋冬；雖笑啼呞罵未始非喜怒
哀樂所發，而終不可以笑啼呞罵爲即是喜怒哀樂。〔註324〕

從現象上說，四氣是一氣流行，一氣通復，無所謂去來，天當然也就無一刻
無春夏秋冬之時。喜怒哀樂以四氣言，當然也無所謂去來，人當然也就無一

〔註322〕《學言》中，《劉宗周全集》第二冊，第420頁。
〔註323〕《語類》十一《答董生心意十問》，《劉宗周全集》第二冊，第338～339頁。
〔註324〕《語類》十一《商疑十則‧答史子復》，《劉宗周全集》第二冊，第345頁。

刻無喜怒哀樂之時。風雨露雷是四時之變，當然就有去有來，當然不可以說無一刻無風雨露雷。同樣，笑啼詈罵是四氣之變，有變當然就有去有來，當然也不可以說無一刻無笑啼詈罵。從道理上說，喜怒哀樂以四氣言，其實是以四氣之序言，是以一氣流行、一氣通復言。一氣流行、一氣通復都在於一個「序」字，序就是性理。性理是其所是，是其所是就不能有去來。喜怒哀樂以四氣之序言，以性理言，所以喜怒哀樂不能有去來。而且，喜怒哀樂以性理言，這就是道德情感。相反，笑啼詈罵只能是感性情感。蕺山之前，沒有人注意到這一層，也就不能很好地理解《中庸》未發已發之說，按蕺山的判斷來說，「從前解《中庸》者，皆謬也」〔註325〕。

喜怒哀樂即四德，是道德情感，笑啼詈罵屬七情，是感性情感。這就是蕺山所說的《中庸》言喜怒哀樂，專指四德言，非以七情言也」。蕺山說「四氣與七情少別」，就是四德與七情的區分，也就是道德情感與感性情感的區分。「七情之說，始見漢儒《戴記》中，曰『喜怒哀懼愛惡欲』，七字不倫不理，其義頗該之《大學》正修兩傳中」〔註326〕，「至殽爲七情，曰喜怒哀懼愛惡欲，是性情之變，離乎天而出乎人者，故紛然錯出而不齊。所謂感於物而動，性之欲也，七者合而言之，皆欲也。君子存理遏欲之功，正用之於此」〔註327〕。七情就是《禮記‧禮運》中所說的喜怒哀懼愛惡欲七者。七情是「性情之變」，都屬於感性情感，是需要加以規約的。否則，感於物而動，發而不中節，有過與不及，「離乎天而出乎人者，故紛然錯出而不齊」。

四德與七情的區別，蕺山又稱之爲人情與情面的不同：

> 「人情即天理。」今之所大患者，在人臣有私交而廢公義，謂之情面，正爲以私交廢公義也。……大抵情面與人情不同，人情本乎天而致人，有時拂天下之公以就一己而不爲私，如周公、孔子之過，吾黨之直是也。情面去其心而從面，有時忍一己之私以就天下而不爲公，如起殺妻、牙食子之類是也。〔註328〕

前面曾提到道德情感可以稱之爲道情，感性情感可以稱之爲人情。蕺山所說的「人情」與前面所說的人情不同，蕺山所說的「人情即天理」。也就是說，蕺山所說的「人情」即前面所說的道情，「情面」即前面所說的人情。所以蕺

〔註325〕《語類》十一《答董生心意十問》，《劉宗周全集》第二冊，第338～339頁。
〔註326〕《語類》十一《商疑十則‧答史子復》，《劉宗周全集》第二冊，第345頁。
〔註327〕《學言》上，《劉宗周全集》第二冊，第399頁。
〔註328〕《學言》上，《劉宗周全集》第二冊，第380頁。

山所說之「人情」是四端，是道德情感，「情面」則屬七情，是感性情感。「人情本乎天而致人」，「人情」在性質上是道德情感，有時雖然可能會違背大多數人的心願，但它仍然是道德情感而不是感性私欲。反過來說，「情面去其心而從面」，「情面」在性質上是感性情感，有時也許可能會捨棄一己之私，但它仍然是感性私欲而不是道德情感。

　　戴山通過「序」這個概念找到了喜怒哀樂四德與春夏秋冬四時的相關性，並從其中區分出了道德情感和感性情感。春夏秋冬是有序之氣，風雨露雷是亂序之氣。氣之序即性理。喜怒哀樂是有序之情，是道德情感，笑啼詈罵是亂序之情，是感性情感。人情即天理，所以人情與四德一樣，是道德情感；情面去其心，所以情面屬於七情，是感性情感。王學末流一無遮攔，任情縱欲，其所任之情、所縱之欲並非喜怒哀樂的有序之性，不是道德情感，而是笑啼詈罵的性情之變，是感性情感。通過這種區分，戴山就補足了陽明良知之教中未專門提出討論的問題，也直接點中了王學流弊的死穴。這一點擊意在昭示王門中人，仿驢打滾根本不是良知呈現，根本不是天理髮用，任情縱欲只不過是認欲為理，只不過是以情（感性情感）為性。

　　從四德與四時的相關性上區分出兩種情感並不能引導人們理解道德情感的本質。春夏秋冬四時是從形下之氣來看的，喜怒哀樂四德與之相配，當然也就是從現象之情來說的。喜怒哀樂四德與春夏秋冬四時之相配，是在氣之序的意義上而不是從氣本身來說的，但這畢竟有一個轉折，需要拐一個彎，不夠直接。這就在方法上容易產生一個問題，就是戴山所說的「指情言性」與「因情見性」之混淆。戴山在分析《孟子》之情與性的關係時說：

　　孟子曰：「乃若其情，則可以為善矣。」何故避性字不言？只為性不可指言也。蓋曰吾就性中之情蘊而言，分明見得是善。今即如此解，尚失孟子本色：況可云以情驗性乎？何言乎情之善也？孟子言這個惻隱心就是仁，何善如之？仁義禮智，皆生而有之，所謂性也，乃所以善也。指情言性，非因情見性也。即心言性，非離心言善也。後之解者曰：「因所發之情，而見所存之性：因以情之善，而見所性之善。」豈不毫釐而千里乎？〔註329〕

　　世儒謂因情之善見性之善，然情則必以七情為定名，如喜、怒、哀、懼、愛、惡、欲，將就此見性之善，則七情之善，果在何處？又醫

────────────

〔註329〕《學言》下，《劉宗周全集》第二冊，第465頁。

家言七情，曰喜、怒、憂、思、悲、恐、驚，將就此見性之善，則
七情之善，果在何處？《中庸》以喜怒哀樂爲情，則四性又屬何名？
豈惻隱、羞惡、辭讓、是非之情有性，而餘者獨無性也邪？從此參
入，便破一班。〔註330〕

「指情言性」與「因情見性」雖然只幾字之差，但意義卻是天壤之別。指情
言性是「指情蘊情實而言，即情即性也」〔註331〕，性蘊於情，情就是性，這
時的情必定是道德情感。孟子以四端之情言心性，就是指情言性，四端之情
就是天命之性。因情見性則是指從情中見性，這時的情可以是道德情感也可
以是感性情感。於是，因情見性之弊端就有兩個：一是性情分離，二是因情
並不一定能見性。因情見性預設了情不是性，性可以於道德情感中見，也可
以於感性情感中見。如果所因之情是四端等道德情感，因情當然能夠見性，
情善故性善。如果所因之情是七情等感性情感，因情就不一定能見性，因爲
感性情感可以爲惡，難道說情惡故性惡嗎？這兩個弊端歸爲一點，仍然是兩
種情感不分，按蕺山批評朱子的話說，「終是泥水不清」〔註332〕。

蕺山感覺到，以上對兩種情感的區分方法是不夠徹底的，所以就轉而翻
上一層，進行了一個更爲根本的區分，這就是四德與好惡的區分：「『好人之
所惡，惡人之所好，是謂拂人之性。』然則好惡者性乎！今云情之屬，何也？
好惡與喜怒不同。」〔註333〕「好惡」與「喜怒」不同，即好惡之情與喜怒哀
樂四德之情是不同的。

我們知道，《大學》有言：「好人之所惡，惡人之所好，是謂拂人之性，
災必逮夫身。」這裏出現了前後兩對好惡，即「好人之所惡」與「惡人之所
好」。拂人之性、災逮夫身顯然是就前面那個好惡而言的，與之相對，後面那
個好惡就應該是順人之性，更不會災逮夫身。這裏稍顯絞繞。但如果按照前
文關於情感的形式和性質的分析就很好理解了，好惡只是情感的形式，而非
情感的性質。既然是形式，既可以用來指道德情感，也可以用來指感性情感。
《大學》此語中的好惡只是情感的形式，從性質上說，前面那個好惡是感性
情感，後面那個好惡是道德情感。

〔註330〕《學言》下，《劉宗周全集》第二冊，第470頁。
〔註331〕《語類》十一《商疑十則‧答史子復》，《劉宗周全集》第二冊，第345～346
頁。
〔註332〕同上書，第346頁。
〔註333〕《學言》下，《劉宗周全集》第二冊，第452頁。

　　蕺山所言「好惡者性乎」之性是天命之性。那麼其所說的好惡當是《大學》此語中後面那個好惡即道德情感，而非前面那個好惡即感性情感。無論是道德情感還是感性情感，一般來說，好惡屬情，但《大學》卻說它們是性，故而蕺山自問：「今云情之屬，何也？」蕺山自答：「好惡與喜怒不同。」〔註334〕好惡與喜怒是不同的，其所不同之處就在於「喜怒有情而愛惡有意，好惡有理而愛惡有欲」〔註335〕，喜怒屬於情而好惡屬於意。好惡與四德雖然都是道德情感，但對蕺山而言，好惡之情與四德之情是不同的，他稱前者為意，後者才稱為情。可以看出，這仍只是名稱形式上之區分，只不過是對道德情感的形式區分。

　　蕺山如此區分，有其更深層的用意，那就是要克治王學的第一個流弊即玄虛而蕩。蕺山說：「好惡從主意而決，故就心宗指點；喜怒從氣機而流，故就性宗指點。畢竟有好惡而後有喜怒，不無標本之辨，故喜怒有情可狀，而好惡託體最微。」〔註336〕好惡從主意而言，喜怒從氣機而言，喜怒有情可狀，屬於顯，好惡託體最微，屬於隱，好惡與喜怒的區別是「標本之辨」。再者，如果把好惡與喜怒的關係套在心與性的關係上，那麼意之好惡是相應於心宗而言，情之喜怒相應於性宗而言。於是，蕺山區分好惡之意與喜怒之情的深意就有兩個：其一，好惡與喜怒的標本之辨意味著，好惡與喜怒雖然都是道德情感，但好惡更為根本，需要進一步深究。好惡與喜怒都是道德情感，但道德情感也有其發與未發，也有其隱與顯。好惡之意是未發之隱，喜怒之情是已發之顯，喜怒之顯源於好惡之隱，「畢竟有好惡而後有喜怒」。顯而易見，隱而難言，所以需要對好惡之意更加重視。其二，好惡與喜怒分屬心宗性宗意味著，與性宗一定要明白喜怒哀樂一樣，心宗也一定要明白好惡之意。性宗一定要講明喜怒哀樂，心宗一定要講明好惡之意。否則，喜怒哀樂不明，性即永晦，好惡之意不明，心亦不彰。好惡之意與四德之情都是道德情感，但蕺山一定要對它們再做一個區分，其深層的用意就在這裏，就是要告訴學者，性宗一定要先弄明白喜怒哀樂之情，心宗一定要先弄明白好惡之意。

　　歸總地說，好惡與喜怒之辨的兩層深意其實是一層意思，那就是要辨意。這是蕺山有進於陽明，甚至有進於整個宋明前儒的地方。蕺山對前儒有一個

〔註334〕《學言》下，《劉宗周全集》第二冊，第452頁。
〔註335〕《學言》上，《劉宗周全集》第二冊，第400頁。
〔註336〕《學言》下，《劉宗周全集》第二冊，第457頁。

根本的判斷，那就是「看《大學》不明，只爲意字解錯，非干格致事」〔註337〕。
具體到陽明之學，也是同樣的問題：

> 所云良知，亦非究竟義也。知善知惡與知愛知敬相似，而實不同。
> 知愛知敬，知在愛敬之中；知善知惡，知在善惡之外。知在愛敬中，
> 更無不愛不敬者以參之，是以謂之良知。知在善惡外，第取分別見，
> 謂之良知所發則可，而已落第二義矣。且所謂知善知惡，蓋從有善
> 有惡而言者也。因有善有惡，而後知善知惡，是知爲意奴也。良在
> 何處？又反無善無惡而言者也，本無善無惡，而又知善知惡，是知
> 爲心祟也。良在何處？……只因陽明將意字認壞，故不得不進而求
> 良於知。仍將知字認粗，又不得不退而求精於心。〔註338〕

前儒講學的種種弊端歸結到一點就是將意字解錯認壞。朱子視意爲心之所
發，發而有不中節，有過不及，所以需要以格致之工夫以誠之。從性質上說，
這時的意就相當於感性情感。陽明在知的問題上迥異於朱子，但在意的問題
上卻與朱子如出一轍。良知知善知惡，這是沒有問題的。問題在於良知對善
惡之知是在善惡分判之前已知呢，還是在善惡分判之後才知？善惡分判在於
意之動，這個問題也就是問：良知是在意之先，還是在意之後？如果良知在
意之先，在善惡分判之前已知，然而卻出現了善惡，那就又會帶來兩個問題，
要麼良知不是良能，不能阻止善惡，知也白知，要麼良知不是良知，不能知
道善惡何時分判。這兩個問題都是陽明所不樂於見到的。良知肯定是良知，
不必多說。良知也肯定是良能，否則就又落入了朱子之「性體無力」的老問
題。如果良知在意之後，在善惡分判之後才知，那問題就更嚴重，良知是跟
著善惡走的，是跟著意走的。這樣一來，「知爲意奴」、「知爲心祟」，良知就
不再是主宰，而成了意之奴僕。於是良知就落入第二義了，這也是陽明所不
願意見到的。但這兩個問題又的確是從陽明之學中引出來的。陽明之學之所
以會出現這種問題，根本原因就在於陽明「將意字認壞」，進而也就「將知字
認粗」。所以意是比良知更爲根本的東西，需要往前一步，先把意字辨明。

　　蕺山辨意是從兩個方面來進行的：一是意念之辨，二是心意之辨。蕺山
說：「辨意不清，則以起滅爲情緣；辨心不清，則以虛無落幻相。」〔註339〕

〔註337〕《學言》中，《劉宗周全集》第二冊，第 422 頁。
〔註338〕《語類》十《良知說》，《劉宗周全集》第二冊，第 317～318 頁。
〔註339〕《學言》下，《劉宗周全集》第二冊，第 452 頁。

這句話前半句其實是意念之辨，後半句其實是心意之辨。

　　意念之辨就是道德情感與感性情感之辨。這一點比較明朗，也容易理解。蕺山說：「意之好惡，與起念之好惡不同。意之好惡，一機而互見；起念之好惡，兩在而異情。以念爲意，何啻千里？」〔註340〕好惡是情感的形式，既可以指道德情感，也可以指感性情感。意之好惡是道德情感，道德情感至善無惡，未發爲中，已發即和。「一機而互見」即「存發一機」、「一理渾然」。蕺山嘗說：

> 人心之體，存發一機也。心無存發，意無存發也。蓋此心中一點虛靈不昧之主宰，嘗嘗存，亦嘗嘗發。所謂靜而未始淪於無、動而未始滯於有也。知此則知《中庸》之說矣。從前解《中庸》者，皆誤也。未發，以所存而言者也。蓋曰：自其所存者而言，一理渾然，雖無喜怒哀樂之相，而未始淪於無，是以謂之中；自其所發者而言，泛應曲當，雖有喜怒哀樂之情，而未始著於有，是以謂之和。〔註341〕

意之好惡一往皆善，本來無所謂存發，說個存發也只是爲了方便理解。念之好惡是感性情感，感性情感可以爲善，也可以爲惡。可善可惡就是「兩在而異情」。念之好惡之所以有善有惡、可善可惡，源於念之性質。蕺山對念有一個明確的定義：

> 今心爲念，蓋心之餘氣也。餘氣也者，動氣也，動而遠乎天，故念起念滅，爲厥心病。故念有善惡，而物即與之爲善惡，物本無善惡也；念有昏明，而知即與之爲昏明，知本無昏明也；念有眞妄，而意即與之爲眞妄，意本無眞妄也；念有起滅，而心即與之爲起滅，心本無起滅也。故聖人化念歸心。〔註342〕

念是從心來說的，念是心之餘氣。蕺山以氣之流行說心性情，不但說「喜怒哀樂，一氣流行」〔註343〕，還說「人心一氣而已矣」〔註344〕。我們知道，這不但是從氣之流行，而且是從氣之所以流行、氣之序而言的。心是一氣流行，是氣之序，念是心之餘氣，是氣序之亂。良知之心本來虛明不昧、至善無惡、無

〔註340〕《學言》中，《劉宗周全集》第二冊，第412頁。
〔註341〕《語類》十一《答董生心意十問》，《劉宗周全集》第二冊，第338～339頁。
〔註342〕《學言》中，《劉宗周全集》第二冊，第417頁。
〔註343〕《學言》下，《劉宗周全集》第二冊，第457頁。
〔註344〕《學言》下，《劉宗周全集》第二冊，第435頁。

起無滅，心之餘氣則有昏有明、有善有惡、有起有滅，所以念就有昏有明、有善有惡、有起有滅。與此相應，念之好惡當然也就有昏有明、有善有惡、有起有滅。這就需要化念歸心，化感性情感之過與不及而歸於無過不及。當然這並不是說心與念就是同一的了，也不是說念之好惡與意之好惡是同一的了，而只是說念及其好惡受到節制，由無序成為有序，最終走上正途正道罷了。

　　心意之辨其實是心性之辨。蕺山不滿意於前儒的一個地方就是將意字解錯，將意字認壞，其錯其壞就在於說意是心之所發。蕺山不這樣認為，他要對意重新定位。在此之前，首先要明確蕺山對心的認識：

　　　　夫心，覺而已矣。覺動而識起，緣物乃見。物交物，則引之而已矣。

　　　　覺離本位，情識熾然，聰明乘之，變幻百出，其最近而似焉者為理

　　　　識。〔註345〕

此心一真無妄之體，不可端倪，乃從覺地指之。覺者，心之主也。心有主則實，無主則虛，實則百邪不能入，無主焉反是。〔註346〕

　　蕺山之心與陽明之心基本一致，都是良知之心，是道德的直覺。只不過在蕺山這裏，心的良能性稍顯不足，不但會「覺動識起」，而且還會「覺離本位」。心的良能性之不足也正是蕺山對良知不放心的地方。所以他認為心不是第一義的，有必要尋找到一個比心覺更可靠的道德保證，這個保證就是意，意也就是性。蕺山就從這個問題意識出發，重新定位意，重新安排心與意的內在關係。

　　蕺山重新定位意，是從重新定義意開始的。蕺山從一動一靜兩個方面對意進行了重新定義。從動的方面來說：「心所向曰意，正如盤針之必向南也。……心所之與心所往異」。〔註347〕意是好善惡惡之好惡，是心之所向。動可以指意之動，也可以指心之動。指意之動來說，就是意之好惡；指心之動來說，就是心之所向、心之所之。從心之動而言，意是不動的。用蕺山那個有名的比喻來說，意就是指南針之向南性，這是不動的。從靜的方面來說：「意者，心之所存，非所發也。……意無所為善惡，但好善惡惡而已。好惡者，此心最初之機，惟微之體也。」〔註348〕意是心之所存，不是心之所發。心是良知之心，知善知惡。上一節分析過，良知之心雖然知善知惡，但心之本體

〔註345〕《證學雜解》九，《劉宗周全集》第二冊，第266頁。
〔註346〕《證學雜解》十一，《劉宗周全集》第二冊，第267頁。
〔註347〕《語類》十一《商疑十則·答史子復》，《劉宗周全集》第二冊，第343頁。
〔註348〕《學言》上，《劉宗周全集》第二冊，第390頁。

卻是無善無惡的。這就是陽明「四句教」之第一句「無善無噁心之體」。意是心之所存，當然也是無善無惡的。通過一動一靜兩個方面的重新定義，蕺山就對意進行了重新定位，重新安排了心與意的關係。在陽明那裏，良知之心是第一義的，是理論之基點。但在蕺山這裏，意向上翻了一層，越過良知之心成了理論的基點，成了第一義的。

意被重新定義、重新定位以後，意與心的關係發生了對翻。在陽明那裏，意是要由心來規定的，到了蕺山這裏，心則要以意來規定。「意者，心之所以為心也。止言心，則心只是徑寸虛體耳。著個意字，方見下了定盤針，有子午可指。然定盤針與盤子，終是兩物。意之於心，只是虛體中一點精神，仍只是一個心，本非滯於有也，安得而云無？」〔註349〕蕺山所說「心只是徑寸虛體」，這是有所指的。按陽明的話說，心是虛靈明覺。按蕺山的分析，「心體渾然至善。以其氣而言，謂之虛；以其理而言，謂之無。至虛，故能含萬象；至無，故能造萬有」〔註350〕。如果只說心，總是給人以虛無感。陽明后學龍溪一路之玄虛而蕩即從此而來。所以需要對心做進一步的規定，這就是意。意是良知之心徑寸虛體中的「一點精神」。如果心是盤子，意就是定盤針。一句話，意就是心之所以為心者。

心之所以為心者，就是能夠對心進行進一步規定的東西。在宋明理學中，「心之所以為心者」是有定指的，這就是性。蕺山也承認這一點：「性即心之所以為心也」。〔註351〕性是心之所以為心者，意也是心之所以為心者，而心之所以為心者只能有一個，所以意與性也就必定為一。可見，心意之辨其實就是心性之辨。意是對心進行進一步規定的東西，也就意味著性是對心進行進一步規定的東西。這就是通常所說的，蕺山以性天之尊來對治王門後學的玄虛而蕩。

不過，在理解心意之辨時，有一點需要特別注意，這就是心意為一。意被重新定位，心與意的關係被重新安排，意就成了第一義的，是理論的基點。但是我們並不能因此就認為蕺山是析心與意為二。意之重新定位，心與意之關係的重新安排，只是把意的地位擢高到心的位置並加以側重和強調，這樣一來，意就是第一義的了，就好像是意越過了心。其實，意並沒有越過心，

〔註349〕《語類》十一《答董生心意十問》，《劉宗周全集》第二冊，第 337～338 頁。
〔註350〕《學言》中，《劉宗周全集》第二冊，第 410 頁。
〔註351〕《學言》下，《劉宗周全集》第二冊，第 457 頁。

而是同於心，與心成爲一種東西了。兩者都是第一義的，意就是心，心就是意。正是考慮到這一點，蕺山在說意是心之定盤針的時候，又補上一句「然定盤針與盤子，終是兩物。意之於心，只是虛體中一點精神，仍只是一個心」〔註 352〕，還說必須「將盤子打碎，針子拋棄」〔註 353〕，「心與意分不得兩事」〔註 354〕。這都是爲了避免裂心意爲二而所做的強調。意性爲一，心意爲一，也就是心性爲一。心是陸王之學的一貫主旨，在這個大方向上，蕺山是不會有所偏離的。

通過意念之辨和心意之辨，蕺山之學的義理結構就很明朗了，這就是心意性爲一，而意是道德情感，所以其義理結構也就是心性情爲一。

意念之辨是道德情感與感性情感之辨，由之標示出的是意與心爲一，道德情感與良知之心爲一。化念歸心一方面是將氣之餘氣化歸於心，使之不再昏惡不明，另一方面也是將念之好惡化歸於意之好惡。念之好惡即感性情感，意之好惡即道德情感。所以化念歸心必然包含著心與意的同一，也就是良知之心與道德情感之爲一。

心意之辨是心性之辨，由之標示出的是意與性爲一，道德情感與天命之性爲一。心意之辨通過重新定義意而重新定位意，意被擢升或復歸爲第一義，是心之所以爲心者，也就是性，意就是性，意與性爲一。意是道德情感，性是天命之性，意與性爲一也就是道德情感與天命之性爲一。

意與心爲一，就是良知之心與道德情感爲一，意與性爲一，就是道德情感與天命之性爲一，再加上心即理即性的一貫宗旨，蕺山之學整個就是心意性爲一，或心性情爲一。蕺山本人對此也明確的表示：

> 心意之辨明，則性情之辨亦明。心與意爲定名，性與情爲虛位。喜怒哀樂，心之情，生而有此喜怒哀樂之謂心之性；好惡，意之情，生而有此好惡之謂意之性。蓋性情之名，無往而不在也。即云意性、意情亦得。意者，心之意也；情者，性之情也。〔註 355〕

這段話涉及了蕺山心性之學的四個主要概念，即心、意、性、情。這四個概念之間的關係說得也非常繁複。從心來說，意是心之意，情是心之情，而「凡

〔註 352〕《語類》十一《答董生心意十問》，《劉宗周全集》第二冊，第 337～338 頁。
〔註 353〕《語類》十一《答董生心意十問》，《劉宗周全集》第二冊，第 340 頁。
〔註 354〕《文編》三《答史子復》，《劉宗周全集》第三冊，第 379 頁。
〔註 355〕《語類》十一《商疑十則·答史子復》，《劉宗周全集》第二冊，第 344 頁。

所云性，只是心之性」〔註356〕；從意來說，性是意性，情是意情；從性來說，情是性之情。但萬變不離其宗，歸結到一點仍然是心性情爲一。我們知道，朱子有「心統性情」之說，張南軒有「心主性情」之說，蕺山對這兩種說法都不滿意，他批評說：「『心統性情。』終是泥水不清。」〔註357〕「張說爲近，終是二物。曷不曰『心之性情』？」〔註358〕「心之性情」就是蕺山對心性情爲一的最後表白。

　　心性情爲一是思孟學派完整的義理結構，蕺山清楚地注意到了這一點。他論《中庸》說：

　　　　《中庸》則直以喜怒哀樂逗出中和之名，言天命之性即此而在也，此非有異指也。惻隱之心，喜之變也；羞惡之心，怒之變也；辭讓之心，樂之變也；是非之心，哀之變也。是子思子又明以心之氣言性也。……

　　　　嗚呼，此性學之所以晦也！然則尊心而賤性，可乎？〔註359〕

蕺山說《中庸》以喜怒哀樂逗出中和之名，天命之性即在其中，這眞是把話說到家了。後儒多不明於此，這就是性學之所以晦而不明的關鍵所在。當然，蕺山說《中庸》以心之氣言性，這有些強爲之說。蕺山之所以有此強爲之說，這是他對儒學內化及其發展過程不夠清楚所致。對儒學內化不清楚，也就不可能正確地判斷《中庸》在儒學內化過程中所承擔的課題。上文說過，《中庸》言性不言心，旨在完成道德情感之內化，而未及良知之心之內化，當然也就無所謂「以心之氣言性」。

　　蕺山論《中庸》稍有所失，但論《孟子》則相當準確。他以喜怒哀樂配四端之心說：

　　　　惻隱，心動貌，即性之生機，故屬喜，非哀傷也。辭讓，心秩貌，即性之長機，故屬樂，非嚴肅也。羞惡，心克貌，即性之收機，故屬怒，非奮發也。是非，心湛貌，即性之藏機，故屬哀，非分辨也。又四德相爲表裏，生中有克，克中有生，發中有藏，藏中有發。〔註360〕

　　　　孟子以惻隱、羞惡、辭讓、是非之心，徵性之善，猶曰：「有心善，有心不善。」故曰：「有性善與不善。」惟《中庸》以喜怒哀樂言之，

〔註356〕《學言》下，《劉宗周全集》第二冊，第465頁。

〔註357〕《語類》十一《商疑十則・答史子復》，《劉宗周全集》第二冊，第346頁。

〔註358〕《學言》下，《劉宗周全集》第二冊，第471頁。

〔註359〕《語類》九《原性》，《劉宗周全集》第二冊，第281頁。

〔註360〕《學言》中，《劉宗周全集》第二冊，第421頁。

> 人孰無喜怒哀樂者？當其未發謂之中，及其已發謂之和，乃所以為
> 善也。惻隱之心，喜之發也；羞惡之心，怒之發也；辭讓之心，樂
> 之發也；是非之心，哀之發也。喜怒哀樂之未發，則仁義禮智之性
> 也。〔註361〕

拋去其中四端四情之比附配對，可以說蕺山完整地看到了孟子之學的特徵，這就是以四端之情論良知之心，又以良知之心論仁義禮智之性，最終是心性情為一。

心性情雖然為一，但它們畢竟是三個名稱，畢竟有其形式上的區分。於是，心性情三者是同一而又有區分的關係。這種關係，蕺山用合與分來表示，心性情為一是「合而言之」，心性情三名是「分而言之」：

> 理，一也。得於心為德，本於生為性，蘊於性為情，達於情為才，
> 宣於初為命，體於自然謂之天。〔註362〕

> 喜怒哀樂，所性者也。未發為中，其體也；已發為和，其用也；合
> 而言之，心也。〔註363〕

> 分而言之，燦然情也，情一知也；合而言之，渾然性也，性一智也。
> 〔註364〕

從本質上說，心、性、情、理、天、命是一，都是道德的內在根據和形上本體。這就是「合而言之」。它們的不同是形式上的區別，是為了方便從各個角度、各個側面理解道德本體，這就是「分而言之」。蕺山曾根據朱子引用蘇東坡的詩句說，分而言之就是「橫看成嶺側成峰」。〔註365〕心性情三者的分合言之，蕺山又稱為「離心而見」和「即心而見」：

> 性情之德，有即心而見者，有離心而見者。即心而言，則寂然不動，
> 感而遂通，當喜而喜，當怒而怒，當哀而哀，當樂而樂。由中導和，
> 有前後際，而實非判然為二時。離心而言，則維天於穆，一氣流行，
> 自喜而樂，自樂而怒，自怒而哀，自哀而復喜。由中導和，有顯微
> 際，而亦非截然分為兩在。然即心離心，總見此心之妙，而心之與

〔註361〕《學言》中，《劉宗周全集》第二冊，第412～413頁。
〔註362〕《學言》下，《劉宗周全集》第二冊，第463頁。
〔註363〕《學言》下，《劉宗周全集》第二冊，第471頁。
〔註364〕《學言》下，《劉宗周全集》第二冊，第439頁。
〔註365〕《學言》下，《劉宗周全集》第二冊，第457頁。

性，不可以分言也。〔註366〕

「離心而見」和「即心而見」是以心為坐標而對性情之同一關係所做的描述性說明，「離心而見」就相當於「分而言之」，「即心而見」則相當於「合而言之」。無論是即心而見，還是離心而見，這都是形式上的區分，而在實質上心性情是為一的，是決不能分離的。

心性情為一是思孟學派的完整義理結構：心是良知之心，情是道德情感，性是天命之性，三者渾然為一，不可割裂，而且各有其職，缺一不可。可是，陽明對道德情感的分疏和強調不夠，以至於王門後學對兩種情感不分，最終導致任情縱欲，認欲為理，認情為性。這就是情識而肆的理論來源。陽明推尊良知，在某種程度上忽略了對天命之性的強調。蕺山稱之為「尊心而賤性」〔註367〕。天命之性代表的是必然而定然的客觀性，賤視這一客觀性，當然就會流於完全的主觀性。這就是玄虛而蕩的主觀起因。

蕺山通過心意之辨、強調意性對心之規定，從而克治心之玄虛。除此之外，更可貴的是蕺山還曾注意到認知之心對克治玄虛流弊的作用。人無二心，良知之心與認知之心並非二心，良知與認知也並非二知：

> 蓋良知與聞見之知，總是一知，良知何嘗離得聞見？聞見何嘗遺得心靈？水窮山盡，都到這裏。〔註368〕

> 世謂聞見之知與德性之知有二，子謂聰明睿知非性乎？睿知之體，不能不竅於聰明而聞見啓焉，亦性聞見也。效性而動者，學也。今必以聞見為外，而欲墮體黜聰求睿知，並其睿知而槁矣，是墮性於空而禪學之談柄也。〔註369〕

聞見之知即認知，德性之知即良知。良知與認知「總是一知」，並非是說良知與認知在功能上毫無分別，而是為了強調兩者同出於一心，是為了強調心之兩種功能是不能分離的。非但不能分離，「睿知之體，不能不竅於聰明而聞見啓」，天命之性流行發用、顯露呈現很多時候還必須發揮心之認知功能，通過認知才能得以實現。從這個意義上說，認知與性也是同一的關係，蕺山造了一個彆扭的詞「性聞見」，用性來限定聞見，其用意就是想表明天命之性與聞

〔註366〕《學言》中，《劉宗周全集》第二冊，第413頁。
〔註367〕《語類》九《原性》，《劉宗周全集》第二冊，第281頁。
〔註368〕《學言》下，《劉宗周全集》第二冊，第452頁。
〔註369〕《論語學案》二，《劉宗周全集》第一冊，第373頁。

見之知的緊密關係。蕺山還注意到，王學玄虛而蕩之流弊就是源於陽明以良知覆蓋認知。「以聞見爲外」的意思就是良知覆蓋認知的一種習慣說法，「隳性於空而禪學之談柄」就是玄虛而蕩的另一種表達。

可惜的是，蕺山忙於以性天之尊來對治玄虛而蕩，這就使得他對認知之心的注意只局限於一時之偶然妙語，而沒能給予足夠的論證。如果眞能給認知之心以更多的重視，蕺山之說非但復歸了思孟學派心性情爲一的義理結構，也必將爲思孟學派發揮其社會價値增添新的道德力量。現在，這只能寄託於「新思孟學派」之橫空出世了。

附　論　《中庸》早出的疑點與推斷

引　言

　　北宋天聖五年（1027）四月二十一日，十八歲的仁宗皇帝在瓊林苑宴見新科及第進士一百九十七人（後來被戲說爲家喻戶曉的「包青天」包拯即名列其中）。這次宴見的議程之一，是年輕的仁宗皇帝向新科進士們「人賜御書《中庸》篇各一軸」〔註1〕，並由當朝宰相張知白逐句宣讀講解。〔註2〕

　　這次宴見，原本只是一個例行的選舉儀式。這個議程，原本只是一個慣常的公事程序。新科進士們獲贈的那本書，原本也只是一種象徵性的御賜禮器。但就是這次宴見，這個議程，這種禮器身份，改變了《中庸》的歷史命運，推動了儒學的義理轉向。〔註3〕這個改變，絕不亞於那些新科進士人生命

〔註1〕王應麟：《玉海》卷三四《天聖賜中庸》，《四庫》943/78 下。又，徐松《宋會要》卷五千六百九十六《選舉》二，《續四庫》781/18。

〔註2〕余英時推測：「這必是當時一大事。」（《朱熹的歷史世界──宋代士大夫政治文化的研究》（上），臺北：允晨文化公司，2003 年，第 131 頁）以至於不但記入宰相張知白傳中，而且宋元許多歷史文獻對此都有記載或轉錄。比如：陳均《九朝編年備要》第九，《四庫》328/281 上；范祖禹《帝學》卷四，《四庫》696/749 下；李燾《續資治通鑑長編》卷百五，第四冊，北京：中華書局，2004 年，第 2493 頁；彭百川《太平治迹統類》卷二六，《四庫》408/646 下；《翰苑新書後集》上卷十四，《四庫》949/590 上；《宋史》卷三百一十《張知白傳》，北京：中華書局，1995 年，第 10188 頁。

〔註3〕關於這件事的前因後果，可參見：余英時《朱熹的歷史世界》（上），第 130～139 頁；王曉薇《宋代〈中庸〉學研究》（未刊稿），河北大學 2005 年博士論文；鄭熊《宋儒對〈中庸〉的研究》（未刊稿），西北大學 2007 年博士論文；鄒憬《〈中庸〉成書公案與今本〈中庸〉的流傳與升格》（未刊稿），曲阜師範大學 2008 年碩士論文。

運的改變。這個改變，直接影響了十三年後范仲淹對張橫渠的「勸讀」。〔註4〕這個改變，更是促成了一百四十五年後朱子《中庸章句》的草就。〔註5〕當然，這個改變，也連帶出一個紛爭千年的無頭懸案，這就是《中庸》的作者歸屬和成書時間。

中國的文人學者向來有「暴發戶造譜牒或者野孩子認父親」〔註6〕的返根情結，這種情結也纏繞著《中庸》。像一夜成了名的人一樣，天聖五年以後，《中庸》的「譜牒」或「父親」開始受到前所未有的關注。有些人要造《中庸》的譜牒，由此形成了儒家的道統，另一些人則要毀《中庸》的譜牒，由此形成了一拔拔居心各異的反對派。道統及其「敵人」持之有故，言之成理，據理力爭，各執己見。但聚訟千載，莫衷一是，每一方都拿不出壓倒性的鐵證。從目前的情況來看，這種鐵證也是拿不出來的。可能永遠也拿不出來。我也拿出不來。好在這裏偏重於討論《中庸》的內在義理，而不是要在這個死角與人斤斤計較，必爭高下。既然是討論義理，就要有一些義理上的內在立場。這種內在的立場反過來也許可以幫助我們尋找到《中庸》作者歸屬和成書時間的一些蛛絲馬迹。

基於以上事實和思考，這裏把《中庸》作者和成書的考察做如下兩點處理：第一，只把《中庸》的作者與成書的討論作為一個附論來安排；第二，在附論中仍然對這個問題作一些有限的考察和推測。依此，這個附論就分為兩個部分：第一個部分考察千年來人們在這個問題上的熱鬧爭吵，而盡量冷眼旁觀；第二個部分則根據儒學的內化發展和《中庸》的內在義理，對其早出作一個大致的推斷。

第一節　《中庸》成書的九大疑點

《中庸》的作者是孔子嫡孫子思（前 483～前 402？），成書於孟子（前 372～前 289）之前、戰國初期。這種說法在兩宋以前很長一段時間裏，幾乎

〔註4〕 呂大臨：《橫渠先生行狀》，《張載集·附錄》，北京：中華書局，1978 年，第 381 頁。

〔註5〕 關於朱子《中庸章句》草成的具體時間，參見束景南《朱熹年譜長編》，上海：華東師範大學出版社，2001 年，第 480 頁；陳逢源《朱熹與四書章句集注》，臺北：里仁書局，2006 年，第 102 頁。

〔註6〕 錢鍾書：《中國詩與中國畫》，《舊文四篇》，上海：上海古籍出版社，1979 年，第 3 頁。

是無疑之「定論」。《史記·孔子世家》、《漢書·藝文志》、鄭玄（127～200）《禮記目錄》、《孔叢子·居衛》、《隋書·經籍志》、陸德明（550～630）《經典釋文序錄》、李翱（772～841）以及兩宋許多理學家，對此都有明確的表態。他們可以稱爲「傳統派」。北宋以降，「定論」之說始遭質疑。北宋歐陽修（1007～1073）率先發難，懷疑子思作《中庸》。南宋呂祖謙（1137～1181）、葉適（1150～1223）、王十朋（1112～1171），清葉酉、袁枚（1716～1797）、崔述（1740～1816）、俞樾（1821～1907），近人胡止歸等人，更是提供各種翔實的資料，辯難《中庸》爲子思所作。這些人可稱爲「懷疑派」。另外，南宋王柏（1197～1274）、日人武內義雄（1886～1966）、近人蔣伯潛（1892～1956）、馮友蘭（1895～1990）等人則根據《中庸》之文體繁複、思想錯綜等現象，折中諸說，調和其中。這些人可以稱爲「折中派」。簡單地說，關於《中庸》的作者與成書，歷史上有三派三種說法。一是傳統派。他們認爲：《中庸》是子思所述，子思門人編定，成於先秦。二是懷疑派。他們認爲：《中庸》是秦漢儒生僞作，並託名子思。三是折中派。他們認爲：《中庸》文本可分而言之，一部分爲子思述之、門人訂之，一部分爲秦漢儒生重新整理，並間雜其語。結論固然簡單，但辯難相當複雜。縱觀三派辯難的焦點，主要集中於以下九大問題。

一、「三同」

「三同」即《中庸》第廿八章的「車同軌、書同文、行同倫」。最早對此提出置疑的是王十朋。他曾懷疑地問道：

> 夫子傷周室之衰，三光、五嶽之氣分，故《春秋》書「王正月」以
> 大一統，是書（引者按：指《中庸》）乃曰：「書同文，車同軌。」
> 孔子之時，天下曷嘗同車書乎？〔註7〕

王十朋之懷疑有其理由：戰國之世，周主失色，諸侯紛爭，各自爲政，車同軌、書同文、行同文的一統景象絕無可能；《中庸》既有「三同」說法，其早出而爲戰國子思所作，便大可懷疑。

此後，懷疑派進一步提出了更多的證據，說明「三同」只能是秦始皇統一六國之後的景象，在戰國之世是不可能存在的。俞樾就曾說《中庸》「雖孔

〔註7〕王十朋：《王十朋全集·文集》卷八《策問》，上海：上海古籍出版社，1998
年，第704頁。

氏遺書，要是七十子後學者所爲」〔註8〕。後來他進一步將《中庸》成書時間往下劃至秦代。《湖樓筆談》卷一曰：

> 子思作《中庸》，漢時已有此說，太史公亦信之。然吾謂《中庸》或孔氏之徒爲之，而非子思所自爲也。《中庸》蓋秦書也。何以言之？子思之生當魯哀公時，其歿也當魯穆公時，是春秋之末而戰國之初。當是時，天下大亂，國自爲政，家自爲俗，而《中庸》曰「今天下車同軌、書同文、行同倫」，此豈子思之言乎？吾意秦並六國之後，或孔氏之徒傳述緒言而爲此書。秦始皇二十八年，《琅邪刻石》文曰「普天之下，傳心壹志，器械一量，書同文字」，二十九年之《之罘刻石》文曰「黔首改化，遠邇同度」，皆與《中庸》所言合。故知《中庸》作於此時也。〔註9〕

日人武內義雄沿襲俞說，並增加《史記·秦始皇本紀》二十六年「一法度衡石丈尺。車同軌。書同文字」及許慎《說文解字·序》「分爲七國，田疇異晦，車塗異軌，律令異法，衣冠異制，言語異聲，文字異形。始皇帝初兼天下，丞相李斯乃奏同之」兩處證據，以輔俞說。〔註10〕蔣伯潛、馮友蘭等依之。〔註11〕

針對王十朋的這種疑問，朱熹（1130～1200）曾有過直接的答覆。《中庸或問》載：

> 或問：子思之時，周室衰微，禮樂失官，制度不行於天下久矣，其曰「同軌同文」，何耶？曰：當是之時，周室雖衰而人猶以爲天下之共主，諸侯雖有不臣之心，然方彼此爭雄，不能相尚，下及六國之未亡，猶未有能更姓改物，而定天下於一者也。則周之文軌，孰得而變之哉？曰：周之車軌書文，何以能若是其必同也？曰：古之有天下者，必改正朔，易服色，殊徽號，以新天下之耳目，而一其心志，若三代之異尚，其見於書傳者詳矣。軌者，車之轍迹也。周人

〔註8〕 俞樾：《湖樓筆談》卷二，《續四庫》1162/372下。

〔註9〕 俞樾：《湖樓筆談》卷一，《續四庫》1162/356下。琅邪、之罘刻石文見《史記·秦始皇本紀》，北京：中華書局，1995年，第245、250頁。

〔註10〕 武內義雄：《子思子考》，《先秦經籍考》（中），江俠菴編譯，上海：商務印書館，民國二十年初版，第117～118頁。「一法度衡石丈尺。車同軌。書同文字」見《史記·秦始皇本紀》，北京：中華書局，1995年，第239頁；許慎《說文解字·序》見清王筠《說文解字句讀》卷二九，《續四庫》219/410。

〔註11〕 蔣伯潛：《諸子通考》，杭州：浙江古籍出版社，1985年，第335～336頁。馮友蘭：《中國哲學史》，上海：商務印書館，民國三十六年，第446頁。

尚輿，而製作之法，領於冬官，其輿之廣六尺六寸，故其轍迹之在
地者，相距之間，廣狹如一，無有遠邇，莫不齊同。凡爲車者，必
合乎此，然後可以行乎方內而無不通；不合乎此，則不惟有司得以
討之，而其行於道路，自將偏倚杌隉，而跬步不前，亦不待禁而自
不爲矣。古語所謂「閉門造車，出門合轍」，蓋言其法之同；而《春
秋傳》所謂「同軌畢至」者，則以言其四海之內政令所及者，無不
來也。文者，書之點畫形象也。《周禮》司徒教民道藝，而書居其一，
又有外史掌達書名於四方，而大行人之法，則又每九歲而一喻焉，
其制度之詳如此，是以雖其末流，海內分裂，而猶不得變也。必至
於秦滅六國，而其號令法制有以同於天下，然後車以六尺爲度，書
以小篆、隸書爲法，而周制始改爾。孰爲子思之時而遽然哉？〔註12〕

周秦各有其書同文、車同軌。周代的車以六尺六寸爲制，這是周代的「車同
軌」。秦代的車以六尺爲制，這是秦代的「車同軌」。「書同文」也一樣。也就
是說，周代有周代的車同軌書同文，秦代有秦代的車同軌書同文。不能因爲
秦時有書同文車同軌，就認爲這是秦的首創，而周代就不能其車同軌書同文
了。歷代得天下者必先齊其同，秦只是以其同代周之同罷了。

　　後世維護朱說者，主要從以下四個方面辯護「三同」景象在先秦已成事實，
不獨秦然。第一，「三同」在周代既爲可能，亦爲必須。明人胡友信〔註13〕、近
人陳槃〔註14〕還從周代「三同」之可能性、現實性和必須性上說明周室立國之
後，爲確保交通過往暢通，信息傳達迅速，有必要也有可能促成「三同」，這也
是姬周國祚得以綿延八百年的基本保證之一。

　　第二，周室已有「三同」之制。清人江永（1681～1762）、凌曙（1775～

〔註12〕《中庸或問》下，《朱子全書》6/601-602。從朱子的自問自答中並不能看出是
　　　　直接針對王十朋之疑難，之所以說朱子此處是對王氏之疑的「直接的答覆」，
　　　　是因爲兩人疑答所涉及的都是「三同」之前兩同即車同軌、書同文，這應不
　　　　是偶然之巧合。另外，與朱子同時的洪邁（1231～1202 年）對「書同文」也
　　　　有論涉。但洪氏所涉及的僅爲《左傳》，似不必因《中庸》「三同」而發。不
　　　　過，洪氏之說可以視作對此問題的一條外證。（《容齋隨筆》卷五《三代書同
　　　　文》、卷十四《揚之水》，《四庫》851/309 上、382 上）
〔註13〕胡友信：《書同文行同倫》，高塘集評《高梅亭讀書叢鈔·明文鈔五編》，《華
　　　　東師範大學圖書館藏稀見叢書彙編》第二十九冊，北京：北京圖書館出版社，
　　　　2006 年，第 655～656 頁。
〔註14〕陳槃：《中庸今釋別記》，《大陸雜誌語文叢書》第一輯第一冊，第 305～309
　　　　頁。

1829）等文獻詳細辨析了「車同軌，書同文」爲周制原有。〔註 15〕這在一定程度上支持了朱說。近人王國維（1877～1927）也指出先秦諸國篆文具有相通性。〔註 16〕這可以說是旁證了朱說。郭沫若（1892～1978）也認爲，秦之大一統只是一種新的統一，並不能以此證僞先秦已有「三同」存在。〔註 17〕

第三，先秦文獻已有「三同」之說。清人焦袁熹（1661～1736）和近人陳槃徵引《左傳》隱公元年「同軌畢至」，清人周柄中（1738～1801）徵引《管子・君臣上》「戈兵一度，書同名，車同軌」，於文獻上證明先秦已有「車同軌，書同文」之說。〔註 18〕

第四，「今」當訓爲「若」，「三同」景象僅表示一種理想而非一種事實。虛詞「今」在古代本來就有「若」和「將」的意義，表示一種假設口氣或將來時態。〔註 19〕李學勤即認爲《中庸》該句之「今」字當訓爲「若」，「三同」表示的只是對將來可能景象的一種理想的嚮往。〔註 20〕按俞樾所說，春秋戰國乃亂世，不可能有「三同」事實。然而，因其爲亂世，正好證明亂世之人最可能有「三同」之理想與嚮往。

「三同」問題應該說是懷疑派有力的內證之一。子思行於戰國，「三同」在戰國實爲不可能之事。《中庸》此處明言今天下「三同」，則第廿八章的「三同」等幾句話必非子思所作。傳統派之辯護雖然堪稱機巧，但是他們找到的

〔註 15〕 江永：《群經補義・中庸》，《四庫》194/44 下。淩曙：《四書典故考覈》，《續四庫》169/589 上。

〔註 16〕 王國維：《戰國時秦用籀文六國用古文說》，《觀堂集林》卷七，《民國叢書》第四編第 92 冊。

〔註 17〕 郭沫若：《十批判書》，《郭沫若全集》（歷史編）第二卷，北京：人民出版社，1982 年，第 143 頁。

〔註 18〕 焦袁熹：《此木軒四書說》卷一，《四庫》210/536。陳槃：《中庸今釋別記》，《大陸雜誌》第二十一卷第四期，第 306 頁上。周柄中：《四書典故辨正》卷四，《續四庫》167/444 下。

〔註 19〕 關於訓「今」爲「若」，可參見：吳昌瑩《經詞衍釋》，北京：中華書局，1956年，第 74 頁；裴學海《古書虛詞集釋》，北京：中華書局，1954 年，第 346～348 頁。「今」原有假設之訓，如：《論語・陽貨》「今女安，則爲之」（《論語》17.21），《孟子・梁惠王》「今王與百姓同樂，則王矣」（《孟子》2.1）。還可表將來時態，如：《史記・項羽本紀》「奪項止天下者，必沛公也，吾屬今將爲之虜矣」。

〔註 20〕 李學勤：《失落的文明》，上海：上海文藝出版社，1997 年，第 344～345 頁。謝祥皓、劉宗賢：《中國儒學》（成都：四川人民出版社，1993 年，第 242 頁）和孫以楷、陸建華、劉慕方《道家與中國哲學》（先秦卷）（北京：人民出版社，2004 年，第 361 頁）從之。

證據總是過於曲折，並不能形成有力的迴護。當然，「三同」等幾句話也許是前儒讀經時隨手所做的旁注，後人不明，遂誤竄入經文。果眞如此，這幾句話當然不可能是子思所作。但這只能說明這幾句話晚出，不能因之就說整個《中庸》皆爲晚出。

二、「華嶽」

「華嶽」問題就是由《中庸》第廿六章「華嶽」二字所引發的關於其作者「國籍」及時代的爭論。《中庸》第廿六章云：

> 載華嶽而不重，振河海而不洩。

從字面上看：嶽者，山也，華嶽即華山。華山鄰近咸陽和長安而遠離齊魯大地，稱引華山者應爲離華山較近的秦漢儒者。所以這一句話應是秦漢儒生而不會是魯國的子思所作。最早提出這個問題的是清人葉酉。袁枚在給葉酉的一封信中轉述了葉氏的看法：

> 《中庸》塡砌拖沓，敷衍成文，手筆去《論語》、《大學》甚遠，尚不如《孟子》。是漢儒所撰，非子思作也，其隙罅有無心而發露者。孔、孟皆山東人，故論事就眼前指點。孔子曰「曾爲泰山，不如林放」，曰「泰山其頹」，孟子曰「登泰山而小天下，挾泰山以超北海」。就所居之地，指所有之山，人之情也。漢都長安，華山在焉。《中庸》引山稱華嶽而不重，明明是長安之人，引長安之山，此僞託之子思之明驗，已無心而發露矣。〔註21〕

在這封信裏，葉酉提出了一個「論事就眼前指點」的創作原則。根據這個原則，古人在作文論事時，往往就近取材，根據眼前事物加以發揮。子思爲魯人，泰山在魯國，按照這一原則，《中庸》果爲子思所作，他最應該稱引的是家鄉的泰山而不是遙遠的華山。同理，華山更接近秦都咸陽和漢京長安，稱引華山之人也應該就在華山附近。所以「載華嶽而不重」這句話應該出自秦漢士人而非魯國的子思。進而可以據此推論，《中庸》既然有此一句，那麼它不應該出自魯國的子思，更可能是秦漢士人所爲。因此《中庸》的成書當晚至秦漢。

平心而論，葉酉這一疑難的確有他的道理。也正因此，葉氏此論一出，

〔註21〕袁枚：《小倉山房盡牘》卷八《又答葉書山庶子》，《袁枚全集》第五冊，南京：江蘇古籍出版社，1993年，第163頁。

學界紛紛響應。梁紹壬（1792～？）、俞正燮（1775～1804）、武內義雄、蔣伯潛、馮友蘭皆從之。〔註22〕袁枚稱讚葉酉「眞可謂讀書得間，發二千年古人所未有」，並非完全是文人之間客套的虛誇之辭。

當然，「論事就眼前指點」的創作原則只是一個大概的說法，沒有絕對的必然性，容許存在例外。郭沫若就認爲「載華嶽而不重」這一句話「無關重要」，因爲「與子思約略同時而稍後的宋鈃（引者按：宋鈃爲宋國人），便『作爲華山之冠以自表』，足見東方之人，正因爲未見華山而生景慕，忽近而求遠，仍人情之常，魯人而言華嶽，亦猶秦人而言東海而已」。〔註23〕郭氏的應答很巧妙。每個人的確都有景慕而忽近求遠的「人情之常」。比如大陸內地的小學生可以沒有見過大海，但這並不影響他們在寫作文時對大海作任意的暢想。即使子思從來沒有踏過進關內，從來沒有見過華山，但他總應該知道華山的大名。子思雖爲山東魯人，也可以對華山有所景仰和嚮往，那麼在其著作中稱引華山也符合「人之常情」。

相較於郭沫若，徐復觀（1903～1982）對「華嶽」疑難的反駁就更加堅定而細微。但徐復觀對這個問題的看法先後有一個曲折。他在《中庸的地位問題》（1956）一文中僅是猜測性地說「載華嶽而不重的一段話，可能是秦博士整理時加進去的」〔註24〕。也許他當時還沒有找到更自信的證據來對付葉酉提出的問題，只能快刀斬亂麻，把這句話劃出《中庸》之外。後來，他傾向於認定這句話也是子思原作。在《中國人性論史》（1962）一書中，他就修正了自己此前的劃割觀點。之所以修正，是因爲他找到了新的證據。這些證據可以證明，《中庸》所言之「華嶽」並非一座山而是兩座山，更非華陰之華山，而是山東齊魯大地的華山和嶽山。他找到的證據計有三條。第一條是「華嶽」一句後面的「河海」二字。《中庸》第廿六章不但有「華嶽」二字，還有「河海」二字。如果因華山遠離山東，齊魯儒者不會提到華山，同樣，河海遠離陝西，秦漢士子也應該不會提到渤海。《中庸》第廿六章「對山而言『寶

〔註22〕 梁紹壬：《兩般秋雨庵隨筆》，《續四庫》，1263/21 上。俞正燮：《癸巳存稿》卷二《中庸大學》，《俞正燮全集》第二冊，合肥：黃山書社，2005 年，第 82 頁。武內義雄：《子思子考》，江俠菴編譯《先秦經籍考》（中），第 120 頁。蔣伯潛《諸子通考》，第 332 頁。馮友蘭：《中國哲學史》，第 446 頁。

〔註23〕 郭沫若：《十批判書》，《郭沫若全集》（歷史編）第二卷，北京：人民出版社，1982 年，第 143 頁。

〔註24〕 徐復觀：《中庸的地位問題》，《中國思想史論集》，臺北：臺灣學生書局，1993 年，第 76 頁。

藏興焉』，對水而言『貨財殖焉』，這卻不是秦地儒者的口吻，因秦地無山海之利」〔註25〕。第二條是「載華嶽而不重，振河海而不洩」這句話的對仗句法。山水對舉成文。「河海」爲二水：河爲黃河，海爲渤海，那麼「華嶽」也應該是二山：華爲華山，嶽爲嶽山。「華山」一語應該讀斷作「華、山」，是兩座山而不能只視爲一座山。第三條是今山東之地就有華山與嶽山。山東原來就有兩座山，其名字是華山和嶽山。宋鈃所景慕之「華山」正是齊地之華山，而不是華陰之華山。

　　「華嶽」爲二山而非一山，早已有人指出。鄭玄（127～200）之注「本亦作山嶽」已顯端倪，但並沒有指明是何山何嶽。清代樊廷枚、周柄中、孫應科（1777～？）、王塋（1786～1843）都曾明言「華、嶽」爲二山，與「河、海」對舉成文。〔註26〕但他們的結論仍然是懷疑派的：「華」爲華山，「嶽」爲嶽（吳、岍）山，都在今陝西境內，這仍然意味著《中庸》此語爲秦漢儒者所作。

　　徐復觀費了很了大勁來證明「華、嶽」二山在齊魯境內，但他找到的證據實在勉強。山東之華山和嶽山無論如何只是兩座不起眼的小山，去泰山之大名甚遠。子思稱引山嶽，也應該有大名鼎鼎的泰山，而不會只是兩個不知名的小山。當然，懷疑派也其難點。他們找出很多文獻證明「華嶽」雖爲二山，而且仍在秦漢境內，也足夠聞名，但他們對「河海」究竟指哪二水，卻語焉不詳。只有王塋認爲河即黃河，海在孔子指渤海，在孟子指楚藪澤。這就是說「河海」二水在齊魯境內。這就出現了一個矛盾。一般說來，山水對舉，山水在地理位置上也應該符合就近原則。但這裏的「華嶽」二山在陝西，「河海」二水卻在山東，對舉之山水拉扯如此之遠，似乎不太符合古人創作規律。

三、「仲尼」

　　《中庸》在第三人稱敘事的情境下，兩次直接提到孔子之字「仲尼」：

> 仲尼曰：「君子中庸，小人反中庸。君子之中庸也，君子而時中；小
> 人之中庸也，小人而無忌憚也。」（第二章）

〔註25〕徐復觀：《中國人性論史・先秦篇》，第142頁。

〔註26〕樊廷枚：《四書釋地補》，《續四庫》170/13 下。周柄中：《四書典故辨正》卷四，《續四庫》167/444 下。孫應科：《四書說苑》卷二，《續四庫》170/601 下～602 上。王塋：《四書地理考》卷八，《續四庫》170/286 上。

仲尼祖述堯舜，憲章文武。（第卅章）

中國向有名諱傳統，子思及其門人稱呼孔子時應該知道避諱的。《中庸》直呼「仲尼」，那麼《中庸》就不應是子思或其門人所寫。這一問題也是王十朋首先提出的。他說：

> 弟子記聖人之言行，於《論語》皆稱子，如「子曰」及「子以四教」之類，蓋尊師重道之辭，未嘗有字聖人者。是書（引者按：指《中庸》）亦稱「子曰」，宜矣，而又有「仲尼曰」、「仲尼祖述堯舜」之語焉，豈有身爲聖人之孫，而字其祖者乎？〔註27〕

傳統派消解此問題的主要方法是把這兩處稱「仲尼」的語句定爲孔子自言，以避免子思直呼乃祖字諱的矛盾。元人胡炳文（1250～1333）即曰：

> 《中庸》第二章……與第三十章獨揭「仲尼」二字。「仲尼曰」，仲尼之言也，所言者，中庸也；「仲尼祖述堯舜」以下，仲尼之行也，所行者，皆中庸也。中和之論發於子思，中庸之論本於仲尼。〔註28〕

清人毛先舒（1620～1688）則更進一步認爲：「《中庸》當是夫子自撰之書，子思或爲綜次而引信之耳，其中即有所作，大抵亦是傳述夫子旨義，而要之，夫子語爲多」。〔註29〕

把這兩處定爲孔子自言，甚至《中庸》就是孔子自撰之書，的確可以避免字諱之疑。但這實屬強爲之辭，過於曲折。其實，對於這個問題還有一種更直接的解決方法，就是朱熹所說的「古人未嘗諱其字」〔註30〕。《中庸或問》載：

> 或問：此其稱仲尼曰，何也？曰：首章夫子之意，而子思言之，故此以下，又引夫子之言以證之也。曰：孫可以字其祖乎？曰：古者生無爵，死無諡，則子孫之於祖考，亦名之而已矣。周人冠則字而尊其名，死則諡而諱其名，則固已彌文矣，然未有諱其字者也。故《儀禮》饋食之祝詞曰：『適爾皇祖伯某父』，乃直以字而面命之。〔註31〕況孔子爵不應諡，而子孫又不得稱其字以別之，則將謂之何

〔註27〕 王十朋：《王十朋全集·文集》卷八《策問》，第704頁。

〔註28〕 胡炳文：《四書通》卷一《中庸通》，《四庫》203/52上。

〔註29〕 毛先舒：《聖學眞語》一卷，《四庫存目》子95/91下。

〔註30〕 《朱子語類》卷六三，《朱子全書》16/2056。

〔註31〕 《朱子語類》卷六三說：「近看《儀禮》，見古人祭祀皆稱其祖爲『伯某甫』，可以釋所疑子思不字仲尼之說。」（《朱子全書》16/2056）

哉？若曰孔子，則外之之辭，而又孔姓之通稱，若曰夫子，則又當
時眾人相呼之通號也，不曰仲尼而何以哉？〔註32〕

朱子認為，春秋戰國時代，對尊長先人並不諱稱其字。這從《論語》《孟子》
等書亦可看出。在《論語》中，孔門弟子除了敬稱乃師為「子」、「夫子」外，
也有稱孔子之字的。叔孫武叔詆毀孔子，子貢就說：「仲尼不可毀也。」（《論
語》19.24）《孟子》也有五次稱孔子之字的。〔註33〕在《論語》中，甚至還有
弟子直呼孔子之名。孔子讓子路問路於長沮、桀溺，長沮問子路：「夫執輿者
為誰？」子路答曰：「為孔丘。」（《論語》18.6）既然在《論語》和《孟子》
中，孔門弟子和孟子對孔子就可以直稱其字，甚至直呼其名。那麼子思或其
門人為何就不能稱孔子之字？

　　按照中國古代稱呼原則，稱呼長者、尊者是可以稱字的。《禮記》曰「不
逮事父母，則不諱王父母；……臨文不諱」（《禮記・曲禮上》1.56）。這裏提
供了兩條不避諱的原則：第一，如果父母早喪，是不避諱稱祖父母名字的；
第二，如果是寫文章，也可以不避諱。子思作《中庸》稱「仲尼」正符合這
兩條原則，王十朋之疑大可不必。當然，胡炳文的孔子自撰《中庸》之說也
言出無據。因為《論語》中孔子自稱其名「丘」者九處〔註34〕，卻沒有一處
自稱其字「仲尼」的。古人何時何地，無論尊卑，自稱都不能用字。《中庸》
稱「仲尼」正表明《中庸》非孔子所著，胡氏據「仲尼」而判《中庸》為孔
子之作，實在是矯枉過正，過猶不及。

　　其實，名諱現象的出現雖然較早，但名諱成一傳統則是秦漢以後的事兒。
眾所周知，韓愈有一篇《諱辯》的文章，指證了當時名諱現象之嚴酷。可見，
名諱在唐代已經頗成氣候。但韓文還說：「夫諱始於何時？作法制以教天下
者，非周公孔子歟？周公作詩不諱，孔子不偏諱二名，《春秋》不譏不諱嫌名。」
〔註35〕南宋王觀國也有一篇《名諱》，專門考察了名諱現象的由來演變。王氏
曰：「夏、商無所諱，諱自周始，然而不酷諱也」，「秦漢以來，始酷諱矣」。
王氏解釋說，「夏、周之時質，質則事簡，故無所諱。周之時文，文則事備，
故有諱而不酷諱也。秦漢以來，文乎文者也，文乎文則多事，多事則疑，疑

〔註32〕《中庸或問》上，《朱子全書》6/564。
〔註33〕《孟子》1.4、1.7、5.4、8.10、9.6。
〔註34〕《論語》5.25、5.28、7.24、7.31、7.35、10.16、11.15、16.1、18.6。
〔註35〕韓愈：《韓昌黎全集》卷十二《諱辯》，上海：世界書局，民國二十四年，第
　　　　194 頁。

則爲之防密矣。此其所以酷諱之也。」〔註36〕名諱現象在周代雖然也存在，但並不酷諱，還沒有成爲一種嚴格的禮制。秦漢以後，由於社會風氣重文輕質，酷諱才逐漸形成。韓愈《諱辯》就是對當時酷諱的抨擊。〔註37〕孔門弟子身處秦漢以前，酷諱尚未形成，當然也就有了弟子直呼師名的現象。因「仲尼」二字而疑子思作《中庸》，這明顯是以後來的歷史現象猜測以前的歷史事實，其結論只能是無稽之談。

四、文體不一前後兩分

從文體上說，晚周秦漢文獻約有兩體：一是記言體，一是議論體。今本《中庸》明顯有兩種文體：前半部分（第二至第十九章、第廿章前半）多是平實切用之記言體，後半部分（第一章、第廿章後半、第廿一至第卅三章）則多是隱曲繁晦之議論體。一般而言，同一作者之同一文獻，其文體應該大致統一。《中庸》在文體上的割裂，難免讓人懷疑其係出自一時一人之手。

最早注意到《中庸》文體前後不一的是王柏。他說：

《中庸》者，子思子所著之書，所以開大原立大本而承聖緒也。義理精微而實難於窺測，規模宏遠而實難於會通，眾說淆雜而實難於折衷，此子朱子以任其責，而後學亦已春融而冰釋矣。惟愚滯之見，常舉其文勢時有斷續，語脈時有交互，思而不敢言也，疑而不敢問也。一日偶見西漢《藝文志》有曰「《中庸說》二篇」，顏師古注曰「今《禮記》有《中庸》一篇」，而不言其亡一也，愓然有感，然後知班固時尚見其初爲二也，合而亂之，其出於小戴氏之手乎？彼不知古人著書未嘗自名其篇目，凡題辭皆後人之所分識，徒見其兩篇之詞義不同，遂從而參伍錯綜成就其總題已。天賦爲命，人受爲性，所賦所受，本此實理，故「中庸」二字爲道之目，未可爲綱，「誠明」二字可以爲綱，不可爲目。僕不揆妄僭，爲之索隱，取而析之，以類相從，追還舊觀。但見其綱領純，而辨也如此之精；條目疏，而理也如此之瑩。首尾相涵，可謂縝密，氣脈流通，可謂融暢。雖各題一「性」字，而其義不同，一原其性之所自來，一原其

〔註36〕王觀國：《學林》卷三《名諱》，北京：中華書局，1988年，第77、80頁。
〔註37〕即使在唐宋酷諱之風大盛之時，仍然有不避諱的現象。朱子說：「伊川亦嘗呼明道表德。如唐人尚不諱其名。」（《朱子語類》卷三，《朱子全書》16/2056）

性之所實有。雖然提一「教」字，而其旨亦異，一以行爲主，故曰
「修道」，一以知爲主，故曰「明誠」。始於天者終於天，始於誠者
終於誠，分限嚴而不雜，塗轍一而不差，子思子亦可以無遺憾於千
載之上矣。〔註38〕

王柏看到《中庸》「文勢」前後不一，並從《漢書‧藝文志》「《中庸說》二篇」
五字受到啓發，遂斷定《中庸》原爲兩部分，一部分是「中庸」，一部分是「誠
明」。但後人不明所以，將兩篇合而爲一，於是就有了《中庸》「文勢時有斷
續，語脈時有交互」的現象。

　　馮友蘭在王說的基礎上，進一步把《中庸》二分歸因於文體之不同：

然其（引者按：指王柏）所說，固已與吾人以不少提示矣。細觀《中
庸》所說義理，首段自「天命之謂性」至「天地位焉，萬物育焉」，
末段自「在下位不獲乎上」，至「無聲無臭至矣」，多言人與宇宙之
關係，似就孟子哲學中之神秘主義之傾向，加以發揮。其文體亦大
概爲論著體裁。中段自「仲尼曰，君子中庸」，至「道前定則不窮」，
多言人事，似就孔子之學說，加以發揮。其文體亦大概爲記言體裁。
由此異點推測，則此中段似爲子思原來所作之《中庸》，即《漢書‧
藝文志》儒家中之《子思》二十三篇之類。首末二段，乃後來儒者
所加，即《漢書‧藝文志》「凡禮十三家」中之《中庸說》二篇之類
也。〔註39〕

　　馮友蘭認爲，《中庸》前半是記言體，多是發揮孔子學說，後是議論體，
則是發揮孟子神秘主義傾向。馮說又爲蔣伯潛所說加發揮。陳澧（1810～1882）
曾區分記言體爲三種情況：即「聞而記之」、「傳聞而記之」和「傳聞而記之」
但「敷演潤色」。〔註40〕蔣伯潛據此進一步說：

陳氏所分三種記言體之區別，全在繁簡質文之間也。持此以衡《中
庸》，則全篇文體並不一致。自《中庸章句》之第二章至第十一章，
尚與《論語》相似，屬於第一種記言體；自第十二章至第十九章，
則與《坊記》、《表記》、《緇衣》等相似，屬於第二種記言體；第二
十章之「哀公問政……」，與《哀公問》、《仲尼燕居》、《孔子閒居》、

〔註38〕王柏：《魯齋集》卷十三《古中庸跋》，《四庫》1186/195。
〔註39〕馮友蘭：《中國哲學史》，第447～448頁。
〔註40〕陳澧：《東塾讀書記》卷九，《陳澧集》第二冊，上海：上海古籍出版社，2008
　　　　年，第164～165頁。

《儒行》等相似，屬於第二種記言體。其第一章及第二十一章以後，
則已非記言體而爲議論體矣。故以文體衡之，《中庸》殆非一人所撰，
且各段成書之先後，至不一律也。〔註41〕

王柏之說有開風氣之功，後來主張《中庸》二分之說無不導源於此。錢穆就曾
將《中庸》分爲「誠明篇」和「中和篇」兩篇。〔註42〕郭店楚簡和上博竹書問
世後，受出土竹簡文獻之文體與思想啓發，梁濤和郭沂也趨向於認爲《中庸》
應分爲「中庸篇」和「誠明篇」，「中庸篇」早出，「誠明篇」晚出。〔註43〕

從文體上分《中庸》爲兩部分，前半部分爲記言體，後半部分爲議論體。
對於這兩部分的作者，王柏以降，多認爲記言部分早出，議論部分可能晚出。
〔註44〕但這裏有一個問題：前半部分記言體純是記錄孔子之語，思想也當然
是孔子之思想，如果說只有這一部分出自子思之手，那麼子思自己的思想又
在哪裏呢？「就拿馮友蘭的分析來說，他認爲自第二章至第二十章的上半段
可能是子思的原作。但細察這幾章的內容，只有第十二章、第十四章、第十

〔註41〕 蔣伯潛：《諸子通考》，第 338～340 頁。

〔註42〕 錢穆：《中庸新義》，《民主評論》六卷第十六期（1955 年）；《中國學術思想史
論》（二），臺北：東大圖書公司，1980 年。由於錢文說《中庸》染有老莊思
想，故而晚出，由此引來一場不小的爭論。參與這場討論的有徐復觀和黃彰
健。徐復觀撰寫了《中庸的地位問題 —— 謹就正於錢賓四先生》一文（《民
主評論》七卷第五期，1956 年）。錢穆則撰寫《中庸新義申釋》（《民主評論》
七卷第一期，1956 年；後收入《中國學術思想史論》（二））以回應並迴護自
己的立場。這一下就更熱鬧了，徐復觀接著又寫了《有關思想史的若干問題》
（《人生》第 169～170 期，1957 年；後收入《中國思想史論集》，臺北：臺灣
學生書局，1993 年），其中第三點就是檢討《易傳》《大學》《中庸》與老莊的
關係。黃彰健也撰寫《讀錢賓四先生中庸新義申釋》（上、下）（《大陸雜誌》
第十二卷第九至十期，1956 年），加入了這次討論。

〔註43〕 梁濤的討論見其《郭店楚簡與〈中庸〉公案》，《臺大歷史學報》第 25 期（2000
年 7 月）；《荀子與〈中庸〉》，《邯鄲師專學報》2002 年第 2 期；《郭店竹簡與
思孟學派》第五章第二節，北京：中國人民大學出版社，2008 年。郭沂之說
見其《〈中庸〉成書辨正》，《孔子研究》1995 年第 4 期；《郭店竹簡與先秦學
術思想》第三章，上海：上海教育出版社，2001 年。李文波曾對《中庸》分
爲上下部分進行了比較系統的考察。（《〈中庸〉成書再辨正》，《南京社會科學》
2005 年第 6 期）當然，楊朝明不同意這種說法，他分《中庸》爲四部分。（《〈中
庸〉成書問題新探》，《河南科技大學學報》（社會科學版），2006 年 10 月第
24 卷第 5 期）

〔註44〕 勞思光甚至認爲，《中庸》的記言部分「所記孔子之言，亦出傳聞，皆漢代儒
生所爲也」，因而整個《中庸》都是漢代作品，不可能是子思所作。（《中國哲
學史》第二卷，第 49 頁）

五章，有子思自己的話，而且也是引述孔子的思想，談不上獨創的見解。如果子思所寫的中庸就是這些，我們實在看不出他有什麼特殊的表現。」〔註45〕「《中庸》上半，是子思之學，後半是與子思無關係，據此想像，則《中庸》哲學上之價值甚薄矣。」〔註46〕為了避免子思無獨創見解、《中庸》無哲學價值，就必然要承認今本《中庸》雖然文體不一，但其思想仍是一體，而不能遽然兩分。

五、遣詞用字有秦漢痕迹

《中庸》用詞問題可以看作是文體文風問題的細化。學者們在分析《中庸》文體的過程中，發現《中庸》前後文體之不同，一定程度上是由於作者使用的詞彙不同。這就涉及歷史語言學問題。不同歷史時期的作者使用的詞彙無論是在構詞方法上，還是在詞語之內涵與外延上，都有其歷史性，也就是說，一些詞組、一些詞義只有發展到了一定的歷史時期才有可能出現。那麼使用這些詞組和詞義的文獻便不可能早於這一歷史時期，同時在這些詞組和詞義發明以前的古人，當然也就不可能使用它們來著書寫作了。

從構詞方法上看，雙音詞之出現晚於單音詞是漢語發展的一個內部規律。〔註47〕楊澤波先生從《中庸》文本的首章和後十三章中挑出「化育」、「經綸」、「中和」、「高明」等十個相當重要的複詞，經過統計學的分析發現，「《孟子》之前還沒有出現上述十個複詞，所以首章和後十三章的作者不可能早於《孟子》。到了《荀子》之後，經過《韓非子》，再到《呂氏春秋》，上述一些複詞已顯端倪，但範圍和頻率都還趕不上今本《中庸》首章和後十三章，所以首章和後十三章作者的年代不可能早於秦漢」。〔註48〕於是《中庸》這部分的作者也就不可能是子思了。但是同樣運用漢語單複詞發展的這條規律，郭沂通過把《中

〔註45〕吳怡：《中庸誠的哲學》，臺北：東大圖書公司，1984年，第9頁。吳怡還說：「從第二章直到第二十章前半段，既然都是引證或闡述孔子的思想，當然不能代表中庸作者的獨創見解。至於第二十七章到最後一章，既然都是讚歎之辭，顯然是有所本而不是思想的重心，最多只有輔助解釋之作用而已。那麼，剩下來真正是中庸的精髓自然只有第一章，及從第二十章後半段到第二十六章了。」（《中庸誠的哲學》，第35頁）

〔註46〕武內義雄：《子思子考》，《先秦經籍考》（中），第116頁。

〔註47〕王力：《漢語史稿》，《王力文集》第九卷，濟南：山東教育出版社，1988年，第451頁。

〔註48〕楊澤波：《孟子評傳》，南京：南京大學出版社，2000年，第41頁。

庸》的單音詞「知」、「學」及「問」與《孟子》的復音詞「智慧」、「學問」比較發現，「後者使用復音詞的頻率要大大高於前者」，因而「今本《中庸》必在《孟子》之前」。〔註49〕另一點與楊教授相似的是，郭氏所選較的詞彙也在《中庸》的後半部分，但他們卻得出了截然相反的結論。可見，單純運用漢語構詞發展規律來判斷《中庸》作者歸屬，也是有一定的冒險性的。

從詞義發展上看，詞語的意義有歷史性，一些詞語的意義要到一定的歷史時期後才出現，這個時期的作者們才能運用它們。武內義雄在比較《中庸》與《荀子》時發現，《中庸》「從第廿章至廿四章說誠之文，與荀子《不苟》之文相似，《不苟》比《中庸》之文章爲簡約，且彼是以誠爲養心之法，《中庸》更進一步，以誠爲貫天地人之原理，恐《中庸》此等之章，比《不苟篇》尤爲後出。果然，則中庸之後半截，乃在秦時代，子思後學傳演其上半截之文。」〔註50〕徐克謙也表達了相同的觀點。〔註51〕胡止歸更是樂此不疲，他詳細考證了代表《中庸》核心思想的「中庸」、「誠明」、「愼獨」、「性命」等詞語的語源及語義演變，尤其是認爲《中庸》首章即言中和，但「考『中和』一詞，《論》《孟》既未見有提出，其用於先秦諸子之著述中者，最早亦見於《荀子》一書」，而且「秦、漢以前『中和』一詞，乃多用於『樂』，形容『樂』之『適中』『和諧』……《中庸》未將『中和』用於『樂』，乃用於『人情』；並從『人情』又演繹及於『天道』之『中和』，此則爲荀子所未言」〔註52〕。還有，「中和」一詞用於「天地萬物」者，當源自董仲舒《春秋繁露‧循天之道》，因此《中庸》之中和思想不可能早於董仲舒舉《對策第一》（公元前134年）〔註53〕。胡氏之說不是首出，宋人林光朝（1114～1179）已曾懷疑《中庸》「似董仲舒所作」〔註54〕。

此外，《中庸》裏還有一些語段，似乎含有秦代政治色彩或帶有秦漢思想烙印，人們也據此證明《中庸》晚出。比如：《中庸》廿八章有「愚而好自用，賤而好自專，生乎今之世，反古之道，如此者，災及其身也」二十八字。武內義

〔註49〕郭沂：《郭店竹簡與先秦學術思想》，2001年，第439頁。
〔註50〕武內義雄：《子思子考》，《先秦經籍考》，第120頁。
〔註51〕徐克謙：《試論〈中庸〉基本思想的產生年代》，《齊魯學刊》1989年第2期。
〔註52〕胡止歸：《中庸章句淵源辯證》（上），《大陸雜誌語文叢書》第一輯第一冊，第359頁。
〔註53〕胡止歸：《中庸著作年代辯證》（中），《大陸雜誌語文叢書》第一輯第一冊，第323上、329下。
〔註54〕林光朝：《艾軒集》卷六《與鄭編修漁仲》，《四庫》1142/617上。

雄認爲這是反映《史記・始皇本紀》三十四年李斯上議書「五帝不相復，三代
不相襲，各以治，非其相反，時勢異也。今陛下創大業，建萬世之功，固非愚
儒所知，且越言乃三代之事，何足法也。異時諸侯並爭，厚招游學，今天下已
定，法今出一，百姓當家，則力農工，士則學習法令辟禁，今諸生不師今而學
古，以非當世，惑亂黔首……臣請以古非今者族，吏見知不舉者與同罪」之後
政治形勢的。〔註55〕再如《中庸》第卅章有「是以聲名洋溢乎中國，施及蠻貊，
舟車所至，人力所通；天之所覆，地之所載；日月所照，霜露所隊。凡有血氣
者，莫不尊親，故曰配天」一段，武內義雄認爲此似由《琅邪臺碑》之「日月
所照，舟輿所載，皆終其命，莫不得意」之句所傳演者。〔註56〕蔣伯潛亦認爲，
這是在歌頌秦並六國、一統天下後之盛況。因而，這些話當出自始皇一統後的
儒者之手，而不可能是子思所作。〔註57〕《中庸》第廿四章還有「禎祥」「妖孽」
之說，胡止歸認爲這是先秦諸子思想所未有，而爲董仲舒「災異」思想之「濃
縮之語」，因此《中庸》至多爲「董仲舒同時或稍後之作品」。〔註58〕這可能是
判定《中庸》成書時間最明確也是最晚的了。

六、思想虛高不類孔孟

　　文體文風和遣詞用字是《中庸》兩分的外在表現，思想風格則是其內在
表現。從思想內容上說，如果《中庸》果眞爲子思所作，《中庸》上承孔子，
下開孟子，其思想風格與思想內容與孔孟不應該有太大差別。但是《中庸》
的整體思想玄遠虛高，大不類於孔孟平實簡易的思想風格，而且有些地方甚
至流露出違背於孔孟的思想內容。這此不同於孔孟的思想風格和思想內容，
又多是秦漢以後才頻繁出現的，於是人們就懷疑《中庸》可能是後人所爲。
　　最早從思想風格上指疑《中庸》的是歐陽修。他曾懷疑地說：

　　　　禮樂之書散亡，而雜出於諸儒之記，獨《中庸》出於子思。子思，
　　　　聖人之後也，其所傳宜得其眞，而其說有異乎聖人者，何也？……
　　　　夫孔子必學而後至，堯之思慮或失，舜、禹必資於人，湯、孔子不

〔註55〕武內義雄：《子思子考》，《先秦經籍考》，第 119 頁。
〔註56〕同上書，第 120 頁。
〔註57〕蔣伯潛：《諸子通考》，第 336 頁。除此幾條證據外，傅武光《四書學考》（《國
　　　　立臺灣師範大學國文研究所集刊》第八期，第 792～793 頁）更是引用《石門
　　　　刻石》、《會稽刻石》等刻文，以證《中庸》所記爲秦時之政治實況。
〔註58〕胡止歸：《中庸著作年代辯證》（上），《大陸雜誌語文叢書》第一輯第一冊，
　　　　第 316～317 頁。

能無過，此皆勉人力行不息，有益之言也。《中庸》之誠明不可及，

則怠人而中止，無用之空言也。故予疑其傳之謬也。〔註59〕

歐陽修的疑問有兩點：第一，孔子尚必須學，而《中庸》卻說自誠明不學知之；第二，聖人尚且有過，而《中庸》卻說不勉而中、不思而得。根據這兩點，歐陽修感到《中庸》「虛言高論」、「無用之空言」，而「疑其傳之謬也」。王十朋和葉適提出了相似的疑問。王十朋說：「聖人以中庸爲至德，非大全君子，不能當其名，是書載夫子之言，有君子之中庸，有小人之中庸。夫既已小人矣，尚何中庸之有耶？」〔註60〕葉適也說孔子向不輕許人以中庸，而《中庸》卻說「君子中庸」，因此懷疑《中庸》「不專出子思」〔註61〕。葉適還說，中庸爲至德，孔子向不輕許人，就連孔門四科十哲都不輕傳，而「參也魯」（《論語》11.18），曾子的悟性應該不高於顏、閔，所以孔子不可能將中庸之道傳於曾子；加以「曾子之學，以身爲本，容色辭氣之外不暇問，於大道多所遺略，未可謂至」，而《中庸》思想卻「高者極高，深者極深」，與曾子的思想風格完全不同，所以「宜非上世所傳也」，更不可能經由曾子傳於子思。〔註62〕

　　除了思想風格外，《中庸》中還有一些內容，後人認爲與孔孟思想相違背。《中庸》第十三章「忠恕違道不遠」，王十朋認爲這是析道與忠恕爲二，與《論語》忠恕爲一以貫之道相違，因此這都是「有戾於吾夫子者」。〔註63〕《中庸》第十九章「治國其如示諸掌」與《論語・八佾》之文意有出入，宋人陳善認爲這段話應是漢儒誤讀《論語》而雜入之文。〔註64〕其它如首章言「未發已發」，鄭樵認爲子思、孟子於此有異。〔註65〕第十六章、第廿九章言「鬼神」，胡止歸認爲這與《論語・述而》、《先進》之鬼神觀相違。〔註66〕《中庸》暢言天道，鄒玉現認爲這與董仲舒所代表的春秋公羊派一脈相

〔註59〕歐陽修：《問進士策三首》，《歐陽修全集》（上）《居士集》卷四八，上海：世界書局，民國二十五年，第 327～328 頁。

〔註60〕王十朋：《王十朋全集・文集》卷八《策問》，第 704 頁。

〔註61〕葉適：《習學記言序目》卷八《禮記・中庸》，北京：中華書局，1977 年，第 110 頁。

〔註62〕葉適：《習學記言序目》卷四九《皇朝文鑒三・序》，第 738～739 頁。

〔註63〕王十朋：《王十朋全集・文集》卷八《策問》，第 703～704 頁。

〔註64〕陳善：《捫虱新話》下集卷三《漢儒誤讀論語》，俞鼎孫、俞經輯《儒學警悟》卷三八，第 784～785 頁。

〔註65〕鄭樵：《六經奧論》，《四庫》184/104。

〔註66〕胡止歸：《中庸著作年代辯證》（上），《大陸雜誌語文叢書》第一輯第一冊，第 316 頁上。

承，因此得出結論說「《中庸》的產生只能在思、孟之後，而不會在此之前；
它的作者，也只能是思、孟的後學，而不可能是孟子以前的子思」。〔註67〕
第廿八章言「反古之道」，勞思光認為這與孔門尊古傳統相反，「此已足見此
文之後出」。〔註68〕崔述把這些意見總結到一起，肯定地說：

> 孔子、孟子之言皆平實切於日用，無高深廣遠之言。《中庸》獨探賾
> 索隱，欲極微妙之致，與孔、孟之言皆不類。其疑一也。《論語》之
> 文簡而明；《孟子》之文曲而盡。《論語》者，有子、曾子門人所記，
> 正與子思同時；何以《中庸》之文獨繁而晦，上去《論語》絕遠，
> 下猶不逮《孟子》？其可疑二也。……由是言之，《中庸》必非子思
> 所作。蓋子思以後，宗子思者之所為書，故託之於子思，或傳之久
> 而誤以為子思也。其中名言偉論蓋皆孔子、子思相傳之言；其或過
> 於高深及語有可議（若「追王大王、王季」之類）者，則其所旁採
> 而私益之者也。〔註69〕

從歐陽修、崔述等人的指責來看，《中庸》因為思想虛高、不切日用，似乎有
違孔孟，所以絕非子思所作。但「思想虛高」涉及兩個問題：一是虛高問題，
一是思想問題。虛高是一個相對的概念，既然是相對的，就不能完全歸罪於
著作本身。蘇軾（1037～1101）即說，子思作《中庸》原為平常之道，虛高之
說只是後人理解上的問題，是「昔之儒者，求為聖人之道而無所得，於是務
為不知之文」。〔註70〕思想是不斷發展的，既然要發展，就不可能老是只談些
大白話，有時「虛高」也可能是思想發展的必然趨勢。程大昌（1123～1195）

〔註67〕鄒玉現：《關於〈中庸〉的作者及著作年代》，《山西大學學報》（哲學社會科
　　　　學版）1990 年第 1 期。

〔註68〕勞思光：《中國哲學史》第二卷，第 50 頁。

〔註69〕崔述：《洙泗考信餘錄》卷三《子思》，《崔東壁遺書》，上海：上海古籍出版社，
　　　　1983 年，第 397～398 頁。呂思勉對崔氏疑古之心態頗不以為然：「近人盛稱其
　　　　有疑古之功，此特門徑偶然相合，其實崔氏考據之學，並無足稱。漢、宋二學
　　　　所以不同者，宋學重理，漢學重事。宋學家先有其所謂理者，橫亙於胸中，然
　　　　後覓事實以佐成其說。漢學家則本無成見，搜採事實，排比考索，而其說乃出
　　　　焉。此今人所謂主觀、客觀之殊，亦即歸納、演繹二法之異，漢、宋學之不同，
　　　　其本在此。若夫參伍錯綜，而知前人記載之不審，讀書勤苦精密者，類能為之，
　　　　未必遂堪以考據名家也。崔氏考證，雖若深密，然其宗旨實與宋人同，故其見
　　　　解多不免於迂腐。雖能多發古書之誤，實未能見古事之真。」（《呂思勉論學叢
　　　　稿·讀〈崔東壁遺書〉》，上海：上海古籍出版社，2006 年，第 708 頁）

〔註70〕蘇軾：《東坡全集》卷四十一《中庸論》上，《四庫》1107/567。

也認爲，孔子與子思所處的時代不同了，因此其著書立說的風格亦當不同，蓋「夫子之設教也以人，人未進是，則不躐等以告，故《論語》一書皆仁義禮樂之具，至爲道日損以上無詔焉。子思之著書也以道，道苟在是，則盡發所見，展竭無餘，不問世之能與乎否也，而遂逆設以待。故《論語》所載率寓遠指於爾言之中，而《中庸》所書並出舊見於難言之地，非子思而敢戾於夫子也，其所指各有以也」〔註71〕，所以《中庸》與孔子的意旨仍然是一脈相承的。承接蘇程二氏之辯解，清人翟灝對這一問題有過綜合的評說：

> 歐陽氏疑《中庸》所傳有異乎《論語》之旨，不知《論語》乃聖人垂教之言，時時以之策勵學者，三千之徒莫不共聞，故不得不降己言之。《中庸》乃傳道之言，非可語則不語，雖高明如子貢，初時尚不得聞。子思懼其失傳，勉爲推揚，垂之曠世，而世儒猶莫之知，必待千餘年後，得聞道大儒，方能重闡其義。終以其微妙而難知也。故朱子配合四書必以此書次《論》《孟》後，不令學者躐等及之。東坡作《中庸論》，亦如歐陽之意，云其務爲不可知之文，庶幾乎？後世之以我爲深知之也，夫以己之未知，而遂疑聖言之虛高無益，不進而求其知。二子實已自怠棄矣，猶得以怠人中止，爲他人慮哉？此二子之所以終未聞道也。〔註72〕

崔氏「終未聞道」之評與子思「道爲知者傳」之說，何其相似。但其述蘇軾之言，疑非東坡本意。因爲蘇氏並不認爲《中庸》本身爲虛高，而是後人根據《中庸》誤爲虛高之文罷了。退一步講，按程大昌和翟灝所說，《中庸》即爲「虛言高論」，但虛者自虛，高者自高，如果大旨與孔孟相同，則仍不失思孟血脈。如鄭樵《六經奧論》就認爲《中庸》與《孟子》「傳道有淺深」，「其間不能無毫釐之別」，但是「其立論則同，其明道則一，而少有毫釐之差」。〔註73〕所以從思想虛高來判作者歸屬，終難服人。

〔註71〕程大昌：《考古編》卷六《中庸》第一，俞鼎孫、俞經輯：《儒學警悟》卷二七，第573頁。子思的文章風格和思想風格幽曲難明，這一點早在《孔叢子‧居衛》中已經稍顯端倪。子思適宋，宋國大夫樂朔問：「凡書之作，欲以喻民也，簡易爲上，而乃故作難知之辭，不亦繁乎？」子思的答覆是：「書之意兼復深奧，訓詁成義，古人所以爲典雅也。昔魯委巷亦有似君之言者，伋答之曰：『道爲知者傳，苟非其人，道不傳矣。』今君何似之甚也！」事後，子思就作了《中庸》。子思既有此文論，如果《中庸》果爲所作，其思想風格可想而知。

〔註72〕翟灝：《四書考異》，《續四庫》167/27上。

〔註73〕鄭樵：《六經奧論》卷五，《四庫》184/104上。

七、晚周諸子不稱引《中庸》

　　梁啓超曾提出十二條古書辨僞公例，其中第一條是「前代從未著錄或絕無人徵引而忽然出現者，十有九皆僞」。〔註74〕根據這條公例，要想證明《中庸》早出於孟子，必須找到兩條證據：一是《孟子》或之前典籍曾著錄《中庸》書名，二是《孟子》或之前典籍曾稱引《中庸》內容。

　　最早提及《中庸》書名及其作者的是《史記‧孔子世家》，此前不曾有文獻著錄《中庸》。《莊子‧天下》、《荀子‧非十二子》和《韓非子‧顯學》在先秦文獻中，是帶有學術思想史性質的論著，對先秦諸子思想多少會涉及一些。但幾部作品都未曾提及《中庸》。《荀子‧非十二子》雖然有「子思唱之，孟軻和之」一段批評性文字，但並無明確稱引《中庸》。《韓非子‧顯學》則把「思孟」打開來說，子思之儒與孟氏之儒並列孔學八派之二，其餘也沒有提供任何子思作《中庸》的信息。《莊子》《荀子》等文獻因門派之爭或門戶之見不提《中庸》，而《中庸》《孟子》同屬思孟學派，《孟子》應該提到《中庸》吧。但是《孟子》提到子思之名凡十六次，卻沒有一次提到《中庸》。於是王十朋就懷疑：「孟子學於子思者也，七篇之書稱子思多矣，獨無一言及其師之書，又不知是書果子思作否耶？」〔註75〕當然，「孟子的書，根本是不完全的，（今存的《孟子》止七篇，而據《漢書‧藝文志》則是十一篇），所以顧炎武舉出好幾條《孟子》遺文，現在的《孟子》書上是沒有的（詳《日知錄》七《孟子外篇》）。《孟子》既有佚文，那麼他辯論性善問題的時候，到底有沒有提到像《中庸》裏頭的話，我們是不可能斷定的。就是沒有，我們也不能說，《中庸》這話，是孟子以後的人寫的。」〔註76〕

　　至於稱引《中庸》，涉及古書引文的規範問題。古書引文有明引與暗引兩種形式。明引包括兩類：一是引文作者、書名和內容同時出現，其形式是「某某人某某書曰」；二是引文內容出現，而作者、書名只現出其一，其形式是「某某人曰」或「某某書曰」。西漢劉向《說苑‧敬愼》說：「《中庸》曰：『莫見乎隱，莫顯乎微；故君子能愼其獨也。』」這是明引《中庸》之始。暗引只出現引文內容，而作者和書名不同時出現。暗引包括三類：一是原文

〔註74〕梁啓超：《中國歷史研究法》第五章，《飲冰室合集》第 10 冊，《飲冰室專集》七三，北京：中華書局，1989 年，第 85 頁。

〔註75〕王十朋：《王十朋全集‧文集》卷八《策問》，第 705 頁。

〔註76〕陳槃：《大學中庸今釋》，臺北：國立編譯館，1984 年，第 5～6 頁。

引用，即引文與原書文句相同；二是原文引用但每有增減異同，這是古書引用的常見現象〔註77〕；三是轉文引用，即引用者將原文轉化為自己的語言，只述其思想大要。《史記·平津侯主父列傳》引《中庸》第廿章一處〔註78〕、《爾雅·釋詁》引《中庸》二十餘處〔註79〕，就是第一類暗引。金德建《司馬遷所見書考》以《中庸》相關內容逐句比照《荀子·非十二子》〔註80〕，胡止歸溯源《中庸》章句，他們所採用的方法就是第二類暗引。一般來說，明引要比暗引更能確定引文的成書和作者。

　　無論是明引還是暗引，《孟子》之前都沒有文獻引文用《中庸》。《孟子·離婁上》第十二章與今本《中庸》第廿章有兩段材料，一般視為引用與被引用的關係。

《中庸》第廿章	《孟子·離婁上》
在下位不獲乎上，民不可得而治矣。獲乎上有道：不信乎朋友，不獲乎上矣；信乎朋友有道：不順乎親，不信乎朋友矣；順乎親有道：反諸身不誠，不順乎親矣；誠身有道：不明乎善，不誠乎身矣。誠者，天之道也；誠之者，人之道也。誠者，不勉而中，不思而得，從容中道，聖人也。誠之者，擇善而固執之者也。	孟子曰：「居下位而不獲於上，民不可得而治也。獲於上有道：不信於友，弗獲於上矣；信於友有道：事親弗悅，弗信於友矣；悅親有道：反身不誠，不悅於親矣；誠身有道：不明乎善，不誠其身矣。是故誠者，天之道也；思誠者，人之道也。至誠而不動者，未之有也；不誠，未有能動者也。」（《孟子》7.12）

〔註77〕　俞樾：《古書疑義舉例》卷三《古書傳述亦有異同例》、《古人引書每有增減例》，《古書疑義舉例五種》，北京：中華書局，1983年，第44～48頁。

〔註78〕　《史記·平津侯主父列傳》（北京：中華書局，1995年，第2952頁）載公孫弘上書：「臣聞天下之道五，所以行之者三。曰君臣、父子、兄弟、夫婦、長幼之序，此五者天下之通道也。智、仁、勇，此三者，天下之通德，所以行之者也。故曰：『力行近乎仁，好問近乎智，知恥近乎勇。』知此三者，則知所以自治；知所以自治，然後知所以治人國。天下未有不能自治而能治人者也，此百世不易之道也。」唐司馬貞《索隱》曰：「此語出《子思子》，今見《禮記·中庸》篇。」

〔註79〕　劉建國：《先秦偽書辯正》，西安：陝西人民出版社，2004年，第234頁。

〔註80〕　金德建：《司馬遷所見書考》，上海：上海人民出版社，1963年，第155～161頁。

　　這兩段材料文句稍異，意旨極近，幾乎重出，應該是引用與被引用的關係。但問題是誰引用誰。是《中庸》引用《孟子》呢，還是《孟子》引用《中庸》？如果是前者，《中庸》當早出於孟子；如果是後者，《中庸》就晚出於孟子。

　　很多人傾向於《中庸》引用《孟子》，所以《中庸》晚出。崔述說：「孔子、子思之名言多矣，孟子何以獨述此語？孟子述孔子之言皆稱『孔子曰』，又不當掠之爲己語也」。〔註81〕《孟子》還是比較重視引文規範的，引用孔子的話往往都標明「孔子曰」。但《孟子》對這一段話直接標明是「孟子曰」，而不是「子思曰」或「《中庸》曰」，這就有兩種可能：第一種可能是孟子有掠美之嫌，第二種可能是孟子自得之語。「掠美」或如崔述所說的「掠之爲己語」，按現代引文規範來說，就是「抄襲」或「剽竊」。說孟子「剽竊」，這是辱沒聖賢。那麼就是後一種可能，「《中庸》此章乃取《孟子》語而推演之。……《中庸》之完成，似當在《孟子》成書以後也」。〔註82〕勞思光則進一步把《中庸》這段話與《淮南子‧主術訓》「士處卑隱……不能專誠」一段文字相對照，發現兩者「不唯大意相似，且均用『……有道，不……不……』之語法。其爲同一時代之作品，甚爲明顯。按《孟子》書中亦有類似之語，但與上引二文均有小異，則二文或皆取於《孟子》也」。〔註83〕《中庸》與《淮南子》是同一時代作品，當然晚出於孟子了。

　　也有人認爲是《孟子》引用《中庸》。首先，對於《孟子》的「孟子曰」三字，有人認爲這是《孟子》結書者的誤作。「《孟子》爲孟子及其弟子所共撰，其中相當一部分爲孟子之語而弟子記之。這樣，孟子弟子便很容易把孟子對前人之語的引述當作孟子本人的話。」〔註84〕其次，從兩處文本來看，《孟子》「至誠而不動者，未之有也，不誠未有能動者也」是《中庸》所不曾有的，這「顯然是屬於《孟子》徵引之後所補充的新意」。而且，《孟子》以「是故」一語引出誠者，也應該是《孟子》補充的新意，「估計這應當《孟子》徵引《中

〔註81〕崔述：《洙泗考信餘錄》卷三《子思》，《崔東壁遺書》，第 397 頁。梁啓超同崔說，見其《古書眞僞及其年代》，《飲冰室合集‧專集一百四》第 12 冊，北京：中華書局，1989 年，第 111 頁。

〔註82〕蔣伯潛：《諸子通考》，第 333～334 頁。

〔註83〕勞思光：《中國哲學史》第二卷，第 52 頁。

〔註84〕郭沂：《郭店竹簡與先秦學術思想》，2001 年，第 437 頁。吳怡則認爲，此處引文其實就是孔子語，所以有「孟子曰」，則是引證錯誤。(《中庸誠的哲學》，第 5 頁）但他沒有指明爲何是孔子語。

庸》原文之後再加以類似按語形式的一種語氣」。〔註85〕最後，從兩段話的思想來看，《孟子》中的「思誠者」應該是對《中庸》「誠之者」之發展，因而是《孟子》引自《中庸》。〔註86〕

可見，梁啓超的那條辨偽公例似乎並不能完全確定《中庸》晚出，也許《中庸》正是他所說的「十有九」之外的「十之一」。

八、子思「困宋」作《中庸》

歷史上有一種說法：子思被困於宋國期間作了《中庸》。這種說法最早源於《史記》。《史記·孔子世家》說子思「年六十二。嘗困於宋。作《中庸》」。〔註87〕《孔叢子·居衛》附會《史記》並發揮渲染曰：

> 子思年十六，適宋，宋大夫樂朔與之言學焉。朔曰：「《尚書》虞夏數四篇善也。下此以訖於秦，費效堯、舜之言耳，殊不如也。」子思答曰：「事變有極，正自當爾。假令周公、堯、舜更時異處，其書周矣。」朔曰：「凡書之作，欲以喻民也，簡易為上，而乃故作難知之辭，不亦繁乎？」子思曰：「書之意兼復深奧，訓詁成義，古人所以為典雅也。昔魯委巷亦有似君之言者。伋答之曰：『道為知者傳，苟非其人，道不傳矣。』今君何似之甚也！」樂朔不悅而退。曰：「孺子辱吾。」其徒曰：「魯雖以宋為舊，然世有讐焉。請攻之。」遂圍子思。宋君聞之，駕而救子思。子思既免，曰：「文王困於牖，作《周易》，祖君屈於陳、蔡，作《春秋》，吾困於宋，可無作乎？」於是撰《中庸》之書四十九篇。〔註88〕

明豐坊偽造魏《石經大學》，原碑之考正者虞松引漢賈逵之言曰：「孔伋居於宋，懼先聖之學不明，而帝王之道墜，故作《大學》以經之，《中庸》以緯之。」〔註89〕《孔叢子》和《石經大學》公認為偽，雅不足信。〔註90〕不過，這些

〔註85〕金德建：《司馬遷所見書考》，第154～155頁。郭沂也認為，在「不獲乎上」和「誠者，天之道也」之前，《孟子》分別多一聯結詞「而」和「是故」，「這其實已透露出《孟子》晚於《中庸》的消息」。（《郭店竹簡與先秦學術思想》，第437頁）

〔註86〕郭沂：《中庸成書辨正》，《孔子研究》1995年第4期；《郭店竹簡與先秦學術思想》，第437頁。楊澤波：《孟子評傳》，第47頁，注②。

〔註87〕《史記·孔子世家》，第1946頁。

〔註88〕《孔叢子·居衛》，第45～46頁。

〔註89〕轉引自張心澂編著：《偽書通考》（上冊·經部），上海：商務印書館，1957年，

材料有一個共同特點，就是子思作《中庸》的地點是宋國。

《中庸》只有一次提到宋，就是第廿八章：

> 子曰：吾説夏禮，杞不足徵也；吾學殷禮，有宋存焉；吾學周禮，
> 今用之，吾從周。

多數學者認爲，《中庸》這裏所轉載孔子之言，實爲綜合《論語・八佾》第九、十四兩章而來。《八佾》第九章說：「子曰：夏禮，吾能言之，杞不足徵也；殷禮，吾能言之，宋不足徵也。文獻不足故也。足，則吾能徵之矣」。《八佾》第十四章說：「子曰：周監於二代，郁郁乎文哉！吾從周。」〔註91〕

但是《論語》與《中庸》所記載的雖然是同一件事，它們的態度卻有一個很大的出入。《論語》說「殷禮，吾能言之，宋不足徵也」，殷禮在宋「不足徵」，「不足徵」暗示殷禮幾已蕩然無存。而《中庸》卻說「吾學殷禮，有宋存焉」，殷禮在宋尚存。《中庸》與《論語》在宋國之殷禮存廢的問題上，一存一廢，態度截然相反。

這就引來一個問題，子思是否可能爲《中庸》的作者？如果《中庸》確爲子思所作，那麼《中庸》引用孔子之語應該非常確當。但現在兩書對於宋國之殷禮存廢的態度卻大有出入。於是王十朋就疑問：

> 《語》（引者按：指《論語》）曰：「夏禮、殷禮吾能言之，杞、宋不
> 足徵也。」是書（引者按：指《中庸》）乃曰：「吾學夏禮，杞不足
> 證。吾學殷禮，有宋存焉。」又未知其孰是耶？〔註92〕

《論語》記載孔子之言應該是最有權威的。《中庸》與《論語》出現出入，只能是《論語》而非《中庸》。所以王氏的言外之意顯然是說《中庸》不是子思所作，否則不會出現這種出入。

針對王氏之疑，清人有「宋諱說」。閻若璩（1636～1704）從《孔叢子》得到啓發：

〔註90〕　第 512 頁。
胡止歸：《中庸章句淵源辯證》（中），《大陸雜誌語文叢書》第一輯第一冊，第 364 頁下。
〔註91〕　與《論語》和《中庸》的記載相關，《禮記・禮運》也曾記載：「孔子曰：我欲觀夏道，是故之杞而不足徵也；吾得《夏時》焉。我欲觀殷道，是故之宋而不足徵也；吾得《坤乾》焉。《夏時》、《坤乾》，皆文之僅存者也。」「孔子曰：吾觀周道，幽厲傷之，吾舍魯，何適矣。」一般認爲，《禮運》這兩處記載與《八佾》亦屬同源。
〔註92〕　王十朋：《王十朋全集・文集》卷八《策問》，第 704 頁。

向謂聖人之言述於賢人口中，少有改易，便不如聖人確。如《論語》
杞、宋不足徵，《中庸》易其文曰「有宋存」。案孔子七世祖正考父
得《商頌》十二篇於周之大師，歸以祀其先王。而孔子錄詩時亡其
七篇，此非宋不足徵之切證乎？觀「中庸其至矣乎」，及「明乎郊社
之禮」分明是子思增損隱括《論語》之文，此則改《論語》而失其
意，故不確。知我罪我，一聽世之君子，余則信孔子過篤耳，一時
聞者駭而安焉。越後二十餘年，歲寒夜水，老鰥無睡，忽憶《孔子
世家》末言「伯魚生伋字子思，嘗困於宋，子思作《中庸》」。不覺
豁然以悟，起坐歎曰：《中庸》既作於宋，易其文，殆爲宋諱乎？荀
子禮居是邑，不非其大夫，況宋實爲其宗國。……《孔叢子》雖僞書，
然載宋大夫樂朔與子思論《尚書》，朔以爲辱己，起徒攻子思。子思
既免，於是撰《中庸》之書，似亦未必全無因。則書中辭宜遜，且
爾時杞既亡而宋獨存，易之亦與事實合。〔註93〕

子思既「困」於宋，又得宋君搭救，不免要感恩於宋，說話口氣當然也應該
謙遜其辭。《中庸》與《論語》語辭態度上的出入，並不是子思有意曲解孔子，
只是「殆爲宋諱」。清人宋翔鳳（1179～1680）則進一步認爲：

《論語》爲弟子所述，非孔子親撰，與子思述孔子之意作《中庸》
無異，安得云賢人口中不如聖人之確乎？《中庸》一篇明《春秋》
之義也。……孔子作《春秋》，多刺高褒諱抑損之詞，故當時弟子述
《論語》，子游作《禮運》，皆云杞、宋俱不足徵，蓋深沒其詞。子
思作《中庸》又在後，遂抉發《春秋》之旨，申明王魯之誼，微言
始得而聞焉。〔註94〕

《論語》與《中庸》中的孔子之語都是後人所記。只不過孔子作《春秋》「多
刺高褒諱抑損之詞」，所以親炙孔教的《論語》編訂者說話也就不太客氣。但
《中庸》的時間較晚，於是就承《春秋》之旨，微言大義，說話稍微客氣。
總之，《中庸》與《論語》一樣，對宋存殷禮的說法雖然有一些出入，那只是
由於時代不同而用語不一罷了。

俗話說，拿人家的手軟，吃人家的嘴軟。從情理上來講，子思困宋，對

〔註93〕閻若璩：《四書釋地又續》卷上，《四庫》210/374。
〔註94〕宋翔鳳：《四書釋地辯證》下，《續四庫》170/456下～457上。但俞樾《古書
　　　疑義舉例》卷三第二十七例認爲宋氏附會《公羊》，屬之巧合，而以古書傳述
　　　有異有同解《中庸》此句。（《古書疑義舉例五種》，第44頁）

宋及其歷史在態度上應有所寬容，所以才會出現祖孫異說的情況。這就是「宋諱說」的主要用意。

「宋諱說」得到不少人的認可。蔣伯潛說：「《論語》記『宋不足徵也』。而《中庸》則曰『有宋存焉』者，殆以時正居宋，爲宋諱耳。則子思作《中庸》，在居宋時，宜若可信矣。」〔註95〕楊樹達也說：「閻氏此說至確。然則避忌變文，乃孔門之家法，又在周已然，不僅漢人爾矣」〔註96〕。

當然，「宋諱說」也遭到一些人的反對。胡止歸說：

> 《中庸》改《論語》之「宋不足徵」爲「有宋存焉」，意正與《論語》相反。（子思）因居於宋而避諱，乃謙遜其辭言「有宋存焉」，意謂其文獻則能足徵。子思既係一代賢儒，當不應謾言若是；雖或勉言合於禮，然竄改乃祖之言，以圖迎會當時，則子思作《中庸》一書，其立言之征實性，亦大可說矣。閻氏所云，似於理未安。〔註97〕

胡氏感到「宋諱說」「似於理未安」。其「未安」之「理」有兩條：第一，「子思既係一代賢儒，當不應謾言若是」，第二，「雖或勉言合於禮，然竄改乃祖之言，以圖迎會當時，則子思作《中庸》一書，其立言之征實性，亦大可說矣」。子思是一代賢儒，不會爲了一點小恩小惠就替人說話，更不會爲此竄改乃祖原話。所以《中庸》斷不是子思所作。

另外，還有人試圖用一種猜測性的方法來化解孔子、子思同指異說的矛盾。廖燠超曾大膽地說，《孔子世家》「子思作《中庸》」五個字「原爲讀史者的備註，後被誤抄入正文」，「是後人增竄的，不是司馬遷的原作」。而且，備註和誤抄的年代就是在南宋以後，「因爲只有南宋以後，人們才開始注意《禮記》中的《中庸》一篇」。〔註98〕這就把問題徹底化解了：子思可以困宋，但《中庸》不是他作的，祖孫之言合不合、困宋之時諱不諱等問題都不存在了。

〔註95〕蔣伯潛：《諸子通考》，第 330 頁。金德建說《論語·八佾》與《中庸》所記「同樣是記錄孔子當時所說的話，可是語氣分檔卻很顯明。《中庸》裏不再說起『宋不足徵』，而一定要說『有宋存焉』，這豈不顯然地就因爲是在宋國的地方寫作《中庸》的緣故嗎？惟其子思身在當地，聞見親切，就不能夠全部抹殺宋國的文獻爲『不足徵』，才不能不改變一下語氣，說做是『有宋存焉』了。」（《司馬遷所見書考》，第 162 頁）

〔註96〕楊樹達：《古書疑義舉例續補》卷一《稱引傳記以忌諱而刪改例》，《古書疑義舉例五種》，第 197 頁。

〔註97〕胡止歸：《中庸章句淵源辯證》（中），《大陸雜誌語文叢書》第一輯第一冊，第 364 頁。

〔註98〕廖燠超：《〈中庸〉作者獻疑》，《孔子研究》1990 年第 2 期。

然而，這種猜測要求必須考證出「子思作中庸」這五個字確實是後人竄入的。但這卻不是一個好對付的問題。至於說這五個字是南宋人備註和誤抄的，我敢負責地說，這肯定是廖氏的一時興會，想當然耳。我們已經知道，早在一千多前年的北宋天聖五年，人們已經開始注意到《禮記》中的《中庸》一篇。這是鐵定了的事實。再如史書所載，甚至早在兩晉南北朝時，《中庸》已經單行，開始受到注意。當然，由於晉戴顒和梁武帝蕭衍（464～549）的《中庸》著作沒有流傳下來，我不敢打這個包票。但絕對不會如廖氏所言，南宋以後人們才開始注意到《中庸》，而「子思作《中庸》」是南宋人的惡作劇。

九、子思終年及其作《中庸》時的歲數

關於子思年齡的說法很多，溯其根源，無不起於對《史記·孔子世家》中一句話的不同斷句。《孔子世家》云：

> 孔子生鯉，字伯魚。伯魚年五十，先孔子死。伯魚生伋，字子思，
> 年六十二嘗困於宋子思作中庸。

這句話前面一截的斷句向無疑義，問題出在最後十三個字的斷句上。這十三個字，歷來有兩種斷句法：一是「年六十二。嘗困於宋。子思作中庸」。這是現在通用的斷句；二是「年六十二嘗困於宋，子思作中庸」。宋蘇轍說：「子思年六十二作《中庸》。」〔註99〕這顯然是作第二種斷句。

這看似只是斷句上的小問題，但對確定子思一生壽命及判斷子思作《中庸》時的年齡，卻大有影響。如果按前一種斷句，「六十二」是子思一生的確切歲數，子思作《中庸》當在這六十二年之內。如果按照後一種斷句，「六十二」只是子思困宋作《中庸》時的年齡，子思一生就不只有六十二歲。

這為後世猜測子思一生歲數及其作《中庸》時的年齡提供了更大的想像空間。《孔叢子·居衛》篇說「子思年十六，適宋……撰《中庸》四十九篇」。《公儀》篇有子思與魯穆公討論《中庸》的記載，《記問》篇還有孔子與子思祖孫對答數語。〔註100〕子思未冠著書，屬於早熟一類的奇才。元代何異孫則說，「周威烈王十七年，魯穆公顯立，始尊事子思，……子思於是年作《中庸》」。〔註101〕子思作《中庸》是在魯穆公即位那一年，這就把子思終年定在魯穆公即位以後。

〔註99〕蘇轍：《古史》卷三一《孔子列傳》，《四庫》371/477上。
〔註100〕《孔叢子·記問》、《公儀》，第29～30、51～51頁。
〔註101〕何異孫：《十一經問對》卷二，《四庫》184/375下。

　　對於這兩種推斷，歷來亦有不同聲音。呂祖謙對《孔叢子》稱子思年十六撰《中庸》頗不以爲然，因爲「未冠既非著書之時」。〔註102〕孔子十五歲才志於學，子思才智不會過於乃祖，十六歲作《中庸》屬未冠著書，似乎於理不合。宋濂（1310～1381）對子思年齡亦頗懷疑：「子思年共六十二，魯穆公同時人。穆公之立，距孔子之沒七十年。子思疑未長也，而何有答問哉？」〔註103〕按照《孔子世家》的第一種斷句，子思是伯魚之子，終年六十二歲。伯魚卒於周敬王三十七年（公元前 483 年），子思至少要在周敬王三十七八年出生。〔註104〕所以子思出生距魯穆公元年（公元前 415 年）已經六十九年，決不可能値緣穆公，更不可能與穆公對答。

　　子思未冠著書的問題比較容易解釋。清代常增有一種「早慧說」。他認爲「聖門偉器，多在稚齡」，孔門弟子多在早年已有其成，如子夏年十九、子游年十八已稱文學，子賤二十有三，久仕單父。子思乃聖人之後，其才智應當有直追孔門諸賢，年十六作《中庸》並非完全不可能。〔註105〕劉建國則提出另外一種可能：按戰國初期的乘法歌訣，十六歲的標準說法就應是「十又六」，如《論語・爲政》「吾十有五」（《論語》2.4），六十歲的標準說法才是「十六」，如《列子》稱顏淵壽四八，就不應該理解爲四十八歲，而是三十二歲。那麼《孔叢子》的「十六」也應理解爲十個六，即六十歲，而不是十六歲。〔註106〕所以《孔叢子》說子思年十六作《中庸》其實是六十作《中庸》。順便提及的是，康有爲曾說過子思是在二十歲那一年作的《中庸》。〔註107〕但這可能是康氏一時興起的神來之語，實在不知何所據。

　　子思値緣穆公的問題稍微複雜。因爲很多文獻讓我們有理由相信，子思的確曾値緣穆公。郭店楚簡有魯穆公與子思對話八支竹簡。〔註108〕《孟子》亦有

〔註102〕呂祖謙：《大事記解題》卷一，《四庫》324/146 上。

〔註103〕宋濂：《諸子辯》，《宋濂全集》第一冊，杭州：浙江古籍出版社，1999 年，第 144 頁。

〔註104〕錢穆：《先秦諸子繫年》二六、五八，《錢賓四先生全集》第五冊，臺北：聯經出版公司，1998 年，第 60、199 頁。

〔註105〕常增：《四書緯》，《續庫本》170/481 下。

〔註106〕劉建國：《先秦僞書辯正》，第 232 頁。

〔註107〕康有爲：《萬木草堂口說・中庸》，《康有爲全集》第二集，上海：上海古籍出版社，1990 年，第 346 頁。

〔註108〕可參見李零《郭店楚簡校讀記》，北京：中國人民大學出版社，2007 年，第 109 頁；劉釗《郭店楚簡校釋》，福州：福建人民出版社，2005 年，第 177～179 頁。

四處記載魯繆（穆）公禮尊子思。〔註109〕可見，《孔叢子》稱子思值緣穆公的確不是虛說妄言。這就逼迫我們放棄《孔子世家》的第一種斷句，即不能定子思終年六十二歲，而要遠遠大於六十二歲。清人毛奇齡（1623～1716）《四書剩言》引王復禮之說，《史記》「六十二」係「八十二」之誤。〔註110〕郭沂根據漢代出土文獻字形，亦疑「六十二」乃「九十二」之誤。〔註111〕果如此，則子思值緣穆公、與孔子對答、年六十二作《中庸》等問題都灑然冰釋。

以上就是歷來關於子思作《中庸》的辯難和爭論。這九個方面的問題可以進一步歸結為三點。第一，前三個問題屬於內證。在這方面，懷疑派佔有一定的優勢。這就逼迫著傳統派為維護傳統的觀點，必須對這些出於《中庸》文本內部的矛盾提供解決辦法。但就目前的證據來說，傳統派並沒有更強力的文獻證據。所以很多辯護性說法多屬猜測臆斷。第二，傳統派在中間三個問題上始終具有一種堅信。對於思想長河中的子思與《中庸》來說，這三個問題並不具有特別強勢的證偽功能。這就為傳統派的堅信態度能夠一直存在提供了寬廣的空間。畢竟，文本流傳是一回事，思想創發是另一回事。在古代傳播技術不夠發達的情況下，兩者不可能完全同步。第三，最後三個問題多屬於折中派的旁證。這些折中的旁證，卻很能吸引人們的興趣。折中派在後三個疑點上秉持一種調和的態度，這是中國古籍中很多語句的意義多樣性給予他們的方便。

從這些辯論中可以看出，三派無論誰一時佔據上風，終歸都不能拿出足以服人的壓倒性證據。在目前並不能提供更多物質材料的情況下，傳統派的信念立場往往形成不了太強的維護力量，懷疑派提供的物質材料又有諸多的多解性，這時折中派的觀點就往往具有一定的吸引力。這也是時下多數人折中地認為《中庸》作者是一個群體性概念的原因。但無論如何，在當前的條件下，從文獻上來斷定《中庸》作者的具體歸屬和成書的確切時間，面對將來可能發掘的地下材料，都有很大的冒險性。

第二節　《中庸》早出之義理推斷

從義理上看，《中庸》是儒學內化的早期文獻，其成書應當早出在孔子之

〔註109〕《孟子·公孫丑下》（4.11）、《萬章下》（10.6、10.7）、《告子下》（12.6）。
〔註110〕毛奇齡：《四書剩言》卷三，《四庫》210/233。
〔註111〕郭沂：《孟子車非孟子考：思孟關係考實》，《中國哲學史》2002年第3期。

後、孟子之前。這裏的「早出」是就《中庸》的思想而非文字來說的。所謂義理推斷，即不局限於《中庸》的個別章句、字詞及文風等文本上的時代性，而是專注於《中庸》的義理，並把《中庸》的義理放於儒學內部的發展脈絡之中，以考察推定其出現時間。這種方法有兩點好處：第一，它可以照顧到傳統文獻關於《中庸》作者與成書的說法；第二，它可以一定程度上避免一些懷疑論者所製造的麻煩。這些懷疑論者老是拿地下的東西說事，他們會認爲，一位農民一不小心從地下挖出來的一片竹簡，可以把辛苦十年的文獻考證結論全盤推翻。確實，與先秦很多典籍一樣，從文獻考訂上對《中庸》的作者與成書做出任何確定的斷言，都是具有一定危險性的。但從義理上推斷，卻不致如此。即使哪一天有好事者突然從秦漢的一座古墓中「眞的」挖出一篇《中庸》來，也不能完全確定今本《中庸》晚出，更不能斷定《中庸》的思想就是秦漢人的手筆。這是顯而易見的。先秦的很多典籍都是經過後人多次整理編訂才保存下來的，在每次整理的過程中，我們不敢保證整理者就不會摻入他那個時代的語言習慣和文字風格。所以一本書的語言是後代的，但思想是前人的，這種情況也是極有可能的。

一、總問題：孔孟之間還是孔孟之後

　　《中庸》的整個思想是孔孟之間的一個必要環節還是孔孟之後的一種必然發展？這是從義理上推斷《中庸》作者及其時代的總問題。很明顯，這一問題預含著兩個結論：一是認爲《中庸》的思想應居於孔孟之間，二是認爲《中庸》的思想應在孔孟之後。在上一節的考察中，我們發現，從文獻上對《中庸》的作者與成書作推證時，除了傳統派和懷疑派之外，還有第三派，即折中派。但在進行義理推證時，折中派往往墮入第二個結論中，即《中庸》後出。因此，在推證《中庸》作者與成書時，義理的方法與文獻的方法有一個很大的不同。從義理上看，只有兩個結論，要麼是孔孟之間，要麼是孔孟之後，除此兩者，絕無第三條道路可走。現在就先來看兩派爭論的主要方面，然後再就這些方面的實際情況作一決斷和解釋。

　　胡適（1891～1962）曾主張第一種結論：

　　　　《中庸》古說是孔子之孫子思所作。大概《大學》和《中庸》兩部書都是孟子、荀子以前的儒書。我這句話，並無他種證據，只是細看儒家學說的趨勢，似乎孟子、荀子之前總該有幾部這樣的書，才

可使學說變遷有線索可尋。不然，那極端倫常主義的儒家，何以忽然發生了一個尊崇個人的孟子？那重君權的儒家，何以忽然發生了一個鼓吹民權的孟子？那儒家的極端實際的人生哲學，何以忽然生出孟子和荀子這兩派心理的人生哲學？若《大學》、《中庸》這兩部書是孟子、荀子以前的書，這些疑問便都容易解決了。

所以我以爲這兩部書大概是前四紀的書，但是其中也不能全無後人加入的材料（《中庸》更爲駁雜）。〔註112〕

胡適從儒家思想的內在發展上看出，孔子與孟、荀之間存在一些斷裂，而《中庸》、《大學》就是彌補這些斷裂的紐帶。由此他認爲《中庸》與《大學》應該在孔子以後、孟荀以前。

這裏之所以把胡適作爲第一種結論的典型代表，主要是考慮到胡適本人的治學主張。我們知道，胡適是實證主義的中國鼓吹者，他雖然說「大膽的假設，小心的求證」，但從實際的態度上看，他更強調「小心的求證」，更強調證據的權威性。但是他在這個問題上卻坦率承認，以上推斷「並無他種證據」。他所說的證據顯然是文獻材料上的證據。在上一節可以看到，也並非沒有文獻材料上的證據，以胡適的考據癖，他也不會不熟悉那些材料。但是那些文獻材料上的證據都不具有壓倒性的信服力，對於胡適這種對證據要求極高的人來說，那些材料可能根本不能稱得上證據，所以也就等於沒有證據。但是胡適又畢竟是有敏銳的思想洞察力的人，他感覺到，孔子與孟、荀之間的確存在一條裂縫，而且這條裂縫必須彌合起來，儒家思想才能暢適地發展。所以他不得不從義理上來對這種彌合作一個推測，這就是他所說的「只是細看儒家學說的趨勢」。一向熱衷考據的胡適迫不得已而轉到義理假設上來，這一事實也間接表明，關於《中庸》的作者和成書問題，文獻考證的法子似乎已經到了窮途末路，而義理推斷有可能是一種可取的方法。

當然，從胡適在孔子與孟、荀之間的思想關係中所找到的問題來看，他的眼界仍然是宏觀的，尚不細緻。說得刻薄一些，胡適對儒家哲學的主脈僅具有一種朦朧的意識，尚點不出孔子以降儒學發展的真正問題所在。

在義理推斷上的第二種結論中，有一種形態是所謂「回應說」。這種說法認爲，《中庸》是孔孟荀以後的儒家對道家形上思想之挑戰的回應，因此《中

〔註112〕胡適：《中國哲學史大綱》卷上，上海：商務印書館，民國三十六年，第280～281頁。

庸》應該在孔孟之後而非孔孟之間。王邦雄曾說：「先秦儒學的開展系列，是孔、孟、荀，下來才是大學、中庸、易傳。與孔、孟、荀並列的是道家，道家是老莊，與大學、中庸、易傳同時的是莊子『天下篇』」，「我是把大學、中庸、易傳及莊子『天下篇』放在同一個時代，因為它們都是兩家合流會通之後的產物。荀子還沒有，荀子還在反道家，在這裏荀子是一個重大的線索。」〔註113〕後來，其弟子高柏園把他的結論作了進一步的概括：

> 《中庸》至少在先秦及宋明階段，經過二次的轉折發展。在先秦時
> 期，《中庸》是代表儒家形上思想與實踐工夫相結合的精華，它不但
> 回應道家形上思想之挑戰，同時也反省及罪惡等人生負面之意義，
> 由此不但極成先秦儒學之形上思想，同時也是先秦儒學實踐工夫之
> 終教與圓教。其次，在宋明時期，宋明理學的先驅人物，如周濂溪、
> 張橫渠等，皆是由《中庸》《易傳》契入。此見《中庸》《易傳》在
> 當時必有其相應之歷史背景使其如此受重視。再觀朱子《中庸章句
> 序》，則不難瞭解宋明儒學重視《易傳》《中庸》及形上學的用心，
> 亦不外在希望重建道統，以回應佛老之學。〔註114〕

從這裏可以很明顯地看出，「回應說」是對朱子立場的一個直接反動。朱子在《中庸章句序》中歷數儒家道統，從古代聖王到孔子，中經曾子、子思再到孟子，最後發展至兩宋的時候，「異端之說日新月盛，以至於老佛之徒出，則彌近理而大亂眞矣。然而尙幸此書（引者按：指《中庸》）之不泯，故程夫子兄弟者出，得有所考，以續夫千載不傳之緒；得有所據，以斥夫二家似是之非」〔註115〕。在儒家道統的這個譜系裏，朱子把《中庸》置於孔、孟之間。根據王邦雄的理解，朱子之所以如此安置，是由於宋儒如果要用《中庸》對抗佛老，就必須首先認定《中庸》是孔孟的正傳。如果《中庸》不是子思的作品而是後起之作，宋儒以《中庸》對抗佛老，「等於是依據孔孟之後的作品，來對抗佛老，此對儒家而言，有兩大困難：一是置孔孟於何地，二是反證孔孟的儒學尙有不足之處」。〔註116〕因此，只有置《中庸》於孔孟之間，才能保

〔註113〕王邦雄：《中庸在中國思想史上的地位》，《儒道之間》，臺北：漢光文化公司，
　　　　1985 年，第 64、69 頁。「回應說」的前奏是所謂「影響說」，即《中庸》受
　　　　道家思想影響，比如馮友蘭早在《新原道》（第 51 頁）中就說過《中庸》作
　　　　者「受道家的影響」。
〔註114〕高柏園：《中庸形上思想》，臺北：東大圖書公司，1991 年，第 2～3 頁。
〔註115〕《中庸章句序》，《四書章句集注》，第 15 頁。
〔註116〕王邦雄：《〈中庸形上思想〉序》，臺北：東大圖書公司，1991 年。

證儒學的正統地位。朱子如此做，實在「是不得已的」，「是想當然耳」。〔註 117〕
他認爲，實際的情況應該是《中庸》後起於孟荀以回應道家的形上思想，《中庸》是儒家形上思想的極成，而後起於孟荀並不等於非儒家正統。

「回應說」是正統派與懷疑派在義理推斷上的一個折中。它承認《中庸》是儒家形上思想的極成，是對道家形上思想的回應，這保存了宋明儒學的問題意識。它又認爲《中庸》出於孟荀之後、兩漢以前，這又可以緩解《中庸》在文本上所遺存的秦漢痕迹問題。

但是正如其批評朱子的「正統說」一樣，「回應說」最終也不過是一種想當然。首先，如果《中庸》的形上思想的確是對道家形上思想的回應，但道家的形上思想究竟從誰算起？從老子還是從莊子？如果從莊子算起，那麼《中庸》當然應該是在莊子以後。但是如果《中庸》是對老子所代表的道家形上思想的回應呢？那就不能必然證明《中庸》晚出於莊子了。其次，如果《中庸》的形上思想不是對道家形上思想的回應呢？一般認爲，宋明儒學的超越追求是由於佛老的逼迫。「回應說」正是基於這一認識，認爲《中庸》的形上思想也是受了道家形上思想的逼迫。但是正如本論文第一章所說，《中庸》形上思想之極成，是儒學內在理路的必然發展，與道家形上思想並沒有必然的關係。如果說有關係，也是道家對儒家的回應，而不是相反。

「回應說」終究是外在地、對比地考察，而非內在地、獨立地分析。從思想上說，獨立地分析與對比地考察固然是雙重重要的。但是當我們最終必須對一思想做分解地思考時，獨立地分析就是第一序的。此時，對比地考察雖然有其重要性，但總是第二序的、輔助性的，不能憑此而決定被思考者的性質。

不過，從「回應說」的關注焦點來看，從義理上推斷《中庸》思想的形成時間，其實就是把《中庸》放於儒家形上思想的邏輯發展過程中來討論。《中庸》形上思想中最核心的要素是仁、天道、性命、誠、中、情等概念，而以仁爲基點。通過本書前面章節的討論，我們知道，儒家形上思想的發展，孔子創立仁學以後，仁在三個維度上同時向前發展。一是向上的維度，仁與天相接，形上之天是仁的終極根源。二個是向內的維度，仁與性逐漸結合，仁的內容得到確實，性的性質得到明確。三是向外的維度，情之激動作用和心之感知功能逐步凸顯，從而，仁性能夠更加自覺地在道德實踐中逐步得到實現。第一個維度是仁之超越發展的維度，第二個維度是仁之主觀內在發展的維度，第三個維度是

〔註 117〕王邦雄：《中庸在中國思想史上的地位》，《儒道之間》，第 61 頁。

仁之客觀外化發展的維度。但無論哪個維度，《中庸》思想都居於孔孟之間。以前已有人「從思想之發展上，以證明中庸乃論語與孟子之間的作品」〔註118〕，以下再從儒學發展之內在理路對這一結論作具體推證。

二、天道性命之上達與下貫

孔子以後，儒家面臨兩個形上課題：一是建立道德的本體，二是尋找道德的終極根源。前者是性命之學，後者是天道之論。儒家的理想是兩者打通為一，這就是天道性命相貫通。天道性命打通為一有兩條線路可走：一條是自下而上地貫通，這是上達的線路；另一條是自上而下地貫通，這是下貫的線路。具體到《論語》、《孟子》和《中庸》三書，《論語》、《孟子》走的是自下而上的上達線路，《中庸》走的是自上而下的下貫線路。但是上達的問題是孔子歿後立即提出的，還是晚至孟子始提出的？如果上達的問題是孔子創立仁學之後就立即提出了，那麼《中庸》的下貫思想是對這一問題的直接解答，則《中庸》早出於孟子。如果上達的問題是在孟子創立性善論之後才提出的，那麼《中庸》的下貫思想只是對孔孟仁性學說的歸結，則《中庸》晚出於孟子。

在義理上認定《中庸》晚出於孟子，除了上面所提到的「回應說」之外，還有一種理論形態，就是牟宗三（1909～1995）的「調適上遂說」。牟宗三說：

> 《中庸》在時間上本後於孟子。即就義理言之，《中庸》首章自「天命之謂性」說到「慎獨」、說到「致中和」，本是自客觀而超越的天命說下來。此是屬於「維天之命、於穆不已」一系之義理。而由「於穆不已」之天命說到性，而謂「天命之謂性」，並繼之言「率性之謂道，修道之謂教」，成為天道性命相貫通而為一，此種義理決不在孟子建立性善以前，必是在孔子踐仁知天，孟子盡心知性知天以後，推進一步而成之自天命處說之貫通論。〔註119〕

牟宗三還說，「曾子、子思、孟子、《中庸》、《易傳》之傳承即是本孔子仁教而展開者」。〔註120〕儒家的道統是自孔子下傳直至《易傳》，儒家形上學的基本線路是從孔子之仁到孟子之性再到《中庸》之天。孔子是踐仁知天，孟子是盡心知性知天，《中庸》是天命謂性。這是一條由內在到超越、先上達再到

〔註118〕徐復觀：《中庸的地位問題》，《中國思想史論集》，第 76 頁。
〔註119〕牟宗三：《心體與性體》第三冊，《牟宗三先生全集》（7），第 54 頁。
〔註120〕牟宗三：《心體與性體》第一冊，《牟宗三先生全集》（5），第 199 頁。

下貫的線路，而且這條線路是不可顛倒的。只有對內在的道德本性先有自覺以後，才能進而上推至天命源頭。《中庸》由天命說性，正是由孔孟之仁性自然上推的結果。儒家形上學的這種自然上推、自我圓成的發展趨勢，牟宗三稱之爲「調適上遂之發展」〔註121〕，他解釋說：「《中庸》實不只是一個儱侗的微妙，乃實承孔子之仁教與孟子之本心調適上遂而徹底完成其本體宇宙論的實體之創生直貫義者。吾以爲由《論》、《孟》而發展至《中庸》、《易傳》完成此縱貫系統，乃先秦儒家之眞精神，亦是先秦儒家之原始義理」〔註122〕。根據這個調適上遂的發展走勢，牟宗三判定孔孟之仁性在先，《中庸》之天道在後，所以《中庸》當在孔孟之後。

這裏涉及一個關鍵的問題，即孔子開創仁學之後，儒學所面臨的最重要課題是什麼。在本書第一章中我們看到，孔子之後，儒學最重要的哲學課題有兩個，即建立道德本體與尋找道德終極根源。孔子雖然提出以仁作爲道德的內在根據，但孔子並沒有將仁內化爲性，這就爲後人提出了一個仁之內在化爲性成爲道德本體的課題。與此同時，還有一個課題就是要追問仁之終極根源到底在哪裏。這兩個課題結合在一起，就是性與天道的問題。也就是說，在孔子之後，上達的問題已經提到儒學之形上學建構的日程，而不是要等到孟子性善論之後。

上達的問題就是「性與天道」的關係問題。「性與天道」的問題最早由子貢提出：「夫子之文章，可得而聞也；夫子之言性與天道，不可得而聞也。」（《論語》5.13）《中庸》首句「天命之謂性」就是對這一問題的解答。徐復觀認爲：

> 上引子貢的話，實際上包含了兩個問題。第一個問題是，性與天命，究竟如何而會連貫在一起？第二個問題是，孔子的文章（實踐），和他的性與天道，又是如何而會連貫在一起？就孔門學術的性格來說，子貢所提出的問題，是學問上的大問題。……子貢所提出的大問題，由曾子這一系統的子思，繼續加以簡述，在情理上到是很自然的。《中庸》一開始便說「天命之謂性」，這是解答前述的第一問題。「率性之謂道」，這即是解答前述的第二問題。所以《中庸》上篇，是直承《論語》下來的孔門文獻。〔註123〕

〔註121〕牟宗三：《心體與性體》第三冊，《牟宗三先生全集》(7)，第 55 頁。
〔註122〕牟宗三：《心體與性體》第三冊，《牟宗三先生全集》(7)，第 62 頁。
〔註123〕徐復觀：《中國人性論史・先秦篇》，第 110～111 頁。

子貢那句話涉及三個概念：文章、性、天道。子貢所說的「文章」就是禮文章制，統統屬於「行」的範圍。徐復觀直接用「實踐」來統指「文章」，也是完全可以的。仁之進一步內化就是性。天道就是天命流行之道。這三個概念存在兩對關係，即文章與性的關係、性與天道的關係。文章與性的關係是道德實踐與仁性的關係，性與天道的關係是仁性與天命的關係。這兩個關係到底又是一種什麼樣的關係呢？這是孔子之後的儒家所亟待解決的大問題。所以徐復觀說《中庸》首章「天命之謂性」是對性與天道之關係的解答，「率性之謂道」是對文章與性之關係的解答，「這兩句話，是人性論發展的里程碑」〔註124〕。

　　《中庸》用天命下貫解答了孔子仁學中性與天道的內在理論關係，同時這一解答也為孟子性善論提供了有力的合法性基礎。一方面，孟子說：「仁義禮智，非由外鑠我也，我固有之也。」（《孟子》11.6）仁不是由外在的力量強加給人的，而是每個人本來就有的。孟子憑什麼敢於放言說仁是本來就有的呢？原因就在於《中庸》的「天命之謂性」。仁是性，是天之所命。這個天不是人格天，而是由自然天轉化來的形上天，是自然而然、天然如此的意思。自然而然、天然如此就是「我固有之」。仁性之終極根源已經被《中庸》解決了，孟子直接拿來用就是了，不需要再有什麼理論上的顧忌。

　　另一方面，孟子又說：「仁，人心也」（《孟子》11.11），孟子用人心來規定仁，以心論性，以良心論性善。孟子憑什麼把仁性直接等同於人心呢？最重要的一條就是良心是「天之所與我者」（《孟子》11.15），良心是天所賦予的，是天所命給的。良心與仁性的總根子都在天，都是天道流行，都是天之所命。孟子以良心論性善，正是從兩者的終極根源和本來面目來說的。從終極根源處來看，良心就是仁性，仁性就是良心，兩者是同一的；從本來面目來說，天道流行，天命下貫，人同此心，人同此性，兩者當然也是同一的。以心論性、以良心論性善是孟子性善論非常重要的一個理論進路，而這個進路之所以能夠行得通的前提就是「天命之謂性」。所以從義理上說，《中庸》決不能晚出於孟子，否則孟子這一核心思想便沒來由了。

　　由此可見，「調適上遂說」對《中庸》與孟子之關係的判定，是有違於儒學發展內在理路之實際的。當然，這並非說牟宗三「調適上遂」的說法完全是神來一筆，完全是想當然耳。其實，牟宗三在這個問題上是頗費了一番精

〔註124〕徐復觀：《中國人性論史・先秦篇》，第163頁。

力的。大致說來，「調適上遂說」的形成經歷了兩個階段，《中庸》晚出於孟子只是《心體與性體》中的定論。

第一個階段是 1962 年的《中國哲學的特質》。在這個階段，牟宗三非但不肯定《中庸》在孟子之後，甚至可以說他傾向於認為《中庸》思想早出於孟子。他認為中國哲學的中心問題是對性進行規定的問題。正宗儒家對性進行規定的路數有兩條：第一條路是《中庸》、《易傳》所代表的「宇宙論的進路」，第二條路是孟子所代表的「道德的進路」。〔註 125〕《中庸》、《易傳》宇宙論的進路是下貫的路數，「從天命天道下貫說性，是中國的老傳統。《中庸》首句即代表這個傳統。但是《中庸》出於孔孟以後，至少也是孔子以後。因此要瞭解『天命之謂性』，必先瞭解孔子的仁」〔註 126〕。「《中庸》出於孔孟以後，至少也是孔子以後」，這是一個模棱兩可的說法。其中的原因有二：一來這個結論可能是沿襲了傳統的說法，二來牟宗三這時候可能還沒有完全確定《中庸》在其思想系統中的位置。〔註 127〕但從後面直接將「天命之謂性」接上孔子之仁來看，他顯然承認《中庸》是直承孔子而來，並不需要經過孟子再「調適上遂」。孔子與《中庸》之間不但不需要一個孟子，反之，孟子思想之義理進路倒是對《中庸》「天命之謂性」的進一步說明。天命之性是創造性，「但這似乎很抽象。於此，人們可以問：這個性的具體內容是什麼呢？我們是否可以直接肯定它就是善的呢？」還不能，因為孔子和《中庸》都未曾直接說過性是善的，「充其量僅可認為是一種默許，絕不能直接地說它就是『道德（上）的善』（moral good）」。這就需要對性作進一步的規定，「孟子便走這

〔註 125〕牟宗三：《中國哲學的特質》，《牟宗三先生全集》（28），第 57 頁。

〔註 126〕牟宗三：《中國哲學的特質》，《牟宗三先生全集》（28），第 27 頁。

〔註 127〕在這一階段，牟宗三的「三系論」還沒有最終成型。這從下面幾句話可以看出：「中國儒家正宗為孔孟……這（引者按：疑此處應有一「是」字）中國思想的核心，所以孟子是心性之學的正宗。宋明儒中的周、程、張、朱一路大體不是順孟子一路而來，而是順《易傳》、《中庸》一路而來。陸王一系才真正順孟子一路而來。可知程朱、陸王分別承接了古代對性規定不同的兩路。離開這兩路的當然不是中國的正宗思想了。」（《中國哲學的特質》，《牟宗三先生全集》（28），第 72 頁）這幾句話劃分出了兩個正宗：一是中國思想的正宗，二是儒家思想的正宗。一方面，牟宗三把《中庸》與孟子兩條路規定為中國的正宗思想，以與告子、揚雄、劉向、陸賈、韓愈等分開；另一方面，他又說孟子的心性之學是正宗，陸王一系順孟子一路而來，所以只有陸王一系是正宗，而順《中庸》、《易傳》而來的周、程、張、朱就不是儒學的正宗。這顯然是兩系而非三系。這種義理架構直到 1963 年的《宋明儒學綜述》仍未突破。

路去規定性」。〔註128〕可見，在《中國哲學的特質》中，牟宗三判定《中庸》早出於孟子，而孟子性善是對《中庸》「天命之謂性」的進一步發展、進一步規定。這符合儒家形上學發展的正常邏輯。

　　第二階段是 1966 年到 1968 年的《心體與性體》。在這個階段，牟宗三正式提出「調適上遂」，判定《中庸》晚出於孟子。1963 年，牟宗三作《宋明儒學綜述》，這原本應是《心體與性體》之《綜論》部分。但是三年後牟宗三在「撰寫《心體與性體》一書時，乃重寫《綜論》部」，而《綜述》的絕大部分內容「均割捨不用」。〔註129〕事實上，牟宗三對《宋明儒學綜述》是頗為不滿的，「此講錄乃簡約之綜述，不免疏略，後以《心體與性體》既出，先生（引者按：指牟宗三）遂不復將此講錄輯印出書」。〔註130〕這看似是對《宋明儒學綜述》不滿，其實是對《中國哲學的特質》不滿。從大的義理間架上看，《宋明儒學綜述》比較接近於《中國哲學的特質》而非《心體與性體》。具體地說，牟宗三所不滿於《中國哲學的特質》之處，就是當時對《中庸》與孟子之關係的處理。1974 年，牟宗三在為《中國哲學的特質》的再版寫序時說：「倘有不盡不諦或疏闊處，尤其關於《論》、《孟》與《中庸》、《易傳》之關係處倘有此病，則請以《心體與性體》之綜論部為準，以求諦當，勿以生誤解也。」〔註131〕《心體與性體》裏所說的《論語》、《孟子》與《中庸》、《易傳》的關係即四者的「調適上遂」。《中庸》晚出於孟子，是繼孔孟之後的順適發展，這是牟宗三對於兩者關係所作的定論。〔註132〕

　　總之，從儒家形上思想的發展來看，從孔子經《中庸》再到孟子，《中庸》「天命之謂性」是孔孟之間的必要環節。天道與性命之間有一個上達與下貫的過程，在這個過程中，《中庸》應該居於孔孟之間而非孔孟之後。由仁性上

〔註128〕牟宗三：《中國哲學的特質》，《牟宗三先生全集》（28），第 65 頁。

〔註129〕盧雪崑：《〈宋明儒學綜述〉全集本編校說明》，《牟宗三先生全集》（30）。

〔註130〕蔡仁厚：《牟宗三先生學思年譜》，《牟宗三先生全集》（32），第 30 頁。

〔註131〕牟宗三：《中國哲學的特質·再版自序》，《牟宗三先生全集》（28）。

〔註132〕牟宗三以「曾子、子思、孟子、《中庸》、《易傳》」的順序來安排儒家道統與經典義理的傳承，把子思與《中庸》分開，這明顯認為《中庸》不就是子思一人的作品，這也符合《中庸》文本編成與作者之間關係的事實。但在另一處，他又有「曾子、子思（《中庸》）、孟子、《易傳》」（《心體與性體》第一冊，《牟宗三先生全集》（5），第 232、324 頁）的安排，似乎又認為《中庸》就是子思的作品。不知牟宗三是如何考慮的。不過，這也足見他對文獻之歷史性處理並不十分在意。

達至天道的問題，在孔子創立仁學之後就已經提上日程，《中庸》通過「天命之謂性」的天道下貫對這一問題作了解答。這一解答又為孟子以心論性提供了理論支撐。牟宗三以「調適上遂」判定《中庸》晚出於孟子，是不符合這一發展事實的。相反，此前的《中國哲學的特質》相關說法與這一事實相契合。

三、仁之內化與性之明確

根據儒學的第二個形上課題，孔子之後，仁必然要往上發展，直到與天相接，從而找到自己的終極根源。根據儒學的第一個形上課題，仁還要往內發展，內化為天命之性。仁與性打並為一有雙重意義。從仁的方面來說，仁得到徹底內化，仁之全部價值和精神內容凝聚、沉澱在一個內在的實體上。從性的方面來說，性獲得了道德價值，性之道德性質得以明確。具體地說，仁內化為性的發展過程就是從孔子之仁者「愛人」到《中庸》之「仁者人也」再到孟子之「仁也者，人也」的過程。

面對禮崩樂壞、文滅節絕的嚴酷現實，孔子拈出一個仁字作為禮文章法的內在血脈，為人生立世尋找到了永恆的道德價值。孔子對仁的陳說很多，但最直接也最本質的說法是孔子答樊遲的「愛人」（《論語》12.22）。孔子關於仁的其它論說，曲盡之處，無不與「愛人」相關。其中的道理很簡單。儒家言說向來講究階次原則，即呈階梯狀一層層往外推擴。這一原則按照孟子的總結來說就是「親親－仁民－愛物」（《孟子》13.45）。階次原則必定包含著鄰近原則，而最近者莫過於同類。孔子說：「鳥獸不可與同群，吾非斯人之徒與而誰與？」（《論語》18.6）就是對同類原則的一種否定性論證，荀子說「同類同情」（《荀子》22.5），則是對同類原則的肯定性論證。根據鄰近原則，同類者必趨同於同類者，也就是說，同類者應愛其同類；而且，同類之中相同者必然是最近者，相同者也必最愛其相同相近者。與人最近者是人，從這一點上說，鳥獸不可與同群。人與人同類，人就應該趨同於人，應該與人為伍，應該愛人。趨同就是愛，趨同就有趨同性，其趨同性就是仁。人與人同類，故人愛人。仁是愛之所以為愛者，所以仁者愛人。人而不愛人，便是沒有愛之所以為愛之仁。人作為人必有仁、必愛人，人而無仁，人不愛人，便是不能與人為同類，就是與鳥獸同群同類。與鳥獸同群同類，就是自絕於人而異於人，就是禽獸而不是人。仁與愛與人三者之間完整的邏輯推導關係，從正

面來說就是：人愛人，仁是愛之所以爲愛，故仁者愛人；從反面來說就是：不愛人者非人，不愛人者不仁，故不仁者非人。

孔子以仁來區別人與非人，仁是人與非人相區分的價值標準。從這個意義上說，仁就是人之所以爲人的本質規定性。但是孔子畢竟沒有直接說出仁就是人之性。這從孔子論仁的方式中就可以看出。眾所周知，孔子論仁的基本方式是隨宜指點，針對不同的人和不同的情景，孔子對仁之具體內容和言說方式都會不同。這種陳說方式是一種發散性、鋪張性的方式，仁之內容隨著這種發散性的陳說方式鋪張到人生的角角落落，布滿於人身的上上下下。人在切身的生命體驗中感受到愛的力量，體會著仁之活力。但也正是這種陳說方式的發散性、鋪張性特點，對一般人來說是不易把捉、難於理會的。韓非說孔子之後儒分爲八，大概就與孔子這種接人途徑和陳說方式有一定的關係吧。

孔子之後，首先對仁進行明確進行規定的是《中庸》。《中庸》第廿章說：「仁者，人也。」這是對仁的一個定義性概括。仁不是生理的、物質性的人，而是人之普遍的精神本質，是人之所以爲人的本質規定性，也就是人之內在的道德本性。《中庸》第廿章還說：「思事親，不可以不知人；思知人，不可以不知天。」「事親」是人倫道德之事，這裏的「人」與「仁者人也」之「人」是相同的，都是人之所以爲人的本質規定性。人何以能事親呢？因爲人是人，不是動物。動物也有一定程度的「事親」，但動物之「事親」是具體的、暫時的，動物晚早晚要離開具體的父母且與之成爲並列的獨立個體，獨立後的動物不但不再認識父母，而且可以與之爲敵。而人之事親是本質的、永恒的，人並不因爲離開了父母而成爲並列的獨立個體，一個人任何時候在面對父母的時候，都是以子女的身份出現的，即使面對的是父母的遺像，仍如面對活生生的父母。同時，在事親的具體實踐中必然體現著人之本質規定性，能夠自覺到這種本質性，就是「知人」。仁是人之所以爲人的本質規定性，「知人」就是「知仁」。「仁者人也，親親爲大」，「親親」、「事親」在五達道中就是父子之道，也就是孝悌。有子說：「孝弟也者，其爲仁之本與！」（《論語》1.2）《中庸》「仁者人也」正是對有子關於仁是仁愛孝悌的深化。

從成熟的階段來說，「仁者愛人」與「仁者人也」應該沒有區別，兩者是同一的。但從發生的角度來說，「仁者愛人」要早於「仁者人也」。「仁者人也」是對內在之仁性的自覺意識。「仁者愛人」可以分爲兩種形態。首先，它是對

仁性的一種朦朧意識，人一生下來，最先具有的就是自我意識，對象意識仍處於潛在的狀態。然後，通過對自我仁性即「仁者人也」的反思，成爲自我意識的外化和客觀化，這就是對自我之普遍本性的覺醒，孟子之「仁民愛物」正是這種成熟階段的「仁者愛人」。孔子說「仁者愛人」不能說他對仁只具有一種完全朦朧的意識，他有著深徹的覺醒，但他的確沒有把仁與性打並爲一，就這一點來說，孔子對仁的意識尚處於一種相對朦朧的狀態。《中庸》「仁者人也」則是由朦朧的「仁者愛人」到成熟的「仁者愛人」之自我覺醒的關節點。

《中庸》通過「仁者人也」一句話，以人之所以爲人的本質規定性來說明仁、來規定仁，仁與性的關係進一步靠攏，大大深化了孔子論仁的內涵。但是《中庸》仍然沒有直接說仁就是性，性之道德性質仍然沒有得到最終明確。這就使人們對《中庸》所說之性的道德性質會有多種理解。《中庸》「三提句」「天命之謂性，率性之謂道，修道之謂教」是《中庸》論性的總綱，這裏的性就曾有善惡兩種理解。天命之性可以爲善，也可以爲惡，那麼第二句「率性之謂道」之「率性」就可以有兩種理解。清代于鬯（1854～1910）說：

> 此「率」字含有二義。一義爲「循」。鄭注云：「率，循也。」是也。一義爲「律」。《廣雅·釋言》云：「律，率也。」顏之推《家訓·書證》篇謂「率字自有律音」。是也。（下文「上律天時」。彼「律」當讀爲「率」。）循性者性善之說也。律性者性惡之說也。然則孟子言性善，其解此「率」字，必主「循」字之義。荀子言性惡，其解此「率」字，必主「律」字之義也。荀卿學於子弓。子弓，子夏之門人，其師說與子思氏同出聖門。則荀子之說必未可厚非矣。下文言戒慎恐懼，與「律」字之義尤切。小人無忌憚，則直情徑行，不律性矣。唯天下至誠，爲能盡其性，循性之謂也。其次致曲，非律性與？（人性有善有惡，本古說。雖如密子賤、漆雕開、公孫尼子之徒，皆不能易也。見《論衡·本性篇》。即孟荀何以易之？要孟子伸發善一面，荀子伸發惡一面耳。公孫尼子，子思弟子，與孟子同師。）
> 〔註133〕

〔註133〕于鬯：《香草校書》卷三二，北京：中華書局，1984 年，第 655 頁。勞思光也曾表達過類似的意思，他說：「『率性』一詞，原可有兩種解釋。第一是以『順』釋之，『率性』即『順性』，《淮南王書·齊俗訓》中實取此義。第

「率性之謂性」之「率」字本來有兩個意義：一是「循」，一是「律」。「率」
的第一個意義是「循」。「循」有「順由」的意思，「率性」就是順由天命之性。
那麼「率性之謂道」即意味著順由天命之性自然發展，必然就是九經，自然
就是五達道。這樣來理解的性，當然就是善的。「率」的第二個意義是「律」。
「律」有「律治」的意思，「率性」就是對天命之性進行律治、節制。那麼「率
性之謂道」即意味著九經、五達道是通過對天命之性的品節律治才實現的。
這樣來理解的天命之性是可以善也可是惡的。根據對《中庸》「率性」的第一
個理解往下發展，就是孟子的性善論。孟子說擴充四端，說由仁義行，「擴充」、
「由」其實就是「率」的意思，擴充四端、由仁義行就是「率性」的意思。
根據對《中庸》「率性」的第二個理解往下發展，就是荀子的性惡論。這樣的
性是不能任由其自然發展的，如果任其發展，就是荀子所說的「順是」，必然
爲惡，所以必然要講究禮義師法的節制。這兩種理解交互穿插，天命之性完
全也可以被理解成是可善可惡的，或有善有惡的，或無善無惡的。這樣一來，
說《中庸》的「天命之謂性」與孔子的「性相近也，習相遠也」（《論語》17.2）
一樣，是中國古代人性論中「十家五派」〔註134〕的共同源頭，也的確是「未
可厚非」的了。從這裏也可看出，《中庸》論性必在諸家論性之先。

　　《中庸》「天命之謂性，率性之謂道」之所以有以上截然相反的理解，原
因就在於《中庸》沒有直接說仁就是性，沒有對天命之性的性質直接用仁來
規定。但是《中庸》的天命之性只能做性善的理解，不能做其餘的理解，其
原因就在於孟子對《中庸》義理的繼承和發展。

　　孟子論性是對孔子、《中庸》的繼承和發展。這個結論從以下這句話可
以看出來：「仁也者，人也。合而言之，道也。」（《孟子》14.16）「仁也者，
人也」是說仁是人之所以爲人的本質規定性，其中雖然暗含著仁就是性的意
思，但《中庸》畢竟沒有直接說出仁就是性，沒有直接把仁與天命之性打並

　　　　二是以『率』爲『率勉』之義，如後漢王充《論衡》書中《率性篇》所取
　　　　之義，依此則『率性』指『率勉』而爲善。此二說背後之理論假定相反，
　　　　蓋如以『順性』爲價值，則其基本立場乃承認價值標準之內在性，而如以
　　　　『率勉』釋『率性』之義，則此是指外在改造而言，即承認價值標準之外
　　　　性矣。王充言『率性』專就『性惡』者說，故言『率勉』即實與荀卿之『性』
　　　　觀念屬於同路。而言『順性』則亦在某一程度上接近孟子之『性』觀念也。
　　　　知此，則中庸之『率性』應如何解釋，須先決定。」（《中國哲學史》第二
　　　　卷，第54～55頁）
　〔註134〕呂思勉：《呂思勉論學叢稿・古代人性論十家五派》，第168～176頁。

爲一。這個問題在孟子這裏得到了徹底的解決。孟子之「仁也者，人也」，直接用仁來規定性，仁與性就打並爲一了，「仁性」也就躍然而出。孟子把仁和性打並爲一，其功至偉。具體說來，它有雙重的意義：一方面，孔子所創發的仁之價值內涵得到高度的凝聚和沉澱，最終內化爲一種道德的實體，即天命之性；另一方面，《中庸》所提煉出來的天命之性也得到一種價值上的認定和明確，天命之性不是惡性，也不是什麼可善可惡、有善有惡或無善無惡之性，而只是仁性，只是善性。所以《中庸》所說的天命之性只能是至善無惡的。

仁之內涵的內化與性之性質的明確的過程，由孔子開始，中經《中庸》，到了孟子最終完成。在這個過程中，《中庸》居於孔子與孟子之間，是孔孟之間的一個必要環節。陸象山（1139～1193）說「仁自夫子發之」〔註135〕，又說「夫子以仁發明斯道，其言渾無罅縫。孟子十字打開，更無隱遁，蓋時不同也」〔註136〕，就是說的這過程。但陸象山論仁只說了個頭尾，只說到孔子和孟子，而省略了《中庸》這一中間環節。不過，象山曾說「孟子出於子思」〔註137〕，又說「子思所傳則有《中庸》」〔註138〕，「曾子傳之子思，子思傳之孟子，夫子之道，至孟子而一光」〔註139〕。則象山此處論仁論性雖然省略《中庸》這個中間環節，但其心中未必就沒有這個環節。象山自稱其學「因讀《孟子》而自得之」〔註140〕，象山之學重點在孟子，因而對《中庸》有所省略，也在情理之中。

牟宗三經常引用陸象山「孟子十字打開」的話頭來論證儒家心性之學從孔子至孟子的發展與完善。他說：

> 孔子前「性」字即已流行，然大體是「性者生也」，無自超越面言性者。「生之謂性」是一老傳統。孔子已接觸此問題，然可能一時未能消化澈，猶處於「性者生也」之老傳統中，故性是性，仁是仁，齊頭並列，一時未能打並爲一。〔註141〕

〔註135〕《陸九淵集》卷三五《語錄下》，第 433 頁。
〔註136〕《陸九淵集》卷三四《語錄上》，第 398 頁
〔註137〕《陸九淵集》卷三五《語錄下》，第 445 頁。
〔註138〕《陸九淵集》卷二四《策問》，第 290 頁。
〔註139〕《陸九淵集》卷三四《語錄上》，第 397 頁。
〔註140〕《陸九淵集》卷三五《語錄下》，第 471 頁。
〔註141〕牟宗三：《心體與性體》第一冊，《牟宗三先生全集》（5），第 27 頁。

這是對陸象山「仁自夫子發之」的進一步闡發。牟宗三還說：

> 至孟子時，性之問題正式成立。告子順「性者生也」之老傳統說性，
> 而孟子遮撥之，則從道德的本心說，此顯然以孔子之仁爲背景。在
> 孔子，仁與性未能打並爲一，至此則打並爲一矣。在孔子，存有問
> 題踐履中默契，或孤懸在那裏，而在孟子，則將存有問題之性即提
> 升至超越面而由道德的本心言之，是即將存有問題攝於實踐問題解
> 決之，亦即等於攝「存有」於「活動」（攝實體性的存有於本心之活
> 動）。如是，則本心即性，心與性爲一也。至此，性之問題始全部明
> 朗，而自此以後，遂無隔絕之存有問題……〔註142〕

這是對陸象山「孟子十字打開」的進一步闡發。這兩點也都是符合仁與性由
孔子到孟子的始發與完成的這一事實的。在這中間，牟宗三與陸象山一樣也
沒有論及《中庸》這一環節。但是對《中庸》的這種處理，牟宗三與陸象山
有一個歷史性的不同。陸象山對《中庸》這一環節的處理，是爲學重點的原
因而無意省略，牟宗三對《中庸》這一環節的處理，則是有意忽略，因爲他
判定《中庸》在孔孟之後，而非孔孟之間。在這一點上，牟宗三就遠離了陸
象山，也不符合仁性由孔子經《中庸》到孟子的完整發展過程。

四、仁性實現方式之逐步自覺

　　仁是人之所以爲人的本質規定性，所以仁又可稱爲仁性。仁性需要時時
持護才能不斷呈現，由此而言，仁性是一種「潛在」的道德性。仁性由潛在
變爲現實，就是仁性之實現。實現就要有實現的方式和途徑。仁性之實現也
有其方式和途徑。孔子求仁得仁實現仁，仁之實現是以直接的倫理實踐方式
來進行的。在《中庸》這裏，仁之實現通過道德情感之未發已發來進行，道
德情感是仁性本體的動力系統，仁性就在情感之未發到已發中呈現，盡情以
知仁知性。到了孟子，盡情盡心以知性，四端之情是道德動力，良知之心是
道德直覺，情與心共同作用，彰顯天命之性。從孔子經《中庸》到孟子，仁
性之實現經歷了一個逐步自覺的過程。

　　孔子講究求仁得仁，求仁得仁就是實現仁。《論語》中關於求仁得仁實現
仁的記載很多。有子認爲，仁就在盡孝守悌的倫常小事中，「孝弟也者，其爲

〔註142〕牟宗三：《心體與性體》第一冊，《牟宗三先生全集》（5），第28頁。

仁之本與」（《論語》1.2）。仁就在接人待物的日常行爲中。仲弓問仁，孔子告訴他：「出門如見大賓，使民如承大祭。己所不欲，勿施於人。在邦無怨，在家無怨。」（《論語》12.2）即使在平時的學習思考中也能夠求得仁。子夏就曾說：「博學而篤志，切問而近思，仁在其中矣。」（《論語》19.6）只要有心求仁，仁就無處不在。小到在交朋會友之中能夠求得仁，這就是曾子所說的「以友輔仁」（《論語》12.24），大到於生死攸關之間更能實現仁，這就是孔子所說的「殺身以成仁」（《論語》15.9）。

這些求得仁、實現仁的方式和途徑鉅細不一，樣式眾多，但總起來看，它們有一個共同的特點，這就是直接性。這些求仁得仁實現仁的直接方式，按孔子自己的說法就是「能近取譬」。子貢曾問孔子：「如有博施於民而能濟眾，何如？可謂仁乎？」孔子說：「何事於仁！必也聖乎！堯舜其猶病諸！夫仁者，己欲立而立人，己欲達而達人。能近取譬，可謂仁之方也已。」（《論語》6.30）子貢問：廣泛施惠，接濟民眾能不能稱得上仁呢？孔子說這何止是仁，這簡直就是聖了，即使堯舜這樣的大聖人也難以做得到博施濟眾。仁是什麼呢？仁是「己欲立而立人，己欲達而達人」，概括地說就是「能近取譬」，這就是「仁之方」，就是踐行仁、實現仁的方法和途徑。「能近取譬」體現的就是一種直接性原則。

這種直接性包含兩意思。第一層意思是說，仁之實現就在切身的事實中，不待遠求，也就是孔子所說的「仁遠乎哉？我欲仁，斯仁至矣」（《論語》7.30）。在日常的孝悌友愛、學習思考中就能實現仁，在切身的生命關懷、生死抉擇中更能體現仁。就日常事實、切身事實中求得仁實現仁，就是「能近取譬」的「仁之方」。第二層意思是說，仁之實現只能靠自己來實現，不可外求，也就是孔子所說的「爲仁由己，而由人乎哉？」（《論語》12.1）仁是人之所以爲人的本質規定性，仁在近身的事實中得到實現，在切身的事例中得以體現。但再近也莫過於自身，因爲它就內在於己。拿博施濟眾的例子來說，從受接濟一方來看，實現仁踐行仁是自己的事兒，不能光靠別人的幫助和接濟，別人的幫助充其量只起到一種助緣作用，關鍵還是靠自己。從接濟一方來看，如果只是一味地幫助別人去實現仁，「天地之大也，人猶有所憾」（《中庸》第十二章），一個人的本事再大，也總有接濟不到的地方，「堯舜其猶病諸」。所以仁還是要通過自己的實踐來實現。「夫仁者，己欲立而立人，己欲達而達人」，先讓自己立起來，先讓自己達起來，再去立人，再去達人。這也是說實

現仁的直接方式，是「能近取譬」的「仁之方」。

　　《中庸》對孔子「能近取譬」的踐仁方式有直接的繼承。《中庸》第十一章至第十五章都是引用孔子的話，而且這幾章都是在說道不遠人，求道於己。第十三章說：「道不遠人。人之爲道而遠人，不可以爲道。」正因爲這樣，第十五章接著說：「君子之道，闢如行遠必自邇，闢如登高必自卑。」君子之道即「率性之謂道」之道，也就是天道、仁道。「仁者，人也」，仁是人之所以爲人的本質規定性，仁道就是切己近身的必由共行之道，行道即是對仁性之踐行，就是對仁性之實現。仁性是內在的、本有的，仁道是切己近身的，實現仁性，踐行仁道也必然不可遠求，就像行路始自足下，就像登山起於腳底。《中庸》第十四章對此進一步概括說：「素其位而行，不願乎其外」，「正己而不求於人」。這簡直是孔子「爲仁由己，而由人乎哉」一句話的翻版。《中庸》第十三章還從反面論證說：「君子之道四，丘未能一焉：所求乎子，以事父，未能也；所求乎臣，以事君，未能也；所求乎弟，以事兄，未能也；所求乎朋友，先施之，未能也。」仁道雖然體現於、實現於父子、君臣、兄弟、朋友四倫之間，但仁道並不是外在於人的。如果父親不像父親卻反求於兒子，君主不像君主卻反求於臣子，兄長不像兄長卻反求於弟弟，朋友不像朋友卻反過來要求朋友先施於自己，這就是「願乎其外」，就是「反求於人」。用這種方式來實現仁，肯定不行，即使孔子也是「未能一焉」。

　　除了對孔子能近取譬的仁之方的繼承外，《中庸》也對實現仁性的方式有進一步的發展，這就是對作爲道德本體動力系統的道德情感之引入。《中庸》初步完成了儒家形上學的建構。天命之性是道德實踐形上的總根據，仁是性之主觀方面，是道德的主觀根據；誠是性之客觀方面，是道德的客觀根據；中是性之形式表示，是道德的形式根據。在對未發已發或中和的分析中，我們還發現由《中庸》所完成的儒家形上學是一種道德情感形上學。在儒家的形上學中，道德情感既是道德本性的基本要素，又是性體發用的動力系統，還是道德本體的呈現方式。道德本體的呈現方式也就是仁性的實現方式，這也就是說，到了《中庸》這裏，仁性之實現雖然仍是「能近取譬」，雖然仍要求「爲仁由己」，但「能近取譬」、「爲仁由己」是通過道德情感之激動作用完成的，仁性本體是隨著道德情感由未發到已發的過程而呈現出來的。《中庸》認爲，未發只有通過已發才能夠呈現出來，才能得以實現，已發是未發的實現途徑和呈現方式。情感可以自我呈現，可以自我實現，情感既是自己的實

現途徑，也是自己的呈現方式。仁、誠、中都是未發之性，道德情感是未發之性的動力因素，仁、誠、中與道德情感是同一的關係。因此，仁、誠、中要呈現實現，必須經過情感之已發形式。情感是仁性本體實現的唯一方式和途徑。道德情感與道德本性是同一的，只要能夠盡情，自然就能盡性。《中庸》第廿二章說：「唯天下至誠，爲能盡其性；能盡其性，則能盡人之性；能盡人之性，則能盡物之性；能盡物之性，則可以贊天地之化育；可以贊天地之化育，則可以與天地參矣。」誠是一種宇宙化的情感，有至誠之情就能盡得仁性，盡得仁性就能夠盡得天下人物之性，而與天地萬物爲一體。通過道德情感之呈現方式和實現途徑，《中庸》就把孔子仁性實現的鉅細不一、樣式眾多的方式收縮到道德情感之未發已發這一種方式。自此以後，仁性的實現方式不再僅僅是隨宜指點而無從下手了，而是有章可循了。孔子求仁得仁實現仁的道德欲求就在哲學方法論上得到了進一步的自覺。

孟子緊接《中庸》，以心論性，把這種自覺推至極致。《中庸》雖然以道德情感之未發已發來實現仁性本體，使仁性之實現方式得以緊湊，獲得一定程度的自覺。但《中庸》論性不論心，而且已發之內除了道德情感還有感性情感，良心不明、性根不穩者很容易流於情感激動的不冷靜而陷於盲目的道德狂熱。這也正是《中庸》何以在工夫論上強調正負兩套路線的內在原因。孟子以心論性就有效解決了這一問題。因爲孟子所說之心既是良心又是形上的理性感官，良心所標誌的是道德的高度自覺。

孟子在道德情感與仁性的關係上，與《中庸》的態度相同。孟子也承認人有兩種情感，即道德情感和感性情感。樂、悅、好等概念所表達的都是情感的意思。其中，同樂之樂、悅於仁義之悅、好善好仁之好是道德情感，獨樂之樂、悅於利之悅、好貨好色好名好小勇之好是感性情感。孟子與《中庸》一樣，也承認道德情感與仁性本體的同一性。孟子還常用四端之情和不忍之情來表達道德情感。「百姓皆以王爲愛也，臣固知王之不忍也」（《孟子》1.7），「人皆有所不忍，達之於其所忍，仁也」（《孟子》14.31），「凡有四端於我者，知皆擴而充之矣」（《孟子》3.6）。「不忍」是不忍之情，是一種悲天憫人的道德情感，「四端」是惻隱、羞惡等四端之情。不忍之情、四端之情與仁性是同一的。「人皆有所不忍，達之於其所忍」就是不忍之情由未發到已發，「四端於我，擴而充之」就是四端之情由未發到已發。不忍和四端的道德情感由未發到已發就是仁性之實現。

　　仁性與道德情感是同一的，仁性是通過情感來實現的，但孟子在論情與性的關係時，是通過另一個核心概念來貫通的，這就是心。孟子說「仁，人心也」（《孟子》11.11），仁性不但是道德的情感，而且是人心。心是良知之心，是「不忍人之心」，是「四端之心」（惻隱之心，羞惡之心，辭讓之心，是非之心）。「不忍」和「四端」既是道德情感，又是良知之心，心與情和性也是同一的，心情性三位一體，渾然爲一。在心性情渾然爲一的同體關係中，性是實體自身，是從實體之靜的方面來說的，情是動力系統，是從實體之動的方面來說的，心是理性感官，是從實體之所在處、從對性之感應和儲存的方面來說的。在具體的倫理情景中，心以感知，情以激動，仁性就睟面盎背，見於形色，施於四體，布滿全身，一時俱現。於是，仁性就在心與情的共同作用下，得到自覺而完整的實現。仁性實現的過程就是孟子所說的盡心知性。孟子以情論心，所以盡心也就意味著盡情。而且，孟子盡心與《中庸》盡性是相同的。元代袁俊翁曾論孟子與《中庸》「盡心盡性同否」：

> 孟子之學得之子思，初豈有異論哉？夫性者人所受於天之理，而心乃所以具此理者也。故先儒嘗曰：自稟受而言謂之性，自存諸人而言謂之心。又曰：性者心所有之理，心者理所會之地，蓋以心與性之理一而已。孟子所謂儘其心者知其性也，正謂夫人之能儘其心者由能知其性故爾。然則，孟子雖以盡心言，其實正是盡其性耳。盡之云者，皆不過知之明而處之無不當也。孟子盡心知性云者，正與《中庸》至誠盡性之論互相表裏，發《中庸》之所未盡，曾謂孟子求詳於《中庸》而立爲異論乎？〔註143〕

《中庸》至誠盡性，誠即是情，重在情之激動；孟子盡心知性，知是良知，重在知之自覺。盡性與盡心之最終目的都是爲了性之實現，兩者仍然是一脈相承的。相承是繼承，更是發展地繼承。「孟子發《中庸》之所未盡」，孟子之有進於《中庸》之處，就在於盡心。盡心重在知上說，盡性、性之實現也便更加自覺。

　　從孔子、《中庸》到孟子，仁性實現達到了完全的自覺。孔子以「能近取譬」的方式，在禮儀三百、威儀三千的具體事實中直接求仁得仁實現仁。這尚是一種淳樸的直接的實現方式。《中庸》說至誠盡性，誠既是性又是情，盡性就是性之實現。至誠盡性即以情感爲中介，把仁性本體與萬端事實暫時隔

〔註143〕袁俊翁：《四書疑節》卷十二《盡心盡性同否》，《四庫》203/886-887。

注釋格式說明

一、一般文獻只於首次出現時注明出版社，以後出現只注明頁碼。

二、本書引用《論語》、《孟子》、《荀子》、《禮記》等古籍，分別採用楊伯峻《論語譯注》、《孟子譯注》、張覺《荀子譯注》、楊天宇《禮記譯注》的篇章序數標示，隨文注出，實心點前數字爲篇數，實心點後數字爲章數。

三、本書引用《景印文淵閣四庫全書》簡稱爲《四庫》，《續修四庫全書》簡稱爲《續四庫》，《四庫存目叢書》簡稱爲《四庫存目》，《四庫禁燬書叢刊》簡稱爲《四庫禁燬》，注釋時冊數與頁碼以斜槓分開，斜槓前數字爲冊數，斜槓後數字爲本冊頁碼。

四、本書引用《朱子全書》本《晦庵先生朱文公文集》簡稱爲《朱子文集》，《朱子全書》冊數與頁碼以斜槓分開，斜槓前數字爲冊數，斜槓後數字爲本冊頁數。

五、本書引用《傳習錄》及《傳習錄拾遺》，根據陳榮捷《王陽明傳習錄詳注集評》所分條目數標示。

徵引文獻目錄

A

1. 安樂哲、郝大維：《中庸新論：哲學與宗教性的詮釋》，彭國翔譯，《中國哲學史》2002 年第 3 期。

2. G.E.M.Anscombe,On Brute Facts, *Analysis*, Vol. 18, No. 3 （Jan., 1958）．

3. 安樂哲、何金俐：《文化對話的意義》，《中文自學指導》2004 年第 5 期。

4. 安樂哲：《自我的圓成：中西互鏡下的古典儒學與道家》，彭國翔譯，石家莊：河北人民出版社，2006 年。

B

1. 白奚：《「仁者人也」──「人的發現」與古代東方人道主義》，《哲學動態》2009 年第 3 期。

2. 班固：《漢書·藝文志》，北京：中華書局，1995 年。

3. 包儀：《易原就正》，《景印文淵閣四庫全書》（以下簡稱《四庫》）第 43 冊。

C

1. 蔡清：《四書蒙引》，《四庫》第 206 冊。

2. 蔡清：《易經蒙引》，《四庫》第 29 冊。

3. 蔡仁厚：《孔孟荀哲學》，臺北：臺灣學生書局，1994 年。

4. 蔡仁厚：《牟宗三先生學思年譜》，《牟宗三先生全集》第 32 冊，臺北：聯經出版公司，2003 年。

5. 蔡仁厚：《宋明理學》（南宋篇），臺北：臺灣學生書局，1983 年增訂再版。

6. 蔡仁厚：《荀子與朱子心性論之比較》，新加坡：東亞哲學研究所，1987年。

7. 晁說之：《中庸傳》，《叢書集成初編》，北京：中華書局，1991 年。

8. 常增：《四書緯》，《續修四庫全書》（以下簡稱爲《續四庫》）第 170 冊。

9. 晁說之：《中庸傳》，《叢書集成初編》，北京：中華書局，1991 年。

10. 陳淳：《北溪字義》，北京：中華書局，1983 年。

11. 陳洪杏：《生·親·愛·仁——孔子是如何發現「仁」的？》，《哲學動態》2009 年第 3 期。

12. 陳均：《九朝編年備要》，《四庫》第 328 冊。

13. 陳來：《古代思想文化的世界——春秋時代的宗教、倫理與社會思想》，北京：三聯書店，2002 年。

14. 陳來：《無有之境——王陽明哲學的精神》，北京：人民出版社，1991年。

15. 陳來：《中國近世思想史研究》，北京：商務印書館，2003 年。

16. 陳來：《朱熹〈中庸章句〉及其儒學思想》，《中國文化研究》2007 年夏之卷。

17. 陳來：《朱子哲學研究》，上海：華東師範大學出版社，2000 年。

18. 陳夢家：《殷虛卜辭綜述》，北京：中華書局，1981 年。

19. 陳澧：《東塾讀書記》，《陳澧集》第二冊，上海：上海古籍出版社，2008年。

20. 陳槃：《大學中庸今釋》，臺北：國立編譯館，1984 年。

21. 陳槃：《中庸今釋別記》，《大陸雜誌語文叢書》第一輯第一冊。

22. 陳確：《陳確集》，北京：中華書局，1979 年。

23. 陳善：《捫虱新話》，俞鼎孫、俞經輯《儒學警悟》，北京：中華書局，2000年。

24. 陳逢源：《朱熹與四書章句集注》，臺北：里仁書局，2006 年。

25. 陳榮捷：《王陽明傳習錄詳注集評》，臺北：臺灣學生書局，1983 年。

26. 陳榮捷：《中國哲學文獻選編》（上），楊儒賓等譯，臺北：巨流圖書公司，1993 年。

27. 陳天祥：《四書辨疑》，《四庫》第 202 冊。

28. 陳筱芳：《西周天帝信仰的特點》，《史學月刊》2005 年第 5 期。

29. 陳兆榮：《中庸探微》，臺北：正中書局，1975 年。

30. 陳志鴻:《孔子不是中庸哲學祖師爺》,《文匯報》1994 年 9 月 12 日。

31. 陳致虛:《上陽子金丹大要上藥》,《四庫存目叢書》(以下簡稱爲《四庫存目》)子部第 259 冊。

32. 陳子展:《天問解題》,《復旦大學學報》1980 年第 5 期。

33. 成中英:《合外內之道——儒家哲學論》,北京:中國社會科學出版社,2001 年。

34. 程顥、程頤:《二程集》,北京:中華書局,2004 年。

35. 程大昌:《考古編》,俞鼎孫、俞經輯《儒學警悟》,北京:中華書局,2000 年。

36. 程樹德:《論語集釋》,北京:中華書局,1990 年。

37. 崔述:《洙泗考信餘錄》,《崔東壁遺書》,上海:上海古籍出版社,1983 年。

D

1. 戴震:《戴震全集》第一冊,北京:清華大學出版社,1991 年。

2. 戴震:《孟子字義疏證》,北京:中華書局,1982 年。

3. 戴震:《中庸補注》,《續四庫》第 159 冊。

4. 鄧曉芒:《康德〈判斷力批判〉釋義》,北京:三聯書店,2008 年。

5. 東方朔:《「只還粗些」——陽明對象山之學之評判及牟宗三先生之詮釋》,《新亞學術集刊》第十九期(2006 年 10 月)。

6. 東方朔:《劉宗周評傳》,南京:南京大學出版社,1998 年。

7. 杜爲:《中庸本義》,臺北:臺灣商務印書館,1985 年。

8. 杜夫海納:《審美經驗現象學》,韓樹站譯,北京:文化藝術出版社,1992 年。

9. 杜維明:《論儒學的宗教性——對〈中庸〉的現代詮釋》,段德智譯,武漢:武漢大學出版社,1999 年。

F

1. 樊廷枚:《四書釋地補》,《續四庫》第 170 冊。

2. 范爾梅:《中庸札記》,《續四庫》第 159 冊。

3. 范祖禹:《帝學》,《四庫》第 696 冊。

4. 范祖禹:《范太史集》,《四庫》第 1100 冊。

5. 方聞一:《大易粹言》,《四庫》第 15 冊。

6. 馮從吾:《少墟集》,《四庫》第 1293 冊。

7. 馮友蘭：《新原人》，重慶：商務印書館，民國三十二年。

8. 馮友蘭：《新原道》，上海：商務印書館，民國三十五年。

9. 馮友蘭：《中國哲學史》，上海：商務印書館，民國三十六年。

10. 傅佩榮：《儒道天論發微》，臺北：臺灣學生書局，1988 年。

11. 傅斯年：《性命古訓辯證》，《傅斯年全集》第二冊，臺北：聯經出版公司，1980 年。

12. 傅武光：《四書學考》，臺北：《國立臺灣師範大學國文研究所集刊》第十八期（1974 年 6 月）。

G

1. 高柏園：《中庸形上思想》，臺北：東大圖書公司，1991 年。

2. 高拱：《問辨錄》，《四庫》第 207 冊。

3. 高懷民：《補全本中國先秦與希臘哲學之比較》，1988 年臺北自印本。

4. 葛瑞漢：《論道者：中國古代哲學論辯》，張海晏譯，北京：中國社會科學出版社，2003 年。

5. 顧立雅（H.G.Creel）：《釋天》，《燕京學報》第十八期（民國三十四年十二月）。

6. 顧憲成：《中庸說》，《續四庫》第 162 冊。

7. 顧炎武：《九經誤字》，《皇清經解續編》第 1 冊，上海：上海書店，1988 年。

8. 顧炎武：《日知錄》，《四庫》第 858 冊。

9. 顧炎武：《詩本音》，《四庫》第 241 冊。

10. 顧允成：《小辨齋偶存》，《四庫》第 1292 冊。

11. 郭沂：《〈中庸〉成書辨正》，《孔子研究》1995 年第 4 期。

12. 郭沂：《郭店竹簡與先秦學術思想》，上海：上海教育出版社，2001 年。

13. 郭沂：《孟子車非孟子考：思孟關係考實》，《中國哲學史》2002 年第 3 期。

14. 郭沫若：《十批判書》，《郭沫若全集》（歷史編）第二卷，北京：人民出版社，1982 年。

15. 郭嵩燾：《中庸章句質疑》，《續四庫》第 159 冊。

H

1. 韓愈：《韓昌黎全集》，上海：世界書局，民國二十四年。

2. 《翰苑新書後集》上卷，《四庫》第 949 冊。

3. 郝經：《陵川集》，《四庫》第 1192 冊。

4. 何炳棣：《黃土與中國農業的起源》，香港：香港中文大學出版社，1969年。

5. 何異孫：《十一經問對》，《四庫》第 184 冊。

6. 洪邁：《容齋隨筆》，《四庫》第 851 冊。

7. 洪興祖：《楚詞補注》，《四庫》第 1062 頁。

8. 胡適：《論帝天及九鼎書》，《古史辨》第一冊，上海：上海古籍出版社，1982 年。

9. 胡適：《中國哲學史大綱》上卷，上海：商務印書館，民國三十六年。

10. 胡阿祥：《商國號考說》，《中國歷史地理論叢》1999 年第 4 期。

11. 胡炳文：《四書通》，《四庫》第 203 冊。

12. 胡宏：《胡宏集》，北京：中華書局，1987 年。

13. 胡厚宣：《甲骨文所見商族鳥圖騰的新證據》，《文物》1977 年第 2 期。

14. 胡厚宣：《殷卜辭中的上帝和王帝》，《歷史研究》1959 年第 9 期。

15. 胡厚宣：《殷卜辭中商族鳥圖騰的遺》，《歷史論叢》1964 年第 1 期。

16. 胡厚宣：《殷代之天神崇拜》，《甲骨學商史論叢初集》，成都：齊魯大學國學研究所，民國三十三年。

17. 胡友信：《書同文行同倫》，高塘集評《高梅亭讀書叢鈔・明文鈔五編》，《華東師範大學圖書館藏稀見叢書彙編》第二十九冊，北京：北京圖書館出版社，2006 年。

18. 胡止歸：《中庸章句淵源辯證》，《大陸雜誌語文叢書》第一輯第一冊。

19. 胡止歸：《中庸著作年代辯證》，《大陸雜誌語文叢書》第一輯第一冊

20. 胡志奎：《學庸辯證》，臺北：聯經出版公司，1984 年。

21. 黃德根：《中庸新解》，香港：實用書局，1967 年。

22. 黃彰健：《讀錢賓四先生中庸新義申釋》（上、下），《大陸雜誌》第十二卷第九、十期（1956 年）。

23. 黃宗羲：《明儒學案》，《黃宗羲全集》第八冊，杭州：浙江古籍出版社，2005 年。

24. 黃宗羲：《宋元學案》，《黃宗羲全集》第三冊，杭州：浙江古籍出版社，2005 年。

J

1. 江永：《群經補義》，《四庫》第 194 冊。

2. 蔣伯潛：《諸子通考》，杭州：浙江古籍出版社，1985 年。

3. 蔣鳴玉：《政餘筆錄》，《續四庫》子部第 1134 冊。

4. 焦竑：《澹園集》，北京：中華書局 1995 年。

5. 焦循：《論語補疏》，《皇清經解》第 6 冊，上海：上海書店，1988 年。

6. 焦循：《孟子正義》，北京：中華書局，1987 年。

7. 焦袁熹：《此木軒四書說》，《四庫》第 210 冊。

8. 金德建：《司馬遷所見書考》，上海：上海人民出版社，1963 年。

K

1. 康德：《純粹理性批判》，鄧曉芒譯，北京：人民出版社，2004 年。

2. 康德：《道德形而上學》，《康德著作全集》第 6 卷，李秋零譯，北京：中國人民大學出版社，2007 年。

3. 康德：《判斷力批判》，鄧曉芒譯，北京：人民出版社，2002 年。

4. 康有爲：《康有爲全集》第二集，上海：上海古籍出版社，1990 年。

5. 孔晁注：《逸周書》，《叢書集成初編》，上海：商務印書館，民國二十六年。

6. 孔鮒：《孔叢子》，臺北：臺灣商務印書館，1988 年三版。

L

1. 來知德：《周易集注》，《四庫》第 32 冊。

2. 勞思光：《中國哲學史》（第一、二卷），香港：香港中文大學出版社，1971 年。

3. 雷鋐：《讀書偶記》，《四庫》第 725 冊。

4. 黎立武：《中庸分章》，《叢書集成初編》，北京：中華書局，1985 年。

5. 李翱：《復性書》，《李文公集》卷二，《四庫》第 1078 冊。

6. 李樗、黃櫄：《毛詩集解》，《四庫》第 71 冊。

7. 李燾：《續資治通鑒長編》第四冊，北京：中華書局，2004 年。

8. 李杜：《中國古代天道思想論》，臺北：藍燈文化事業公司，1992 年。

9. 李塨：《恕谷中庸講語》，《續四庫》第 159 冊。

10. 李塨：《中庸傳注》，《續四庫》第 159 冊。

11. 李光地：《榕村語錄・榕村續語錄》，北京：中華書局，1995 年。

12. 李光地：《榕村四書說》，《四庫》第 210 冊。

13. 李零：《郭店楚簡校讀記》（增訂本），北京：中國人民大學出版社，2007 年。

14. 李明輝：《四端與七情 —— 關於道德情感的比較哲學探討》，臺北：臺灣大學出版中心，2005 年。

15. 李明輝：《朱子論惡之根源》，鍾彩鈞主編：《國際朱子學會議論文集》（上冊），臺北：中央研究院中國文哲研究所籌備處，1993 年。

16. 李天虹：《郭店楚簡〈性自命出〉研究》，武漢：湖北教育出版社，2003 年。

17. 李文波：《〈中庸〉成書再辨正》，《南京社會科學》2005 年第 6 期。

18. 李孝定：《甲骨文字集釋》第一卷，臺北：中央研究院歷史語言研究所專刊之五十（1965 年 5 月）。

19. 李學勤：《失落的文明》，上海：上海文藝出版社，1997 年。

20. 李澤厚：《論語今讀》，合肥：安徽文藝出版社，1998 年。

21. 李澤厚：《實用理性與樂感文化》，北京：三聯書店，2005 年。

22. 李澤厚：《循康德、馬克思前行》，《讀書》2007 年第 1 期。

23. 李澤厚：《批判哲學批判》，北京：三聯書店，2007 年。

24. 李贄：《焚書》，《四庫禁燬書叢刊》集部第 140 冊。

25. 梁啓超：《古書真偽及其年代》，《飲冰室合集》第 12 冊，北京：中華書局，1989 年。

26. 梁啓超：《中國歷史研究法》，《飲冰室合集》第 10 冊，北京：中華書局，1989 年。

27. 梁紹壬：《兩般秋雨庵隨筆》，《續四庫》第 1263 冊。

28. 梁漱溟：《中國文化要義》，《梁漱溟全集》第 3 卷，濟南：山東人民出版社，1993 年。

29. 梁濤：《郭店竹簡與思孟學派》，北京：中國人民大學出版社，2008 年。

30. 梁濤：《郭店楚簡與〈中庸〉公案》，《臺大歷史學報》第 25 期（2000 年 7 月）。

31. 梁濤：《荀子與〈中庸〉》，《邯鄲師專學報》第 12 卷第 2 期（2002 年 6 月）。

32. 廖煥超：《〈中庸〉作者獻疑》，《孔子研究》1990 年第 2 期。

33. 林光朝：《艾軒集》，《四庫》第 1142 冊。

34. 淩曙：《四書典故考覈》，《續四庫》第 169 冊。

35. 淩廷堪：《校禮堂文集》，北京：中華書局，1998 年。

36. 劉金：《「孔子與中庸無關說」質疑》，《書城》1995 年第 2 期。

37. 劉半農：《「帝」與「天」》，《古史辨》第二冊，上海：上海古籍出版社，1981 年。

38. 劉寶楠：《論語正義》，北京：中華書局，1990 年。

39. 劉逢祿：《論語述何》，《皇清經解》第 7 冊，上海：上海書店，1988 年。

40. 劉建國：《先秦僞書辯正》，西安：陝西人民出版社，2004 年。

41. 劉述先：《朱子哲學思想的發展與完成》，臺北：臺灣學生書局，1984 年增訂再版。

42. 劉釗：《郭店楚簡校釋》，福州：福建人民出版社，2005 年。

43. 劉昭民：《中國歷史上氣候之變遷》，臺北：臺灣商務印書館，1992 年

44. 劉宗周：《劉宗周全集》第一至三冊，杭州：浙江古籍出版社，2007 年。

45. 陸九淵：《陸九淵集》，北京：中華書局，1980 年。

46. 陸隴其：《四書講義困勉錄》，《四庫》第 209 冊。

47. 陸隴其：《三魚堂剩言》，《四庫》第 725 冊。

48. 呂大臨：《藍田呂氏遺著輯校》，陳俊民輯校，北京：中華書局，1993 年。

49. 呂思勉：《呂思勉論學叢稿》，上海：上海古籍出版社，2006 年。

50. 呂紹綱：《庚辰存稿》，上海：上海古籍出版社，2000 年。

51. 呂祖謙：《大事記解題》，《四庫》第 324 冊。

52. 呂祖謙撰、呂祖儉搜錄、呂喬年編：《麗澤論說集錄》，《四庫》第 703 冊。

53. 羅欽順：《困知記》，北京：中華書局，1990 年。

M

1. 毛奇齡：《四書剩言》，《四庫》第 210 冊。

2. 毛憲：《古庵毛先生文集》，《四庫存目》集部第 67 冊。

3. 毛先舒：《聖學眞語》，《四庫存目》子部第 95 冊。

4. D.莫里斯：《人類動物園》，何道寬譯，上海：復旦大學出版社，2010 年。

5. 牟宗三：《從陸象山到劉蕺山》，《牟宗三先生全集》第 8 冊，臺北：聯經出版公司，2003 年。

6. 牟宗三：《歷史哲學》，《牟宗三先生全集》第 9 冊。

7. 牟宗三：《心體與性體》第一至三冊，《牟宗三先生全集》第 5-7 冊。

8. 牟宗三：《圓善論》，《牟宗三先生全集》第 22 冊。

9. 牟宗三：《中國哲學的特質》，《牟宗三先生全集》第 28 冊。

10. 牟宗三：《中國哲學十九講》，《牟宗三先生全集》第 29 冊。

O

1. 歐陽德：《歐陽德集》，南京：鳳凰出版社，2007 年。

2. 歐陽修：《歐陽修全集》，上海：世界書局，民國二十五年。

3. 歐陽禎人：《先秦儒家性情思想研究》，武漢：武漢大學出版社，2005 年。

P

1. 龐樸：《龐樸文集》第二卷，濟南：山東大學出版社，2005 年。

2. 龐樸：《一分爲三論》，上海：上海古籍出版社，2003 年。

3. 龐樸：《中庸與三分》，《文史哲》2000 年第 4 期。

4. 裴學海：《古書虛字集釋》，北京：中華書局，1954 年。

5. 彭百川：《太平治迹統類》，《四庫》第 408 冊。

Q

1. 錢穆：《國學概論》，《錢賓四先生全集》第一冊，臺北：聯經出版公司，
   1998 年。

2. 錢穆：《先秦諸子繫年》，《錢賓四先生全集》第五冊，臺北：聯經出版公
   司，1998 年。

3. 錢穆：《中國思想史》，臺北：臺灣學生書局，1995 年。

4. 錢穆：《中國學術思想史論叢》（二），臺北：東大圖書公司，1980 年。

5. 錢穆：《中國學術思想史論叢》（五），臺北：東大圖書公司，1984 年。

6. 錢穆：《朱子新學案》（二），臺北：三民書局，1982 年。

7. 錢善剛：《本體之思與人的存在——李澤厚哲學思想研究》，北京：北京
   師範大學出版集團；合肥：安徽大學出版社，2011 年。

8. 錢鍾書：《舊文四篇》，上海：上海古籍出版社，1979 年。

9. 錢鍾書：《談藝錄》（補丁重排本），北京：三聯書店，2001 年。

R

1. 任銘善：《禮記目錄後案》，濟南：齊魯書社，1982 年。

2. Roger T. Ames and David L. Hall. *Focusing the familiar: a translation and philosophical interpretation of the Zhongyong.* Hawai'i University of Hawai'i Press, 2001.

3. 阮元：《十三經注疏》校勘記，北京：中華書局，1983 年。

S

1. 山井鼎：《七經孟子考文補遺》，《四庫》第 190 冊。

2. 舍勒：《倫理學中的形式主義與質料的價值倫理學》（上），倪梁康譯，北
   京：三聯書店，2004 年。

3. 舍勒：《舍勒選集》（下），劉小楓選編，上海：上海三聯書店，1999 年。

4. 史伯璿：《四書管窺》，《敬鄉樓叢書》第三輯，黃群校印，1931 年。

5. 史德清：《中庸直指》，南京：金陵刻經處，光緒十年刊本（2007 年重印）。

6. 石𡎴：《中庸輯略》，《四庫》第 198 冊。

7. 釋念常：《佛祖歷代通載》，《四庫》第 1054 冊。

8. 司馬遷：《史記》，北京：中華書局，1995 年。

9. 宋濂：《諸子辯》，《宋濂全集》第一冊，杭州：浙江古籍出版社，1999 年。

10. 宋大勺：《中庸說要》，《續四庫》第 159 冊。

11. 宋翔鳳：《四書釋地辯證》，《續四庫》第 170 冊。

12. 蘇軾：《中庸論》，《東坡全集》卷四十一，《四庫》第 1107 冊。

13. 蘇轍：《古史》卷三一《孔子列傳》，《四庫》第 371 冊。

14. 束景南：《朱熹年譜長編》，上海：華東師範大學出版社，2001 年。

15. 孫奇逢：《夏峰先生集》，《孫奇逢集》（中），鄭州：中州古籍出版社，2003 年。

16. 孫星衍：《尚書今古文注疏》，北京：中華書局，1986 年。

17. 孫以楷、陸建華、劉慕方：《道家與中國哲學》（先秦卷），北京：人民出版社，2004 年。

18. 孫應科：《四書說苑》，《續四庫》第 170 冊。

T

1. 譚宇權：《中庸哲學研究》，臺北：文津出版社，1995 年。

2. 湯可敬：《說文解字今釋》，長沙：嶽麓書社，2002 年。

3. 唐君毅：《中國哲學原論·原道篇》（卷一），《唐君毅全集》卷十四，臺北：臺灣學生書局，1986 年。

4. 唐君毅：《中國哲學原論·原性篇》，《唐君毅全集》卷十三，臺北：臺灣學生書局，1989 年。

5. 唐君毅：《中西哲學思想史之比較論文集》，《唐君毅全集》卷十一，臺北：臺灣學生書局，1988 年。

6. 脫脫：《宋史》，北京：中華書局，1995 年。

W

1. 汪紱：《理學逢源》，《續四庫》第 947 冊。

2. 王柏：《魯齋集》，《四庫》第 1186 冊。

3. 王博：《〈中庸〉與荀學、〈詩〉學之關係》，《國學研究》第三卷，北京：北京大學出版社，1995 年。

4. 王力：《漢語史稿》，《王力文集》第九卷，濟南：山東教育出版社，1988 年。

5. 王塋：《四書地理考》，《續四庫》第 170 冊。

6. 王邦雄：《儒道之間》，臺北：漢光文化公司，1985 年。

7. 王充耘：《四書經疑貫通》，《四庫》第 203 冊。

8. 王夫之：《讀四書大全說》，《船山全書》第六冊，長沙：嶽麓書社，1991 年。

9. 王夫之：《四書箋解》，《船山全書》第六冊，長沙：嶽麓書社，1991 年。

10. 王夫之：《薑齋詩話》，《船山全書》第十五冊，長沙：嶽麓書社，1990 年。

11. 王夫之：《四書訓義》，《船山全書》第七、八冊，長沙：嶽麓書社，1990 年。

12. 王觀國：《學林》，北京：中華書局，1988 年。

13. 王國維：《觀堂集林》，《民國叢書》第四編第 92 冊。

14. 王國維：《觀堂集林》，《王國維先生全集》初編（一），臺北：臺灣大通書局，1976 年。

15. 王筠：《說文解字句讀》，《續四庫》第 219 冊。

16. 王念孫：《讀書雜志》，清同治庚午十一月金陵書局重槧本，南京：江蘇古籍出版社，1985 年影印。

17. 王聘珍：《大戴禮記解詁》，北京：中華書局，1983 年。

18. 王倩予：《〈天問〉解題衍義》，《社會科學研究》1999 年第 3 期。

19. 王十朋：《王十朋全集》，上海：上海古籍出版社，1998 年。

20. 王世貞：《弇州史料後集》，《四庫禁燬書叢刊》史部第 49 冊。

21. 王守仁：《王陽明全集》，上海：上海古籍出版社，1992 年。

22. 王澍：《中庸困學錄》，《續四庫》第 159 冊。

23. 王文祿：《中庸古本前引旁釋後申》，《叢書集成初編》，北京：中華書局，1991 年。

24. 王先謙：《荀子集解》，北京：中華書局，1988 年。

25. 王先慎：《韓非子集解》，北京：中華書局，1998 年。

26. 王曉薇：《宋代〈中庸〉學研究》（未刊稿），河北大學 2005 年博士論文。

27. 王逸：《楚辭章句》，《四庫》第 1062 冊。

28. 王引之：《經傳釋詞》，黃侃、楊樹達批本，長沙：嶽麓書社，1990 年。

29. 王引之:《經義述聞》,臺北:世界書局,1975 年。

30. 王應麟:《玉海》,《四庫》第 943 冊。

31. 汪子嵩、范明生、陳村富、姚介厚:《希臘哲學史》第三卷上冊,北京: 人民出版社,2003 年。

32. 衛湜:《禮記集說》,《四庫》第 117 至 120 冊。

33. 衛湜:《中庸集說》,楊少涵校理,桂林:灕江出版社,2011 年。

34. 左丘明:《國語》,韋昭注,《四庫》第 406 冊。

35. 魏徵:《隋書‧經籍志》,北京:中華書局,1995 年。

36. 韋政通:《中國哲學辭典大全》,臺北:水牛出版社,1989 年。

37. 韋政通:《中國思想史》,上海:上海書店,2003 年。

38. 吳澄:《吳文正集》,《四庫》第 1197 冊。

39. 吳根友:《試論戴震的語言哲學思想》,《中國哲學史》2009 年第 1 期。

40. 吳康等:《學庸研究論集》(第二版),臺北:黎明文化公司,1982 年。

41. 吳怡:《中國哲學的生命和方法》,臺北:東大圖書公司,1981 年。

42. 吳怡:《中庸誠的哲學》,臺北:東大圖書公司,1984 年。

43. 吳震:《「心是做工夫處」—— 關於朱子「心論」的幾個問題》,收入《宋 代新儒學的精神世界——以朱子學為中心》(論文集),上海:華東師範 大學出版社,2009 年。

44. 吳昌瑩:《經詞衍釋》,北京:中華書局,1956 年。

45. 武內義雄:《子思子考》,江俠菴編譯:《先秦經籍考》(中),上海:商務 印書館,民國二十年初版。

X

1. 夏淥:《孔子與中庸無關說》,《武漢大學學報》(哲學社會科學版)1994 年第 3 期。

2. 蕭兵:《中庸的文化省察——一個字的思想史》,武漢:湖北人民出版社, 1997 年。

3. 謝祥皓、劉宗賢:《中國儒學》,成都:四川人民出版社,1993 年。

4. 休謨:《道德原則研究》,北京:商務印書館,2002 年。

5. 徐松:《宋會要》,《續四庫》第 781 冊。

6. 徐復觀:《中國人性論史‧先秦篇》,臺北:臺灣商務印書館,1987 年。

7. 徐復觀:《中國思想史論集》,臺北:臺灣學生書局,1993 年。

8. 熊十力:《乾坤衍》,《熊十力全集》第七卷,武漢:湖北教育出版社,2001 年。

9. 徐克謙：《試論〈中庸〉基本思想的產生年代》，《齊魯學刊》1989 年第 2 期。

10. 徐仁甫：《廣古書疑義釋例》，《古書疑義舉例五種》，北京：中華書局，1983 年。

11. 徐元誥：《國語集解》（修訂本），北京：中華書局，1981 年。

12. 許謙：《讀中庸叢說》，《續四庫》第 159 冊。

13. 許維遹：《韓詩外傳集釋》，北京：中華書局，1980 年。

14. 許倬云：《西周史》（增訂本），北京：三聯書店，1995 年。

15. 薛季宣：《中庸解》，《浪語集》卷二九，《四庫》第 1159 冊。

16. 薛瑄：《讀書錄》，《薛瑄全集》下冊，太原：山西人民出版社，1990 年。

Y

1. 嚴一萍：《甲骨古文字研究》第三輯，臺北：藝文印書館，1990 年。

2. 閻若璩：《四書釋地又續》，《四庫》第 210 冊。

3. 楊伯峻：《春秋左傳注》，北京：中華書局，1990 年。

4. 楊伯峻：《論語譯注》，北京：中華書局，1980 年。

5. 楊伯峻：《孟子譯注》，北京：中華書局，1960 年。

6. 楊朝明：《〈中庸〉成書問題新探》，《河南科技大學學報》（社會科學版）第 24 卷第 5 期（2006 年 10 月）。

7. 楊亶驊：《中庸本解》，《叢書集成初編》，北京：中華書局，1985 年。

8. 楊國榮：《存在之維——後形而上學時代的形上學》，北京：人民出版社，2005 年。

9. 楊少涵：《論荀子的軍事隆禮思想》，南京政治學院上海分院 2006 年碩士論文。

10. 楊樹達：《古書疑義舉例續補》，《古書疑義舉例五種》，北京：中華書局，1983 年。

11. 楊天宇：《禮記譯注》，上海：上海古籍出版社，1997 年。

12. 楊澤波：《從以天論德看儒家道德的宗教作用》，《中國社會科學》2006 年第 3 期。

13. 楊澤波：《孟子評傳》，南京：南京大學出版，社 1998 年。

14. 楊澤波：《孟子性善論研究》，北京：中國社會科學出版社，1995 年。

15. 楊祖漢：《中庸義理疏解》，臺北：鵝湖出版社，2002 年。

16. 葉德輝：《天文單經論語校勘記》，《續四庫》第 157 冊。

17. 葉適：《習學記言序目》，北京：中華書局，1977 年。

18. 游酢：《游廌山集》，《四庫》第 1121 冊。

19. 于鬯：《香草校書》，北京：中華書局，1984 年。

20. 余英時：《朱熹的歷史世界——宋代士大夫政治文化的研究》，臺北：允晨文化公司，2003 年。

21. 俞成：《螢雪叢說》，俞鼎孫、俞經輯：《儒學警悟》，北京：中華書局，2000 年。

22. 俞樾：《古書疑義舉例》，《古書疑義舉例五種》，北京：中華書局，1983 年。

23. 俞樾：《湖樓筆談》，《續四庫》第 1162 冊。

24. 俞樾：《四書辨疑辨》，《續四庫》第 170 冊。

25. 俞正燮：《癸巳存稿》，《俞正燮全集》第二冊，合肥：黃山書社，2005 年。

26. 虞聖強：《荀子「性惡」新解》，《復旦學報》1996 年第 4 期。

27. 袁甫：《蒙齋中庸講義》，《四庫》第 199 冊。

28. 袁枚：《袁枚全集》第五冊，南京：江蘇古籍出版社，1993 年。

29. 袁燮：《絜齋集》，《叢書集成初編》，北京：中華書局，1985 年。

30. 袁俊翁：《四書疑節》，《四庫》第 203 冊。

Z

1. 翟灝：《四書考異》，《續四庫》第 167 冊。

2. 翟奎鳳：《〈論語〉「無適無莫」三種歷史詮釋之考察》，《孔子研究》2008 年第 3 期。

3. 湛若水：《格物通》，《四庫》第 716 冊。

4. 張春興：《張氏心理學辭典》，臺北：東華書局，1989 年

5. 張覺：《荀子譯注》，上海：上海古籍出版社，1995 年。

6. 張沐：《中庸疏略》，《續四庫》第 159 冊。

7. 張浚：《紫岩易傳》，《四庫》第 10 冊。

8. 章世純：《四書留書》，《四庫》第 207 冊。

9. 章太炎：《國故論衡》，民國八年《章氏叢書》本。

10. 章太炎：《國學概論》，上海：泰東圖書局，民國十二年。

11. 張載：《張載集》，北京：中華書局，1978 年。

12. 張心澂：《僞書通考》上冊，上海：商務印書館，1957 年。

13. 張自烈編、廖文英補：《正字通》，北京：中國工人出版社，1996 年影印。

14. 鄭樵：《六經奧論》，《四庫》第 184 冊。

15. 鄭熊:《宋儒對〈中庸〉的研究》,西北大學 2007 年博士論文。

16. 鄭玄注、孔穎達疏:《禮記正義》,《十三經注疏》,北京:北京大學出版社,2000 年。

17. 鄭宗義:《性情與情性:論明末泰州學派的情欲觀》,熊秉眞、張壽安編,《情欲明清──達情篇》,臺北:麥田出版社,2004 年。

18. 周柄中:《四書典故辨正》,《續四庫》第 167 冊。

19. 周敦頤:《元公周先生濂溪集》,長沙:嶽麓書社,2006 年。

20. 周清泉:《文字考古》,成都:四川人民出版社,2003 年。

21. 朱朝瑛:《讀詩略記》,《四庫》第 82 冊。

22. 朱光潛:《文藝心理學》,《朱光潛全集》第一卷,合肥:安徽教育出版社,1987 年。

23. 朱駿聲:《說文通訓定聲》,《續四庫》第 221 冊。

24. 朱謙之:《老子校釋》,北京:中華書局,1984 年。

25. 朱熹:《晦庵先生朱文公文集》,《朱子全書》第二十至二十五冊,上海:上海古籍出版社;合肥:安徽教育出版社,2002 年。

26. 朱熹:《論孟精義》,《朱子全書》第七冊。

27. 朱熹:《孟子集注》,《朱子全書》第六冊。

28. 朱熹:《四書或問》,《朱子全書》第六冊。

29. 朱熹:《四書章句集注》,北京:中華書局,1983 年。

30. 朱熹:《太極圖說解》,《朱子全書》第十三冊。

31. 朱熹:《通書注》,《朱子全書》第十三冊。

32. 朱熹:《朱子語類》(一至五),《朱子全書》第十四至十八冊。

33. 朱熹:《楚辭集注》,《朱子全書》第十九冊。

34. 朱彝尊:《經義考》,《四部備要》本。

35. 竺柯楨:《中國近五千年來氣候變遷的初步研究》,《考古學報》1972 年第 1 期。

36. 鄒德涵:《鄒聚所先生文集》,《四庫存目》集部第 156 冊。

37. 鄒憬:《〈中庸〉成書公案與今本〈中庸〉的流傳與升格》,曲阜師範大學 2008 年碩士論文。

38. 鄒玉現:《關於〈中庸〉的作者及著作年代》,《山西大學學報》(哲學社會科學版)1990 年第 1 期。

39. 鄒元標:《願學集》,《四庫》第 1294 冊。

知見文獻要目

一、涵蓋內容：（一）時間下限止 2008 年。（二）《中庸》學專著、論文，包括《禮記》、《四書》中之《中庸》部分；（二）大陸港臺的《中庸》學期刊論文；（三）大陸港臺的《中庸》學博碩論文；（四）較具理論性的《中庸》學會議論文；（五）日韓主要《中庸》學文獻；（六）英文《中庸》學文獻只錄個別影響較大者。

二、資料來源：（一）民國及以前文獻目錄主要根據《四庫》、《續四庫》、《四庫存目》、《四庫未收》、《四庫禁燬》、《四部備要》以及《叢書集成》初編、續編、三編書目整理，同時參考了傅武光《四書學考》卷五《中庸學流別論》及王曉薇《宋代〈中庸〉學研究》搜列的文獻目錄。（二）民國以來的文獻，主要根據中國期刊全文數據庫、中國博士學位論文全文數據庫、中國優秀碩士學位論文全文數據庫和中國重要報紙全文數據庫搜索所得，同時參考了劉延福《二十世紀以來思孟學派研究目錄索引編年》（《儒家思孟學派論集》，濟南：齊魯書社，2008 年）。

1. 《中庸古本》，（戰國）孔伋，《叢書集成初編》，北京：中華書局，1991年。
2. 《中庸說》（佚），《漢書・藝文志》。
3. 《禮記・中庸注》，（漢）鄭玄，《十三經注疏》。
4. 《中庸傳》（佚），（晉）戴顒，《隋書・經籍志》。
5. 《中庸講疏》（佚），（南朝）蕭衍（梁武帝），《隋書・經籍志》。

6. 《私記制旨中庸義》（佚），（南朝）蕭衍（梁武帝），《隋書‧經籍志》。

7. 《禮記‧中庸注疏》，（唐）孔穎達，《十三經注疏》。

8. 《復性書》，《李文公集》卷二，（唐）李翱，《四庫》第 1078 冊。

9. 《中庸說》（未見），（唐）李翱，（清）朱彝尊《經義考》。

10. 《與呂道州論非國語》，《柳河東集》卷四十，（唐）柳宗元，上海：上海人民出版社，1974 年。

11. 《祭呂衡州溫》，《柳河東集》卷四十，（唐）柳宗元，上海：上海人民出版社，1974 年。

12. 《贈別君素上人並引》，《劉禹錫集箋證》卷二九，（唐）劉禹錫，上海：上海古籍出版社，1989 年。

13. 《跋中庸集解》，（宋）張栻，《南軒集》卷三三，《四庫》第 1167 冊。

14. 《跋朱晦庵書中庸》，（宋）樓鑰，《攻媿集》卷七六，《四庫》第 1153 冊。

15. 《策問四首‧中庸發題》，（宋）崔敦禮，《宮教集》卷一，《四庫》第 1151 冊。

16. 《誠明說》，（宋）陳襄，《古靈集》卷五，《四庫》第 1093 冊；《宋元學案》卷五。

17. 《答李翊第二書》，（宋）歐陽修，《居士集》卷四七，《歐陽修全集》，上海：世界書局，民國二十五年。

18. 《大學中庸義》，（宋）司馬光，《宋元學案》卷七《涑水學案上》。

19. 《訂古中庸》（未見），（宋）王柏，朱彝尊《經義考》。

20. 《讀禮記中庸第三十一》，（宋）黃震，《黃氏日抄》卷二五，《四庫》第 707 冊。

21. 《讀中說》，（宋）釋智圓，《閒居編》卷二六，《續藏經》第 101 冊。

22. 《龜山集》卷四，（宋）楊時，《中庸義序》，《四庫》第 1125 冊。

23. 《郭兼山沖晦中庸說序》，（宋）劉辰翁，《須溪集》卷六，《四庫》第 1186 冊。

24. 《胡先生中庸義》（未見），（宋）胡瑗，《宋史‧藝文志》；《宋元學案》卷一《安定學案》。

25. 《還戴縣丞中庸大學要義書》，（宋）黃震，《黃氏日抄》卷八五，《四庫》第 708 冊。

26. 《家記‧論大學中庸》，（宋）楊簡，《慈湖遺書》，《四庫》第 1156 冊。

27. 《進卷中庸》，《水心別集》卷七，（宋）葉適，《葉適集》，北京：中華書局，1961 年。

28. 《經學‧中庸問答》（佚），（宋）朱熹，《郡齋讀書記志附錄》，朱彝尊《經

義考》。

29. 《考亭解中庸》，（宋）葉紹翁，《四朝聞見錄》卷一，《四庫》第 1039 冊。

30. 《禮記》，（宋）陳植，《木鐘記》卷八，《四庫》第 冊。

31. 《禮記集說·中庸集說》，（宋）衛湜，《四庫》第 117 至 120 冊。

32. 《禮記講義·中庸》，（宋）陳襄，《古靈集》卷一二。

33. 《六家中庸大學解義》（佚），（宋）司馬光等，《宋史·藝文志》。

34. 《蒙齋中庸講義》，（宋）袁甫，《四庫》第 199 冊。

35. 《融堂四書管見·中庸》，（宋）錢時，《四庫》第 187 冊。

36. 《四如講稿》，（宋）黃仲元，《四庫》第 183 冊。

37. 《四書集編·中庸集編》，（宋）真德秀，《四庫》第 200 冊。

38. 《四書集義》（佚），（宋）朱熹。

39. 《四書集義序》，（宋）歐陽守道，《巽齋文集》卷十二，《四庫》第 1181 冊。

40. 《四書箋義》，（宋）趙惠，《續四庫》第 159 冊。

41. 《四書類·中庸類》，（宋）滕琪，《經濟文衡》卷二十，《四庫》第 704 冊。

42. 《四書類編》（佚），（宋）暖淵，陽枋《字溪集》卷十二《紀年錄》，《四庫》第 1183 冊。

43. 《四書纂疏·中庸纂疏》，（宋）趙順孫，《四庫》第 201 冊；，上海：華東師範大學出版社，1992 年。

44. 《四先生中庸解義》，（宋）程頤、呂大臨、游酢、楊時，《宋史·藝文志》。

45. 《誦中庸》，（宋）陳藻，《樂軒集》卷一，《四庫》第 1152 冊。

46. 《題呂與叔中庸解》，（宋）胡宏，《胡宏集》卷三，北京：中華書局，1987 年。

47. 《題循陽通守黃必昌大學中庸講義》，（宋）李昂英，《文溪集》卷四，《四庫》第 1181 冊。

48. 《題諸葛玨北溪中庸大學序》，（宋）李昂英，《文溪集》卷四，《四庫》第 1181 冊。

49. 《問太極中庸之義》，（宋）真德秀，《西山文集》卷三一，《四庫》第 1174 冊。

50. 《新定中庸》（佚），（宋）朱熹，《朱子文集》卷八一《書中庸後》；卷三三《答呂伯恭書》。《朱子全書》第 24 冊。

51. 《性情》，（宋）王安石，《王文公文集》卷二七，上海：上海人民出版社，1974 年。

52. 《性道教說》、《中說》、《誠說》、《庸說》、《和說》，（金）趙秉文，《滏水集》，《四庫》第 1190 冊。

53. 《楊龜山中庸解序》，（宋）陳亮，《龍川集》卷二四，《四庫》第 1171 冊；《陳亮集》，北京：中華書局，1987 年。

54. 《語孟大學中庸》（口義、字義、詳講）（佚），（宋）陳淳，《宋史》卷四三○《陳淳傳》。

55. 《中和舊說》（佚），（宋）朱熹，《中和舊說序》，《朱子文集》卷七五，《朱子全書》第 24 冊。

56. 《中和舊說》，（宋）李侗，《宋元學案》卷三九《豫章學案》。

57. 《中和論》，（宋）司馬光，《司馬溫公文集》卷七一，《四部備要》集部第 653 冊。

58. 《中說》（佚），（宋）陳瓘，《宋史·藝文志》。

59. 《中說解》（佚），（宋）龔鼎臣，《宋史·藝文志》。

60. 《中庸》，（宋）程大昌，《考古編》卷六，《四庫》第 852 冊；俞鼎孫、俞經輯《儒學警悟》，北京：中華書局，2000 年。

61. 《中庸》，（宋）黃裳，《演山集》卷四二，《四庫》第 1120 冊。

62. 《中庸本義》（佚），（宋）王奕，朱彝尊《經義考》。

63. 《中庸傳》，（宋）晁說之，《景迂生集》卷十二，《四庫》第 1118 冊；《叢書集成初編》，北京：中華書局 1991 年。

64. 《中庸大傳》（未見），（宋）晁公武，《宋史·藝文志》。

65. 《中庸大學廣義》（佚），（宋）司馬光，《宋史·藝文志》。

66. 《中庸大學講義》（佚），（宋）謝興甫，《宋史·藝文志》。

67. 《中庸大學言小人各有闕文一字》，（宋）史繩祖，《學齋占畢》卷一，《四庫》第 854 冊。

68. 《中庸大義》（佚），（宋）余象，朱彝尊《經義考》。

69. 《中庸發揮》（未見），（宋）何基，朱彝尊《經義考》。

70. 《中庸發題》（佚），（宋）孫調，朱彝尊《經義考》。

71. 《中庸分章》，（宋）黎立武，《四庫》第 200 冊；《叢書集成初編》，北京：中華書局，1985 年。

72. 《中庸管見》（佚），（宋）夏侯尚玄，朱彝尊《經義考》。

73. 《中庸後解》（佚），（宋）呂大臨，朱彝尊《經義考》。

74. 《中庸或問》，（宋）朱熹，《朱子全書》第 6 冊。

75. 《中庸集傳》（佚），（宋）錢文子，《宋史·藝文志》。

76. 《中庸集解》（存），（宋）石𪌩，《宋史·藝文志》。

77. 《中庸集解》（佚），（宋）賈蒙，朱彝尊《經義考》。

78. 《中庸集解》（佚），（宋）李純甫，朱彝尊《經義考》。

79. 《中庸集解記辨》（佚），（宋）朱熹，《朱子文集》卷五五《答李守約》，《朱子全書》第 23 冊。

80. 《中庸集解質疑》，（宋）呂祖謙，《東萊別集》卷十六，《四庫》第 1150 冊。

81. 《中庸集義》（佚），（宋）倪思，《宋史·藝文志》。

82. 《中庸輯略》，（宋）石墪，《四庫》第 198 冊。

83. 《中庸輯釋》（佚），（宋）李思正，朱彝尊《經義考》。

84. 《中庸簡明傳》（佚），（宋）劉惟思，朱彝尊《經義考》。

85. 《中庸講義》（佚），（宋）趙若煥，朱彝尊《經義考》。

86. 《中庸講義》（佚），（宋）鄭霖，朱彝尊《經義考》。

87. 《中庸解》（不存），（宋）張浚，《宋史》卷三六一《張浚傳》。

88. 《中庸解》（未見），（宋）林光朝，朱彝尊《經義考》。

89. 《中庸解》（未見），（宋）熊節，朱彝尊《經義考》。

90. 《中庸解》（未見），（宋）楊時，《宋史·藝文志》。

91. 《中庸解》（佚），（宋）陳義宏，朱彝尊《經義考》。

92. 《中庸解》（佚），（宋）方逢辰，朱彝尊《經義考》。

93. 《中庸解》（佚），（宋）黃櫄，朱彝尊《經義考》。

94. 《中庸解》（佚），（宋）江泳，朱彝尊《經義考》。

95. 《中庸解》（佚），（宋）馬之純，朱彝尊《經義考》。

96. 《中庸解》（佚），（宋）邵囦，朱彝尊《經義考》。

97. 《中庸解》（佚），（宋）徐存，朱彝尊《經義考》。

98. 《中庸解》，（宋）呂大臨，《藍田呂氏遺著輯校》，陳俊民輯校，北京：中華書局，1993 年。

99. 《中庸解》，（宋）釋契嵩，《鐔津文集》卷四，《中華大藏經》第 79 冊，1731 號。

100. 《中庸解》，（宋）薛季宣，《浪語集》卷二九，《四庫》第 1159 冊。

101. 《中庸解義》（存），（宋）陳淵，《默堂集》卷二二，《四庫》第 1139 冊。

102. 《中庸解義》（未見），（宋）游酢，《宋史·藝文志》。

103. 《中庸就正錄》（佚），（宋）劉黻，朱彝尊《經義考》。

104. 《中庸聚疑》（佚），（宋）夏侯尚玄，朱彝尊《經義考》。

105. 《中庸口義》（佚），（宋）吳之口，朱彝尊《經義考》。

106. 《中庸論》（上、下），（宋）史堯弼，《蓮峰集》卷六，《四庫》第 1165 冊。

107. 《中庸論》（上、下），（宋）王柏，《魯齋集》卷十，《四庫》第 1186 冊。

108. 《中庸論》（上、中、下），（宋）蘇軾，《東坡全集》卷四十一，《四庫》第 1107 冊。

109. 《中庸論》（佚），（宋）趙㴛，《宋史‧藝文志》。

110. 《中庸論》，（宋）張方平，《樂全集》卷十七，《四庫》第 1104 冊。

111. 《中庸論五首》，（宋）范祖禹，《范太史集》卷三五，《四庫》第 1100 冊；《宋元學案》卷二一《華陽學案》。

112. 《中庸說》（不存），（宋）羅從彥，《豫章文集》卷十四《附錄‧實錄》，《四庫》第 1135 冊。

113. 《中庸說》（未見），（金）趙秉文，《四庫提要》卷一六六《滏水集》。

114. 《中庸說》（未見），（宋）侯仲良，朱彝尊《經義考》。

115. 《中庸說》（未見），（宋）項安世，《宋史‧藝文志》。

116. 《中庸說》（未見），（宋）張九成，《宋史‧藝文志》。

117. 《中庸說》（佚），（宋）陳堯道，《宋史‧藝文志》；朱彝尊《經義考》。

118. 《中庸說》（佚），（宋）郭忠孝，《宋史‧藝文志》。

119. 《中庸說》（佚），（宋）潘好古，朱彝尊《經義考》。

120. 《中庸說》（佚），（宋）萬人傑，朱彝尊《經義考》。

121. 《中庸說》（佚），（宋）王萬，朱彝尊《經義考》。

122. 《中庸說》（佚），（宋）魏天祐，朱彝尊《經義考》。

123. 《中庸說》（佚），（宋）徐寅，朱彝尊《經義考》。

124. 《中庸說》（佚），（宋）姚子張，朱彝尊《經義考》。

125. 《中庸說》（佚），（宋）鄭彥明，朱彝尊《經義考》。

126. 《中庸說》殘三卷，（宋）張九成，《四部叢刊》三編經部。

127. 《中庸提綱》（佚），（宋）陳華祖，朱彝尊《經義考》。

128. 《中庸圖說》（佚），（宋）李思正，朱彝尊《經義考》。

129. 《中庸詳說》（佚），（宋）袁甫，《宋史‧藝文志》。

130. 《中庸心性》，（宋）史繩祖，《學齋佔畢》卷三，《四庫》第 854 冊。

131. 《中庸續說》（佚），（宋）熊以寧，朱彝尊《經義考》。

132. 《中庸訓解》（佚），（宋）鄭耕老，朱彝尊《經義考》。

133. 《中庸義》（存），（宋）程顥，《宋史‧藝文志》。

134. 《中庸義》（佚），（宋）關注，朱彝尊《經義考》。

135. 《中庸義》（佚），（宋）喬執中，《宋史·藝文志》。

136. 《中庸義》（佚），（宋）譚惟寅，朱彝尊《經義考》。

137. 《中庸義》，（宋）陳襄，《宋元學案》卷五《古靈四先生學案》。

138. 《中庸義》，（宋）游酢，《游鷹山集》卷一，《四庫》第 1121 冊。

139. 《中庸臆說》，（宋）項安世，《項氏家說》附錄卷二，《四庫》第 706 冊。

140. 《中庸約說》（佚），（宋）趙善湘，《宋史》卷四一三《趙善湘傳》。

141. 《中庸章句》（佚），（宋）林夔孫，朱彝尊《經義考》。

142. 《中庸章句》，（宋）朱熹，北京：中華書局 1983 年；《朱子全書》第 6 冊。

143. 《中庸指歸》，（宋）黎立武，《四庫》第 200 冊；《叢書集成初編》，北京：中華書局，1985 年。

144. 《中庸指歸圖》，（宋）黎立武，《四庫》第 200 冊；《叢書集成初編》，北京：中華書局，1985 年。

145. 《中庸致用》（佚），（宋）何夢桂，朱彝尊《經義考》。

146. 《中庸子傳》，（宋）釋智圓，《閒居編》卷一九，《卍續藏經》第 101 冊。

147. 《中庸總論·續說》（存），（宋）黃幹，朱彝尊《經義考》。

148. 《子思子全書》，（宋）汪晫編，《四庫》第 703 冊。

149. 《讀四書叢說》，（元）許謙，《四庫》第 202 冊。

150. 《讀中庸叢說》，（元）許謙，《續四庫》第 159 冊；《四部叢刊》續編第 66 冊。

151. 《讀中庸有感》，（元）王旭，《蘭軒集》卷三，《四庫》第 1202 冊。

152. 《四書辨疑》，（元）陳天祥，《四庫》第 202 冊。

153. 《四書待問》，（元）蕭鎰，《續四庫》第 159 冊。

154. 《四書管窺》，（元）史伯璿，《四庫》第 204 冊；《敬鄉樓叢書》第三輯，黃群校印，1931 年。

155. 《四書集義精要》，（元）劉因，《四庫》第 202 冊。

156. 《四書輯釋》，（元）倪士毅，《續四庫》第 160 冊；《四庫存目》經部第 155 冊。

157. 《四書經疑貫通》，（元）王充耘，《四庫》第 203 冊。

158. 《四書經疑問對》，（元）董蠡，《四庫未見》第 3 輯經部第 9 冊。

159. 《四書通·中庸通》，（元）胡炳文，《四庫》第 203 冊。

160. 《四書通證·中庸章句或問通證》，（元）張存中，《四庫》第 203 冊。

161. 《四書通旨》，（元）朱公遷，《四庫》第 204 冊。

162. 《四書疑節》，（元）袁俊翁，《四庫》第 203 冊。

163. 《四書纂箋・中庸纂箋》，（元）詹道傳，《四庫》第 204 冊。

164. 《語錄・中庸》，（元）胡祇遹，《紫山大全集》卷二四，《四庫》第 1196 冊。

165. 《中和集》，（元）李道純，《四庫存目》子部第 259 冊；上海：上海古籍出版社，1989 年。

166. 《中庸叢說》（未見），（元）許謙，朱彝尊《經義考》。

167. 《中庸發明》（未見），（元）王奎文，朱彝尊《經義考》。

168. 《中庸發明要覽》（未見），（元）陸琪，朱彝尊《經義考》。

169. 《中庸非全書》，（元）陶宗儀，《說郛》卷二二上，《四庫》第 876 冊。

170. 《中庸綱領》，（元）吳澄，《吳文正集》卷一，《四庫》第 1197 冊。

171. 《中庸古本》（補），（元）陶宗儀，《說郛》卷一上，《四庫》第 876 冊。

172. 《中庸集說啟蒙》，（元）景星，《四庫》第 204 冊。

173. 《中庸簡明傳序》，（元）吳澄，《吳文正集》卷二十，《四庫》第 1197 冊。

174. 《中庸講義》（佚），（元）程逢午，朱彝尊《經義考》。

175. 《中庸解》（未見），（元）魯眞，朱彝尊《經義考》。

176. 《中庸口義自序》，（元）陳櫟，《定宇集》卷一，《四庫》第 1205 冊。

177. 《中庸說》（佚），（元）練魯，朱彝尊《經義考》。

178. 《中庸章句續解》（未見），（元）齊履謙，朱彝尊《經義考》。

179. 《中庸章旨》（未見），（元）黃鎭成，朱彝尊《經義考》。

180. 《中庸直解》，（元）許衡，《魯齋遺書》卷五，《四庫》第 1198 冊；《許衡集》，北京：東方出版社，2007 年。

181. 《中庸注》（佚），（元）薛玄，朱彝尊《經義考》。

182. 《答薛君採論中庸凡書》，（明）崔銑，《洹詞》卷七，《四庫》第 1267 冊。

183. 《大學中庸集注直解》，（明）張居正，濟南：聞承烈刊，民國二十年。

184. 《簡端錄》卷十一《中庸》，（明）邵寶，《四庫》第 184 冊。

185. 《講義・中庸之爲德章》，（明）高攀龍，《高子遺書》卷四，《四庫》第 1292 冊。

186. 《焦氏四書講錄》，（明）焦竑，《續四庫》第 162 冊。

187. 《經傳談下・中庸》，（明）周琦，《東溪日談錄》卷十一，《四庫》第 714 冊。

188. 《經典稽疑》，（明）陳耀文，《四庫》第 184 冊。

189. 《經筵講章・中庸》，（明）程敏政，《篁墩文集》卷八，《四庫》第 1252 冊。

190. 《青宮直講・中庸》，（明）程敏政，《篁墩文集》卷一，《四庫》第 1252 冊。

191. 《書新刊大學中庸章句或問後》，（明）黃仲昭，《未軒文集》卷四，《四庫》第 1254 冊。

192. 《四書大全・中庸章句大全》，（明）胡廣，《四庫》第 205 冊。

193. 《四書湖南講》，（明）葛寅亮，《續四庫》第 163 冊；《四庫存目》經部第 162 冊。

194. 《四書近語》，（明）孫應鼇，《續四庫》第 160 冊。

195. 《四書經學考》，（明）徐邦佐，《四庫存目》經部第 166 冊。

196. 《四書經學考補遺》，（明）陳鵬霄，《四庫存目》經部第 166 冊。

197. 《四書留書》，（明）章世純，《四庫》第 207 冊。

198. 《四書蒙引》，（明）蔡清，《四庫》第 206 冊。

199. 《四書蒙引別錄》，（明）莊煦，《四庫》第 206 冊。

200. 《四書評》，（明）李贄，《續四庫》經部第 161 冊；上海：上海人民出版社，1975 年。

201. 《四書說》，（明）辛全，《叢書集成續編》第 34 冊，臺北：新文豐出版公司，1988 年。

202. 《四書說業》，（明）沈守正，《四庫存目》經部第 163 冊。

203. 《四書說約》，（明）顧夢麟，《四庫未收》第 5 輯經部第 3 冊。

204. 《四書說約》，（明）鹿善繼，《續四庫》第 162 冊；《四庫存目》經部第 164 冊。

205. 《四書五經難字》，（明）佚名，《四庫存目》經部第 192 冊。

206. 《四書因問》，（明）呂柟，《四庫》第 206 冊。

207. 《四書約說》，（明）孫肇興，《續四庫》第 164 冊。

208. 《四書指月》，（明）馮夢龍，上海：上海古籍出版社，1993 年；《麟經指月》，《四庫未收》第 2 輯經部第 10 冊。

209. 《四子論》，（明）王褘，《王忠文集》卷四，《四庫》第 1226 冊。

210. 《五經稽疑》卷上《中庸》，（明）朱睦㮮，《四庫》第 184 冊。

211. 《五經四書各圖總敘》，（明）章潢，《圖書編》卷九，《四庫》第 968 冊。

212. 《學庸正說》，（明）趙南星，《四庫》第 207 冊。

213. 《學中庸敘》，（明）章潢，《圖書編》卷十五，《四庫》第 968 冊。

214. 《中庸》，（明）張志淳，《南園漫錄》卷五，《四庫》第 867 冊。

215. 《中庸本義》（未見），（明）許誥，朱彝尊《經義考》。

216. 《中庸本義》（未見），（明）姚文灝，朱彝尊《經義考》。

217. 《中庸本義》（未見），（明）應廷育，朱彝尊《經義考》。

218. 《中庸參》（未見），（明）李頴，朱彝尊《經義考》。

219. 《中庸測》（存），（明）吳三極，朱彝尊《經義考》。

220. 《中庸測》，（明）湛若水，朱彝尊《經義考》。

221. 《中庸測義》（存），（明）管志道，朱彝尊《經義考》。

222. 《中庸傳》（存），（明）張邦奇，朱彝尊《經義考》。

223. 《中庸傳》（未見），（明）張邦治，朱彝尊《經義考》。

224. 《中庸傳》（未見），（明）周夢華，朱彝尊《經義考》。

225. 《中庸傳》（佚），（明）吳溶，朱彝尊《經義考》。

226. 《中庸傳》（佚），（明）吳源，朱彝尊《經義考》。

227. 《中庸訂釋》（存），（明）管志道，朱彝尊《經義考》。

228. 《中庸讀法》（佚），（明）黃焯，朱彝尊《經義考》。

229. 《中庸發覆》（存），（明）周從龍，朱彝尊《經義考》。

230. 《中庸凡》（未見），（明）崔銑，朱彝尊《經義考》。

231. 《中庸膚見》（未見），（明）白良輔，朱彝尊《經義考》。

232. 《中庸古本》（未見），（明）林日正，朱彝尊《經義考》。

233. 《中庸古本前引旁釋後申》，（明）王文祿，《叢書集成初編》第 17 輯第 441 冊，北京：中華書局，1991 年。

234. 《中庸古今四體文》（未見），（明）楊時喬，朱彝尊《經義考》。

235. 《中庸古今注》（未見），（明）黃綰，朱彝尊《經義考》。

236. 《中庸管窺》，（明）廖紀，《四庫存目》經部第 156 冊。

237. 《中庸集說啓蒙》（未見），（明）謝東山，朱彝尊《經義考》。

238. 《中庸輯略序》，（明）唐順之，《荊川集》卷六，《四庫》第 1276 冊。

239. 《中庸講義》（未見），（明）黃瓚，朱彝尊《經義考》。

240. 《中庸講義》（未見），（明）馬貴，朱彝尊《經義考》。

241. 《中庸講義》，（明）張洪，朱彝尊《經義考》。

242. 《中庸講章》，（明）倪岳，《青溪漫稿》卷十，《四庫》第 1251 冊。

243. 《中庸解》（未見），（明）羅倫，朱彝尊《經義考》。

244. 《中庸解》（未見），（明）倪復，朱彝尊《經義考》。

245. 《中庸解》（未見），（明）楊爵，朱彝尊《經義考》。

246. 《中庸九經衍義》（未見），（明）王仁，朱彝尊《經義考》。

247. 《中庸九經政要箋》，（明）黃佐存，朱彝尊《經義考》。

248. 《中庸舉正》（未見），（明）樊長卿，朱彝尊《經義考》。

249. 《中庸句解》（未見），（明）張萬，朱彝尊《經義考》。

250. 《中庸口義》，（明）章袞，《章介庵集》，《四庫存目》集部第 81 冊。

251. 《中庸類編》（未見），（明）陳雅言，朱彝尊《經義考》。

252. 《中庸詮注》（存），（明）朱應升，朱彝尊《經義考》。

253. 《中庸三書》（未見），（明）瞿九思，朱彝尊《經義考》。

254. 《中庸釋論》（存），（明）吳應賓，朱彝尊《經義考》。

255. 《中庸首章說》，（明）劉宗周，《劉蕺山集》卷十一，《四庫》第 1294 冊；《劉宗周全集》第二冊，杭州：浙江古籍出版社，2006 年。

256. 《中庸疏意》（存），（明）袁黃，朱彝尊《經義考》。

257. 《中庸述》（未見），（明）許孚，朱彝尊《經義考》。

258. 《中庸述微》（未見），（明）萬思謙，朱彝尊《經義考》。

259. 《中庸說》（存），（明）錢口，朱彝尊《經義考》。

260. 《中庸說》（未見），（明）劉駒，朱彝尊《經義考》。

261. 《中庸說》，（明）顧憲成，《續四庫》第 159 冊。

262. 《中庸說》，（明）夏尚樸，《東岩集》卷一，《四庫》第 1271 冊。

263. 《中庸說要》，（明）宋大勺，《續四庫》第 159 冊。

264. 《中庸私抄》（未見），（明）楊守陳，朱彝尊《經義考》。

265. 《中庸通旨》（未見），（明）洪鼐，朱彝尊《經義考》。

266. 《中庸通注》（存），（明）朱元輔，朱彝尊《經義考》。

267. 《中庸外傳》（未見），（明）顧起元，朱彝尊《經義考》。

268. 《中庸位育圖說》（未見），（明）瞿九思，朱彝尊《經義考》。

269. 《中庸問辨》，（明）高拱，《問辨錄》卷二，《四庫》第 207 冊。

270. 《中庸問答》（未見），（明）高世泰，朱彝尊《經義考》。

271. 《中庸析義》（未見），（明）許天錫，朱彝尊《經義考》。

272. 《中庸詳說》（佚），（明）蔣允汶，朱彝尊《經義考》。

273. 《中庸詳說》（佚），（明）劉清，朱彝尊《經義考》。

274. 《中庸衍義》（未見），（明）王尊賢，朱彝尊《經義考》。

275. 《中庸衍義》，（明）夏良勝，《四庫》第 715 冊。

276. 《中庸要領》（未見），（明）汪於沚，朱彝尊《經義考》。

277. 《中庸一助》（未見），（明）宗玧，朱彝尊《經義考》。

278. 《中庸疑問》（存），（明）姚舜牧，朱彝尊《經義考》。

279. 《中庸義略》，（明）王漸逵，朱彝尊《經義考》。

280. 《中庸繹》（未見），（明）樊長卿，朱彝尊《經義考》。

281. 《中庸意》，（明）顧憲成，《續四庫》第 159 冊。

282. 《中庸臆》（未見），（明）楊文，朱彝尊《經義考》。

283. 《中庸臆說》（未見），（明）李盤，朱彝尊《經義考》。

284. 《中庸臆說》（未見），（明）施儒，朱彝尊《經義考》。

285. 《中庸庸言》（未見），（明）李栻，朱彝尊《經義考》。

286. 《中庸鬱溪記》（佚），（明）郁文初，朱彝尊《經義考》。

287. 《中庸淵天紹易測》（未見），（明）陳仁錫，朱彝尊《經義考》。

288. 《中庸原》（未見），（明）方獻夫，朱彝尊《經義考》。

289. 《中庸章句詳說》（未見），（明）李清，朱彝尊《經義考》。

290. 《中庸直講》（存），（明）高拱，朱彝尊《經義考》。

291. 《中庸直指》，（明）釋德清，南京：金陵刻經處，2007 年重印。

292. 《中庸旨說》（存），（明）程智，朱彝尊《經義考》。

293. 《中庸中和說》，（明）程時登，朱彝尊《經義考》。

294. 《中庸宗釋》（存），（明）鄒德溥，朱彝尊《經義考》。

295. 《重訂四書說業》，（明）沈守正，《續四庫》第 163 冊。

296. 《重訂四書疑問》，（明）姚舜牧，《四庫存目》經部第 158 冊。

297. 《重刊中庸一助敘》，（明）宗臣，《宗子相集》卷十三，《四庫》第 1287 冊。

298. 《莊子語暗合中庸》，（明）楊慎，《升菴集》卷四六，《四庫》第 1270 冊；李贄《李卓吾先生讀升菴集》，《四庫存目》子部第 124 冊。

299. 《四書釋地補》（續補、續補、三續補），（清）樊廷枚，《續四庫》第 170 冊。

300. 《四書札記》，（清）楊名時，《四庫》第 210 冊。

301. 《駁四書改錯》，（清）戴大昌，《續四庫》第 169 冊。

302. 《補餘堂四書問答》，（清）戴大昌，《續四庫》第 169 冊。

303. 《此木軒四書說》，（清）焦袁熹，《四庫》第 210 冊。

304. 《大學中庸本義》，（清）王澍，《四庫存目》經部第 173 冊。

305. 《讀四書大全說》，（清）王夫之，《船山全書》第 6 冊，長沙：嶽麓書社，1996 年。

306. 《經書近指》，（清）孫奇逢，《四庫存目》經部第 56 冊。

307. 《論性書》，（清）魏裔介，《四庫存目》子部第 20 冊。

308. 《評選四書文》，（清）呂留良，《四庫禁燬》補編第 1 冊。

309. 《日講四書解義》，（清）庫勒納，《四庫》第 208 冊。

310. 《三魚堂勝言》，（清）陸隴其，《四庫》第 725 冊。

311. 《三魚堂四書集注大全》，（清）陸隴其，《四庫存目》經部第 170-171 冊。

312. 《恕谷中庸講語》，（清）李塨，《續四庫》第 159 冊。

313. 《四書按稿》，（清）江永，《續四庫》第 166 冊。

314. 《四書稗疏》，（清）王夫之，《船山全書》第 6 冊，長沙：嶽麓書社，1996年。

315. 《四書辨疑辨》，（清）俞樾，《續四庫》第 170 冊。

316. 《四書大全纂要序》，（清）魏裔介，《兼濟堂文集》卷三，《四庫》第 1312 冊。

317. 《四書地理考》，（清）王瑬，《續四庫》第 170 冊。

318. 《四書典故辯證》，（清）周柄中，《續四庫》第 167 冊。

319. 《四書典故辯證》，（清）周柄中，《續四庫》第 167 冊。

320. 《四書典故辯證續》，（清）周柄中，《續四庫》第 167 冊。

321. 《四書典故核》，（清）淩曙，《續四庫》第 169 冊。

322. 《四書典故考辨》，（清）戴清，《續四庫》第 169 冊。

323. 《四書訂疑》，（清）蔣如馨，清代稿本百年彙刊本。

324. 《四書反身錄》，（清）李顒，《反身續錄》，《二曲集》，北京：中華書局，1996 年。

325. 《四書改錯》，（清）毛奇齡，《續四庫》第 165 冊。

326. 《四書古人典林》，（清）江永，《續四庫》第 166 冊。

327. 《四書集注考證》（附四書集釋就正稿），（清）王士濂，《叢書集成續編》第 34 冊，臺北：新文豐出版公司，1988 年。

328. 《四書箋解》，（清）王夫之，《船山全書》第 6 冊，長沙：嶽麓書社，1996 年。

329. 《四書講義》，（清）呂留良，《續四庫》第 165 冊；《四庫禁燬》經部第 1 冊。

330. 《四書講義困勉錄》，（清）陸隴其，《四庫》第 209 冊。

331. 《四書講義尊聞錄》，（清）戴鈞，《四庫存目》經部第 180-181 冊。

332. 《四書解鎖言》（補編），（清）方祖範，《續四庫》第 170 冊。

333. 《四書近指》，（清）孫奇逢，《四庫》第 208 冊。

334. 《四書近指序》，（清）魏裔介，《兼濟堂文集》卷三，《四庫》第 1312 冊。

335. 《四書經注集證》，（清）吳昌宗，《續四庫》第 168 冊。

336. 《四書考異》，（清）翟灝，《續四庫》第 167 冊。

337. 《四書偶錄序》，（清）魏裔介，《兼濟堂文集》卷三，《四庫》第 1312 冊。

338. 《四書偶談》，（清）戚學標，《續四庫》第 168 冊。

339. 《四書賸言》、《四書賸言補》，（清）毛奇齡，《四庫》第 210 冊。

340. 《四書拾義》，（清）胡紹勳，《叢書集成續編》第 34 冊，臺北：新文豐出版公司，1988 年。

341. 《四書是訓》，（清）劉逢祿，《叢書集成續編》第 34 冊，臺北：新文豐出版公司，1988 年。

342. 《四書釋地》，（清）閻若璩，《四庫》第 210 冊。

343. 《四書釋地辯證》，（清）宋翔鳳，《續四庫》第 170 冊。

344. 《四書疏記》，（清）陳鱣，《續四庫》第 169 冊。

345. 《四書說苑》（補遺），（清）孫應科，《續四庫》第 170 冊。

346. 《四書索解》，（清）毛奇齡，《四庫存目》經部第 173 冊。

347. 《四書緯》，（清）常增，《續四庫》第 170 冊。

348. 《四書溫故錄》，（清）趙祐，《續四庫》第 166 冊。

349. 《四書文》，（清）方苞，《四庫》第 1451 冊。

350. 《四書聞義‧中庸》，（清）戴鳳儀，《松村詩文集》卷二。

351. 《四書五經字考》，（清）毛錫續，《四庫未收》第 1 輯經部第 9 冊。

352. 《四書續談》，（清）戚學標，《續四庫》第 169 冊。

353. 《四書訓義》（上、下），（清）王夫之，《船山全書》第 7、8 冊，長沙：嶽麓書社，1996 年。

354. 《四書逸箋》，（清）程大中，《四庫》第 210 冊。

355. 《四書遇》，（清）張岱，杭州：浙江古籍出版社，1985 年。

356. 《四書正誤》，（清）顏元，《續四庫》第 166 冊；《顏元集》，北京：中華書局，1987 年。

357. 《四書朱子大全》，（清）戴名世、程逢儀，《四庫禁燬》經部第 9 冊。

358. 《天蓋樓四書語錄》，（清）呂留良，《四庫禁燬》經部第 1 冊。

359. 《學庸講義》，（清）朱用純，《叢書集成續編》第 34 冊，臺北：新文豐出版公司，1988 年。

360. 《致知格物解》,(清)魏裔介,《四庫存目》子部第 20 冊。

361. 《中和位育論》,(清)張英,《文端集》卷四十二,《四庫》第 1319 冊。

362. 《中庸》,(清)李光地,《榕村語錄》卷七、八,北京:中華書局,1995 年。

363. 《中庸本解》,(清)楊亶驊,《叢書集成初編》,北京:中華書局,1985 年。

364. 《中庸本義官話》,(德)安保羅(Pastor P. Kranz),上海:上海美華書館,清光緒二十九排印本。

365. 《中庸補注》,(清)戴震,《續四庫》第 159 冊。

366. 《中庸傳注》,(清)李塨,《續四庫》第 159 冊;《四庫存目》經部第 173 冊。

367. 《中庸傳注問》,(清)李塨,《續四庫》第 159 冊;《四庫存目》經部第 173 冊。

368. 《中庸講義》,(清)楊名時,《四庫存目》經部第 173 冊。

369. 《中庸節訓》,(清)呂調陽,《叢書集成續編》第 34 冊,臺北:新文豐出版公司,1988 年。

370. 《中庸困學錄》,(清)王澍,《續四庫》第 159 冊;《四庫存目》經部第 173 冊。

371. 《中庸篇》、《誠明篇》,(清)李光地,《榕村集》卷六,《四庫》第 1324 冊。

372. 《中庸切己錄》,(清)謝文洊,《叢書集成續編》第 34 冊,臺北:新文豐出版公司,1988 年。

373. 《中庸全旨》,(清)何焯,《義門讀書記》卷二,《四庫》第 860 冊;北京:中華書局,1987 年。

374. 《中庸疏略》,(清)張沐,《續四庫》第 159 冊。

375. 《中庸說》,(清)毛奇齡,《四庫存目》經部第 173 冊。

376. 《中庸說》,(清)錢大昕,《潛研堂文集》卷三,長沙:長沙龍氏重刊清光緒刻本。

377. 《中庸提要》,(清)楊亶驊,《叢書集成初編》,北京:中華書局,1985 年。

378. 《中庸圖說序》,(清)盧文弨,《抱經堂文集》卷二,北京:北京直隸書局,民國十二年影印。

379. 《中庸餘論》,(清)李光地,《榕村四書說》,《四庫》第 210 冊。

380. 《中庸札記》,(清)范爾梅,《續四庫》第 159 冊。

381. 《中庸章段》,(清)李光地,《榕村四書說》,《四庫》第 210 冊。

382. 《中庸章句質疑》，（清）郭嵩燾，《續四庫》第 159 冊。

383. 《中庸諸注糾正》，（清）胡渭，臺北：廣文 1988 年。

384. 《中庸說》（民國八年），劉師培，《劉申叔遺書》第 40 冊《左盦外集》（一）。

385. 《中庸問答》（傳抄本），劉師培，《劉申叔遺書》第 40 冊《左盦外集》（一）。

386. 《中庸傳》，歐陽漸，南京：金陵刻經處，2007 年重印。

387. 《中庸注》，康有爲，《康有爲全集》第二集，上海：上海古籍出版社，1990 年。

388. 《中庸注參》，陳柱，上海：商務印書館，民國二十二年。

389. 《中庸民主大義》，鮑璞，北平：自印，民國二十二年。

390. 《中庸新注》，王有臺，北京：天華印書館，民國三十年。

391. 《中庸大義》，陳登澥，北京：陳友元刊，民國三十年。

392. 《中庸誼詁》，馬其昶，《續四庫總目提要》經部。

393. 《中庸篇義》，馬其昶，《續四庫總目提要》經部。

394. 《中庸大義》，王樹枏，《續四庫總目提要》經部。

395. 《中庸鄭朱異同說》，王樹枏，《續四庫總目提要》經部。

396. 《中庸發微》，劉次源，《續四庫總目提要》經部。

397. 《中庸釋義》，蕭隱公，《續四庫總目提要》經部。

398. 《中庸九經衍義》，（朝鮮）李彥迪，《續四庫總目提要》經部。

399. 《中庸札記》，《續四庫總目提要》經部。

400. 《中庸發揮》，伊藤仁齋，關儀一郎編：《日本名家四書注釋全書》第一卷學庸部，東京：東洋圖書刊行會，1922-1925 年。

401. 《中庸解》，荻生徂徠，關儀一郎編：《日本名家四書注釋全書》第一卷學庸部。

402. 中井履軒：《中庸逢原》，關儀一郎編：《日本名家四書注釋全書》第一卷學庸部。

403. 《中庸原解》，大田錦城，關儀一郎編：《日本名家四書注釋全書》第二卷學庸部。

404. 《中庸欄外書》，佐藤一齋，關儀一郎編：《日本名家四書注釋全書》第二卷學庸部。

405. 《中庸章句諸說參弁》，增島蘭園，關儀一郎編：《日本名家四書注釋全書》第十一卷續編一，東京：東洋圖書刊行會，1927-1930 年。

406. 《中庸知言》，東條一堂，關儀一郎編：《日本名家四書注釋全書》第十

一卷續編一。

407. 《中庸鄭氏義》，海保漁村，關儀一郎編：《日本名家四書注釋全書》第十一卷續編一。

408. 《中庸說》，安井衡，東京：富山房，1911 年。

409. 《中庸示蒙句解》，中村惕齋，《漢籍國字解全書》第 1 卷，東京：早稻田大學出版部，1912 年。

410. 《中庸講筵錄》（1-9），山田方谷，《陽明學》第 13 卷 148～156 號，1921～1922 年。

411. 《中庸新注》，大川周明，東京：大阪屋號，1927 年。

412. 《中庸解義》，簡野道明，東京：明治書院，1930 年。

413. 《中庸講義》，服部宇之吉，東京：富山房，1940 年。

414. 《中庸解通釋》，西晉一郎，東京：敞文館，1943 年。

415. 《中庸新詮》，葉深，華明 1952 年。

416. 《中庸輯義》（非賣品），郝擢先，大華永記印刷廠，1955 年。

417. 《中庸闡微》，蔡運辰，建康自由，1956 年。

418. 《中庸要旨》，蔣介石，臺北：中央文物供應社，1960 年。

419. 《中庸今釋》，趙龍文，臺北：中央警官學校編譯委員會，1960 年。

420. 《中庸譯注》，勞思光，臺北：友聯，1964 年。

421. 《中庸研究》，蔡愛仁，臺北：為學出版社，1964 年。

422. 《中庸研究》，蔡愛仁，臺北：為學，1964 年。

423. 《中庸新解》，黃德根，香港：實用書局，1967 年。

424. 《儒家中庸論》，嚴元章，《學林》第一期（1968 年 6 月）。

425. 《中庸析義》，羅璋，三民總經銷，1970 年。

426. 《四書學考・中庸考》，傅武光，臺北：《國立臺灣師範大學國文研究所集刊》第十八期，1974 年 6 月。

427. 《中庸探微》，陳兆榮，臺北：正中書局，1975 年。

428. 《中庸今注今譯》，宋天正，臺北：商務印書館，1977 年。

429. 《中庸探微》，陳兆榮，臺北：正中書局，1977 年。

430. 《中庸新義》，馬紹伯，臺北：文史哲出版社，1977 年。

431. 《理數合解・中庸解》，北海老人，臺北：新文豐出版公司，1979 年。

432. 《朱子四書集注典據考》，大槻信良，臺北：臺灣學生書局，1976 年。

433. 《中庸論文資料彙編》，高雄：復文圖書出版社，1981 年。

434. 《中庸論文數據彙編》，國立高雄師範學院國文系編輯委員會編，臺北：

覆文出版社，1981年。

435. 《學庸研究論集》（第二版），吳康等，臺北：黎明文化事業股份有限公司，1982年。

436. 《中庸翼》，鄭琳，臺北：文史哲出版社，1982年。

437. 《中庸誠字的研究》，吳怡，臺北：華岡出版部，1983年。

438. 《學庸辯證》，胡志奎，臺北：聯經出版社公司，1984年。

439. 《中庸義理疏解》，楊祖漢，臺北：鵝湖出版社，1984年。

440. 《中庸誠的哲學》，吳怡，臺北：東大圖書公司，1984年。

441. 《儒道之間·中庸在中國思想史上的地位》，王邦雄，臺北：漢光文化公司，1985年。

442. 《儒道之間·中庸的思想體系》，王邦雄，臺北：漢光文化公司，1985年。

443. 《中庸本義》，杜爲，臺北：臺灣商務印書館，1985年。

444. 《中庸篇義》，馬其昶，《叢書集成續編》第34冊，臺北：新文豐出版公司，1988年。

445. 《中庸淺說》，胡懷琛，《叢書集成續編》第34冊，臺北：新文豐出版公司，1988年。

446. 《中庸形上思想》，高柏園，臺北：臺灣東大圖書公司，1988年。

447. 《中庸思想研究》，陳滿銘，臺北：文津出版社，1989年。

448. 《韓國經學資料集成》中庸部，首爾：成均館大學校出版部，1989年。

449. 《中庸證釋》，列聖齊，圖晟工作室，1993年。

450. 《中庸哲學研究》，譚宇權，臺北：文津出版社，1995年。

451. 蕭兵：《中庸的文化省察——一個字的思想史》，武漢：湖北人民出版社，1997年。

452. 《中庸形上思想研究》，王聰明，1998年。

453. 《論儒學的宗教性——對〈中庸〉的現代詮釋》，杜維明，武漢大學出版社，1999

454. 《中庸釋詮》，賈馥茗等，五南，1999年。

455. 《中庸直解》，來可泓，上海：復旦大學出版社，1998年。

456. 《學庸麤談》，陳滿銘，臺北：萬卷樓圖書有限公司，2000年。

457. 《中庸通說》，鄧球柏，長沙：湖南人民出版社，2000年。

458. 《中庸譯注新編》，勞思光，黃慧英編，香港：香港中文大學出版社，2000年。

459. 《中庸證釋入門》，謝文治，光慧文化，2000年。

460. 《中庸集義評釋》，毛寬偉，臺北：文史哲出版社，2002 年。

461. 《中庸釋疑》，黃忠天，高雄：復文，2004 年。

462. 《中庸釋譯》，鄭鐵城，玉珍書局，2004 年。

463. 《學庸辯證》，胡志奎，臺北：聯經出版公司，1984 年。

464. 《中庸論》，徐儒宗，杭州：浙江古籍出版社，2004 年。

465. 《中庸的思想》，陳贇，北京：三聯書店，2007 年。

466. Roger T. Ames and David L. Hall. *Focusing the familiar: a translation and philosophical interpretation of the Zhongyong.* Hawai'i University of Hawai'i Press, 2001.

467. 《中庸大義》，前人，《船山學刊》民國二十七年第 1 期。

468. 《中庸新義》，錢穆，《民主評論》六卷第十六期，1955 年；《中國學術思想史論》（二），臺北：東大圖書公司，1980 年。

469. 《中庸新義申釋》，錢穆，《民主評論》七卷第一期，1956 年；《中國學術思想史論》（二），臺北：東大圖書公司，1980 年。

470. 《中庸的地位問題——謹就正於錢賓四先生》，徐復觀，《民主評論》七卷第五期，1956 年。

471. 《讀錢賓四先生中庸新義申釋》（上、下），黃彰健，《大陸雜誌》第十二卷第九至十期，1956 年。

472. 《有關思想史的若干問題（三）〈易傳〉〈大學〉〈中庸〉與老莊的關係》，徐復觀，《人生》第 169-170 期，1957 年；《中國思想史論集》，臺北：臺灣學生書局，1993 年。

473. 《中庸的人性論》，劉澤如，《人文雜誌》1957 年第 2 期。

474. 《論孔子的中庸思想》，吳澤，《學術月刊》1962 年第 9 期。

475. 《論孔子中庸及其變革思想的實質》，蔡尚思，《學術月刊》1963 年第 11 期。

476. 《孔子「中庸」思想的再評議》，武漢大學哲學系 78 級報導組，《武漢大學學報》（人文科學版）1980 年第 5 期。

477. 《對孔子中庸思想的一點剖析》，葉子，《河北學刊》1982 年第 2 期。

478. 《中庸之道有無可取之處》，唐澤鈺，《學習與探索》1982 年第 2 期。

479. 《論對立面的統一兼中庸之道》，吳啓文，《社會科學輯刊》1981 年第 6 期。

480. 《孔子中庸思想新探》，姜曉星，《前線》1982 年第 7 期。

481. 《「中庸」本義》，申辰，《哲學動態》1984 年第 2 期。

482. 《從方法論看孔子「過猶不及」的中庸思想》，方延明，《晉陽學刊》1984 年第 6 期。

483. 《「中庸」新探》，徐克謙，《學術月刊》1984 年第 10 期。

484. 《再論「中庸」》，申辰，《哲學動態》1985 年第 2 期。

485. 《孔子中庸含義析》，王法周，《鄭州大學學報》（哲學社會科學版）1985 年第 4 期。

486. 《淺論「中庸」》，丁一，《法學雜誌》1985 年第 2 期。

487. 《〈中庸〉「素夷狄行乎夷狄」解》，徐仁甫，《文史雜誌》1986 年第 4 期。

488. 《〈中庸〉思想體系試析》，徐克謙，《齊魯學刊》1986 年第 4 期。

489. 《論王船山的「中庸」觀》，崔正森，《船山學刊》1986 年第 1 期。

490. 《論孔子思想中禮、仁與中庸的關係》，羅祖基，《史學集刊》1986 年第 3 期。

491. 《中庸、中立、中和、折中辨議》，杜任之、高樹幟，《山西師範大學學報》（社會科學版）1986 年第 3 期。

492. 《論〈易傳〉的生生觀念與〈中庸〉之誠》，董平，《孔子研究》1987 年第 2 期。

493. 《中庸批判》，劉奉光，《東嶽論叢》1987 年第 2 期。

494. 《試論先秦儒家中庸範疇的哲理化》，鄧紅蕾，《孔子研究》1987 年第 4 期。

495. 《〈中庸〉新詮》，吳斯清，《貴州民族學院學報》（哲學社會科學版）1988 年第 2 期。

496. 《孔子「中庸」辨正》，吳桂就、全秋菊，《孔子研究》1988 年第 2 期。

497. 《中庸思想研究》，鄧紅蕾，《哲學動態》1988 年第 2 期。

498. 《〈論語〉「中庸」證異》，喬衛平，《孔子研究》1988 年第 4 期。

499. 《試述子思在儒學發展中的作用——讀〈禮記·中庸〉札記》，卞朝寧，《固原師專學報》1988 年第 4 期。

500. 《孔子中庸思想再認識》，何遠揚，《福建師範大學學報》（哲學社會科學版）1988 年第 4 期。

501. 《中國三代的矛盾學說——中庸》，宋德宣，《社會科學輯刊》1988 年第 4 期。

502. 《關於近年來「中庸」討論觀點的綜述》，李存貴、賴虹，《上饒師範學院學報》1988 年第 Z1 期。

503. 《論〈中庸〉》，王德裕，《重慶師範大學學報》（哲學社會科學版）1989 年第 1 期。

504. 《試論〈中庸〉基本思想的產生年代》，徐克謙，《齊魯學刊》1989 年第 2 期。

505. 《孔學中庸的價值和缺陷》，李必勝，《探索與爭鳴》1989 年第 1 期。

506. 《試論〈中庸〉基本思想的產生年代》，徐克謙，《齊魯學刊》1989 年第 2 期。

507. 《〈中庸〉「誠」說三題》，程宜山，《孔子研究》1989 年第 4 期。

508. 《關於〈中庸〉的作者及著作年代》，鄔玉現，《山西大學學報》（哲學社會科學版）1990 年第 1 期。

509. 《「中庸」新釋》，哲夫，《天府新論》1990 年第 1 期。

510. 《孔子中庸說管見》，趙光賢，《孔子研究》1990 年第 2 期。

511. 《〈中庸〉作者獻疑》，廖煥超，《孔子研究》1990 年第 2 期。

512. 《〈中庸章句〉新論》，王國軒，《社會科學輯刊》1990 年第 3 期。

513. 《論孟子的中庸思想》，徐儒宗，《東嶽論壇》1990 年第 4 期。

514. 《「度」的哲學——孔子中庸思想淺論》，李正民，《理論探索》1990 年第 4 期。

515. 《簡論儒家的「中庸」》，鄭中鼎，《學習與探索》1990 年第 5 期。

516. 《〈大學〉〈中庸〉的道德政治論》，劉寶才，《人文雜誌》1990 年第 5 期。

517. 《「中庸之爲德也」新探》，張俊相，《求是學刊》1990 年第 6 期。

518. 《中庸章句淵源辯證》（上、中、下），胡止歸，《大陸雜誌語文叢書》第一輯第一冊。

519. 《中庸本義》，杜爲，《孔孟學報》第 40 期，1991 年 9 月。

520. 《中庸思想體系新探》，王開府，《孔孟學報》第 40 期，1991 年 9 月。

521. 《王國維評辜譯〈中庸〉》，袁錦翔，《外語教學與研究》1991 年第 2 期。

522. 《〈大學〉〈中庸〉中的經濟思想》，朱家楨，《中國經濟史研究》1991 年第 2 期。

523. 《論中庸的發展及其在儒學中的地位》，宋德宣，《孔子研究》1991 年第 2 期。

524. 《淺談〈論語〉中的「中庸」》，譚元昌，《語文學刊》1991 年第 3 期。

525. 《中庸辨析》，劉宗碧，《貴州師範大學學報》（社會科學版）1991 年第 4 期。

526. 《「中庸」學辯》，蘆琦、孫旭，《江漢大學學報》（社會科學版）1991 年第 5 期。

527. 《〈中庸〉新論》，孫實明，《孔子研究》1991 年第 4 期。

528. 《「中庸」在先秦哲學中的意義》，李東倫，《雲南師範大學學報》（對外漢語教學與研究版）1991 年第 5 期。

529. 《孔子中庸思想方法及其歷史影響》，孫冬生，《揚州大學學報》（人文社會科學版）1992 年第 2 期。

530. 《孔子中庸解》，高中理，《學術界》1992 年第 3 期。

531. 《儒道兩家間存在爭議的幾種古籍之剖析——〈管子〉四篇、〈中庸〉（包括〈大學〉、〈表禮〉）、〈道德經〉、〈易繫辭傳〉四種對讀記》，趙儷生，《齊魯學刊》1993 年第 2 期。

532. 《孔子的「中庸」思想》，鄭桂霞，《北方工業大學學報》1993 年第 2 期。

533. 《中庸的涵義和在先秦哲學中的意義》，李永倫，《學術探索》1993 年第 2 期。

534. 《如何評價葉適的「中庸」、「致中和」思想》，張義德，《孔子研究》1993 年第 3 期。

535. 《子思及〈中庸〉研究》，李啓謙，《孔子研究》1993 年第 4 期。

536. 《儒家中庸「至德」論剖析》，劉毅，《湖北大學學報》（哲學社會科學版）1993 年第 1 期。

537. 《王陽明的中庸思想》，徐儒宗，《浙江學刊》1993 年第 5 期。

538. 《〈二程集〉中〈中庸解〉作者考辨》，龐萬里，《中國哲學史》1993 年第 2 期。

539. 《〈論語〉「中庸」義辨——與喬衛平先生商榷》，時德、康清，《孔子研究》1993 年第 1 期。

540. 《論中道——中庸思想的起源》，陳躍文，《孔子研究》1993 年第 3 期。

541. 《孔子中庸思想的方法論意義》，張傑君，《甘肅理論學刊》1993 年第 3 期。

542. 《試論中庸的歷史淵源、價值及缺憾》，王雲璽，《蘇州科技學院學報》（社會科學版）1994 年第 1 期。

543. 《論〈中庸〉——兼析朱熹「中庸」說之謬》，金景芳、呂紹綱，《孔子研究》1994 年第 2 期。

544. 《朱熹〈大學〉〈中庸〉注對中華文化的理論貢獻》，陳進坤，《廈門大學學報》（哲學社會科學版）1994 年第 2 期。

545. 《〈中庸〉的「誠」與〈莊子〉的「眞」》，森三樹三郎、王順洪，《中國典籍與文化》1994 年第 2 期。

546. 《先秦儒學「中庸」說本義》，李景林，《吉林大學社會科學學報》1994 年第 4 期。

547. 《論孔孟的中庸之道》，孫實明，《理論探討》1994 年第 4 期。

548. 《孔子與中庸無關說》，夏涤，《武漢大學學報》（哲學社會科學版）1994 年第 3 期。

549. 《〈中庸〉一解》，曾孝傳，《學海》1994 年第 3 期。

550. 《中庸之倫理》，葉蓮、江雪蓮，《中國青年政治學院學報》1994 年第 3

期。

551. 《孔子不是中庸哲學祖師爺》，陳志鴻，《文匯報》1994 年 9 月 12 日；《社科信息文萃》1994 年第 20 期。

552. 《「孔子與中庸無關」說質疑》，劉金，《書城》1995 年第 2 期。

553. 《論中和的形成及其發展爲中庸的過程》，羅祖基，《南京大學學報》（哲學社會科學版）1995 年第 3 期。

554. 《孔子「中庸」考釋》，楊福泉，《淮陰師範學院學報》（哲學社會科學版）1995 年第 2 期。

555. 《〈大學〉〈中庸〉的道德主體自覺論體系》，黃開國，《四川大學學報》（哲學社會科學版）1995 年第 3 期。

556. 《中庸之道：構建儒家文明的重要基石 —— 兼論中庸思想在現實生活中的意義》，張光興，《淄博學院學報》（社會科學版）1995 年第 3 期。

557. 《〈中庸〉成書辨正》，郭沂，《孔子研究》1995 年第 4 期。

558. 《與孔子中庸有關的幾個問題》，羅祖基，《文史知識》1995 年第 9 期。

559. 《「中庸」辨析》，別祖雲、張義桂、周曉華，《軍事經濟學院學報》1996 年第 1 期。

560. 《論傳統文化之「中」與「中庸」之道》，黃寅，《浙江大學學報》（人文社會科學版）1996 年第 3 期。

561. 《中庸・中行・中和 —— 評孔子學說中的一個哲學範疇》，李文春，《大連大學學報》1996 年第 3 期。

562. 《正確理解孔子的「中庸之道」》，堅毅，《九江師專學報》1996 年第 3 期。

563. 《孔子的中庸思想與儒學的中道性格》，李翔海，《人文雜誌》1996 年第 3 期。

564. 《孔子中庸觀念新說》，黃武強，《廣西師範學報》（哲學社會科學版）1996 年第 4 期。

565. 《中庸：從孔子到子思》，余潤澤、郭沂，《東方論壇》1996 年第 4 期。

566. 《〈中庸〉詞義辨謬 —— 書同文、車同軌、詞同義》，黃展驥，《兵團教育學院學報》1996 年第 4 期。

567. 《析謬三題：「物極」「中庸」「仁者」》，黃展驥，《社會科學》1996 年第 6 期。

568. 《中庸與時義》，南浦道，《學術月刊》1996 年第 12 期。

569. 《談孔子的「中庸」思想》，孫儷、孫耀輝，《理論觀察》1997 年第 1 期。

570. 《中庸觀念的起源及其二重性》，黃宛峰，《安徽史學》1997 年第 1 期。

571. 《中庸新議》，張佩國、孟令美、劉立新，《齊魯學刊》1997 年第 2 期。

572. 《孔子「中庸」新解》，胡念耕，《社會科學戰線》1997 年第 2 期。

573. 《「中庸」思想辨析》，商國君，《陝西師範大學學報》（哲學社會科學版）1997 年第 3 期。

574. 《試論〈論語〉中的中庸思想》，矗焱，《菏澤師範專科學校學報》1997 年第 3 期。

575. 《「中庸」與「中庸之道」淺談》，鄧球柏，《常德師範學院學報》（社會科學版）1997 年第 4 期。

576. 《孔子「中庸」思想探析》，王鍇、尹玉仁，《黑龍江農墾師專學報》1997 年第 4 期。

577. 《「中庸」的變通性》，降大任，《社會科學戰線》1997 年第 5 期。

578. 《從「中」字的三重含義看中庸思想》，徐克謙，《孔孟月刊》37 期，1998 年 12 月。

579. 《析論錢賓四先生「中庸」詮釋系統》，王聰明，《中國學術年刊》19 期，1998 年 3 月。

580. 《日本五山禪林的「中庸」研究——以中論、性情論爲中心》，鄭樑生，《淡江史學》第 9 期，1998 年 9 月。

581. 《有關「中庸」的幾個問題》，《中國文化研究》1998 年第 1 期。

582. 《〈中庸〉索隱》，方爾加，《北京社會科學》1998 年第 2 期。

583. 《論「中庸」的產生和發展》，游喚民，《湖南師範大學學報》（社會科學版）1998 年第 2 期

584. 《早期儒家的中庸境界》，從春俠，《清華大學學報》（哲學社會科學版）1998 年第 2 期。

585. 《中庸範疇及其在儒學中的地位》，楊涯人、郗效維，《學術交流》1998 年第 4 期。

586. 《簡論孔子的「中庸」思想》，何香枝，《福州大學學報》（社會科學版）1998 年第 4 期。

587. 《先秦中庸源流考》，楊涯人，《齊齊哈爾大學學報》（哲學社會科學版）1998 年第 4 期；《中國哲學史》1998 年第 4 期。

588. 《中庸倫理思想新探》，田永勝，《齊魯學刊》1998 年第 8 期。

589. 《「中庸」之爲至德》，詹世友，《哲學與文化》第 26 期，1999 年 2 月。

590. 《「中庸」的性善觀》，陳滿銘，《國文學報》第 28 期，1999 年 6 月。

591. 《憨山德清儒佛會通思想述評——兼論其對〈大學〉〈中庸〉之詮釋》，王開府，《國文學報》第 28 期，1999 年 6 月。

592. 《〈中庸〉天命思想承繼之初探——以勞思光先生爲中心討論》，魏明政，《鵝湖學誌》第 22 期，1999 年 6 月。

593. 《「中庸」、「大學」變成經典的歷程——從性命之書的觀點立論》，楊儒賓，《臺大歷史學報》第 24 期，1999 年 12 月。

594. 《〈論語〉「中庸」思想及其法文化的淺析》，王培松，《貴州警官職業學院學報》1999 年第 1 期。

595. 《兩類中庸說》，羅祖基，《中國哲學史》1999 年第 2 期。

596. 《儒家的中庸之道與佛家的中道義——兼評釋智圓有關中庸中道義的論點》，漆俠，《北京大學學報》（哲學社會科學版）1999 年第 3 期。

597. 《佛家「中觀」之學的特徵——與儒家中庸之道比較》，陳科華，《益陽師專學報》1999 年第 4 期。

598. 《孔子哲學的「體」「用」關係——仁：「孝」、「忠・恕」、「中庸」》，金京玉，《河北學刊》1999 年第 5 期。

599. 《儒家哲學的「三句真諦」——〈中庸〉開篇三句的釋讀》，黃玉順，《中州學刊》1999 年第 5 期。

600. 《早期儒家「人為貴」環境哲學課題的現代意義——孔孟荀、易傳、中庸的生態智慧》，莊慶信，《輔仁學誌》（法管理學院之部）第 30 期，2000 年。

601. 《儒佛不二，同說中庸》，蘇樹華，《中國文化月刊》2000 年 1 月。

602. 《談〈中庸〉的一篇體要》（上），陳滿銘，《國文天地》第 16 期，2000 年 6 月。

603. 《談〈中庸〉的一篇體要》（下），陳滿銘，《國文天地》第 16 期，2000 年 7 月。

604. 《郭店楚簡與〈中庸〉公案》，梁濤，《臺大歷史學報》第 25 期，2000 年 6 月。

605. 《中庸思維的測量：一項跨地區研究的初步結果》，趙志裕，《香港社會科學學報》第 18 期，2000 年冬。

606. 《「中庸」——孔子的矛盾方法論》，韋感恩，《汕頭大學學報》（人文社會科學版）1986 年第 1 期。

607. 《〈中庸〉論「誠」》，李坎、劉娉，《中山大學學報論叢》2000 年第 1 期。

608. 《略論儒家中庸思想的歷史嬗變及影響》，張牧章，《平原大學學報》2000 年第 1 期。

609. 《中庸是孔子「一以貫之」的基本精神》，徐儒宗，《浙江師範大學學報》（社會科學版）1987 年第 1 期。

610. 《解讀中國傳統思想文化的成功之作——讀〈大學直解・中庸直解〉》，張濤，《濟南大學學報》2000 年第 1 期。

611. 《中庸辨正》，溫榮利，《集美大學學報》（哲學社會科學版）2000 年第 1

期。

612. 《中庸之爲「至德」的意涵淺析》，陳科華，《廣西師範大學學報》（哲學社會科學版）2000 年第 1 期。

613. 《「中庸」辯正──王夫之的中庸觀》，章啓輝，《湖南大學學報》（社會科學版）2000 年第 2 期。

614. 《淺說中庸之道的積極意義》，馮志勇，《邢臺師範高專學報》2000 年第 2 期。

615. 《孔子中庸思想的哲學內涵》，曲桂芳、王明，《綏化師專學報》2000 年第 2 期。

616. 《顯學緣何不熱──爲 20 世紀「中庸學」之落後把脈》，陳科華，《社會科學家》2000 年第 2 期。

617. 《試讀〈中庸〉》，葉秀山，《中國哲學史》2000 年第 3 期。

618. 《簡論中庸思想的發展》，陳廣西、王延濤，《開封教育學院學報》2000 年第 3 期。

619. 《〈中庸〉與中庸之道》，宏祁，《道德與文明》2000 年第 3 期。

620. 《「中」、「中庸」、「中和」平議》，雷慶翼，《孔子研究》2000 年第 3 期。

621. 《〈大學管窺〉〈中庸管窺〉考述》，喻劍庚，《南昌大學學報》（社會科學版）2000 年第 3 期。

622. 《〈性自命出〉篇心性論大不同於〈中庸〉說》，張茂澤，《人文雜誌》2000 年第 3 期。

623. 《中庸與三分》，龐樸，《文史哲》2000 年第 4 期。

624. 《〈中庸〉誠說探析》，吳凡明、楊健康、龍躍君，《湖南大學學報》（社會科學版）2000 年第 4 期。

625. 《中庸新釋》，董根洪，《浙江省委黨校學報》2000 年第 5 期。

626. 《論朱熹關於中庸的語義辯證》，陳贇，《中州學刊》2000 年第 5 期。

627. 《論中庸之道》，鄧球柏，《首都師範大學學報》（社會科學版）2000 年第 6 期。

628. 《論〈中庸〉的「中」與「和」及〈大學〉的「格物」與「致知」》，金景芳，《學術月刊》2000 年第 6 期。

629. 《當今臺灣民間教派流通之大學、中庸注釋本介紹──以民國以來爲主》，鍾雲鶯，《臺北文獻直字》第 135 期，2001 年 3 月。

630. 《中庸「致中和」的咨商理論》，侯雪娟，《研究與動態》第 5 期，2001 年 4 月。

631. 《釋「修辭立其誠」：原始儒家的天道觀與語言觀──兼論宋儒的章句學》，梅廣，《臺大文史學報》第 55 期，2001 年 11 月。

632. 《〈中庸〉及其現代價值》，姚改桃，《瀋陽教育學院學報》2001 年第 1 期。

633. 《〈中庸〉的中庸之德思想》，楊千樸，《揚州大學學報》（高教研究版）2001 年第 2 期。

634. 《儒家的中庸哲學與中庸價格的構建》，趙東栓，《綏化師專學報》2001 年第 2 期。

635. 《〈大學〉〈中庸〉與朱熹自然哲學》，徐剛，《華東師範大學學報》（哲學社會科學版）2001 年第 3 期。

636. 《儒家中庸思想與佛教中道觀》，龍延，《南通師範學院學報》（哲學社會科學版）2001 年第 3 期。

637. 《簡論孔子之「中庸」》，黃元英，《陝西教育學院學報》2001 年第 3 期。

638. 《中庸之道新論》，虞杭，《青島大學師範學院學報》2001 年第 4 期。

639. 《論〈中庸〉之「中」的三位一體性》，於桂鳳、郭明記，《管子學刊》2001 年第 4 期。

640. 《釋「中庸」》，袁玉立，《史學學刊》》2001 年第 5 期。

641. 《「中庸」四義》，李海彬，《蘭州鐵道學院學報》2001 年第 5 期。

642. 《再釋「中庸」》，袁玉立，《社會科學論壇》2001 年第 10 期。

643. 《〈易傳〉、〈中庸〉之道德人文精神》，黃秋韻，《哲學與文化》第 29 期，2002 年 2 月。

644. 《〈中庸〉「愚而好自用」章辨疑》，黃忠天，《高雄師大學報》第 13 月，2002 年 4 月。

645. 《〈中庸〉「天命之謂性」與〈論語〉「天生德於予」》，陳滿銘，《孔孟月刊》第 40 期，2002 年 5 月。

646. 《〈中庸〉音樂性意義探討》，盧瑞容，《臺大文史學報》第 56 期，2002 年 5 月。

647. 《〈中庸〉與〈六祖壇經〉的形上關懷》，石朝穎，《文明探索叢刊》第 30 期，2002 年 7 月。

648. 《劉蕺山論〈中庸〉首章——蕺山哲學的慎獨論》，陳美玲，《哲學與文化》第 29 期，2002 年 10 月。

649. 《〈論語〉中「叩兩端」方法與中庸思想關係探微》，馬曉樂，《聊城大學學報》（哲學社會科學版）2002 年第 1 期。

650. 《〈中庸〉的倫理道德思想》，吳培德，《曲靖師範學院學報》2002 年第 1 期。

651. 《〈性自命出〉、〈中庸〉、〈孟子〉思想的比較研究》，許抗生，《孔子研究》2002 年第 1 期。

652. 《中庸：作爲普世倫理的考量》，任劍濤，《廈門大學學報》（哲學社會科學版）2002 年第 1 期

653. 《「中庸」與「中道」思想之比較研究》，周莉，《池州師專學報》2002年第 1 期。

654. 《〈中庸〉尚情思想三題》，馬育良，《阜陽師範學院學報》（社會科學版）2002 年第 2 期。

655. 《論〈中庸〉「誠」的思想》，張健捷，《廣播電視大學學報》（社會科學版）2002 年第 3 期。

656. 《孔子「中庸」思想再認識》，毛新青，《山東行政學院山東省經濟管理幹部學院學報》2002 年第 3 期。

657. 《〈中庸〉新論：哲學與宗教性的詮釋》，安樂哲、郝大維，《中國哲學史》2002 年第 3 期。

658. 《論一分爲三之中庸學說》，周德義，《湖南第一師範學報》2002 年第 4 期。

659. 《〈中庸〉的主題、脈絡及其現代意義》，沈豔華，《河北大學成人教育學院學報》2002 年第 4 期。

660. 《〈中庸〉的「參贊化育說」》，蒙培元，《泉州師範學院學報》》2002 年第 5 期。

661. 《荀子與〈中庸〉》，梁濤，《邯鄲師專學報》2002 年第 2 期；《中國社會院研究生院學報》2002 年第 5 期。

662. 《王夫之對傳統〈中庸〉觀的重新定位》，章啓輝，《中國社會院研究生院學報》2002 年第 5 期。

663. 《關於「一分爲三」的若干思考——兼與龐樸先生商榷「中庸的形態」》，周德義，《湖南社會科學》2002 年第 6 期。

664. 《孔子中庸與和的認識價值與實踐意義》，傅允生，《浙江學刊》2002 年第 6 期。

665. 《王船山的〈中庸〉首章詮釋及其思想》，陳來，《武漢大學學報》（人文社會科學版）2002 年第 6 期。

666. 《「極高明而道中庸」：儒家的「政治黃金律」》，宋惠昌，《湖南社會科學》2002 年第 6 期。

667. 《從〈中庸〉「素隱行怪」章論儒道二家遁隱哲學的異同》，黃忠天，《高雄師大學報》第 14 月，2003 年 4 月。

668. 《中庸的生命哲學》，黃培鈺，《興國學報》第 2 期，2003 年 7 月。

669. 《論陽明「致良知」哲學——以〈中庸〉爲詮釋座標的「三元性分析」方法之評詁》，黃信二，《東吳哲學學報》第 8 期，2003 年 8 月。

670. 《〈中庸〉性善思想與孔子》，陳滿銘，《孔孟月刊》第 42 期，2003 年 9 月。

671. 《論陽明「致良知」哲學之基礎：以〈中庸〉爲詮釋座標的分析》，黃信二，《哲學與文化》第 30 期，2003 年 9 月。

672. 《試釋〈中庸〉「齋明盛服」》，黃忠天，《孔孟月刊》第 42 期，2003 年 10 月。

673. 《〈中庸〉性善思想的特色》，陳滿銘，《孔孟月刊》第 42 期，2003 年 10 月。

674. 《〈中庸〉「天命」之「性」的内容》，陳滿銘，《孔孟月刊》第 42 期 2003 年 11 月。

675. 《從天人互動看〈中庸〉的誠明思想》，陳滿銘，《孔孟月刊》第 42 期，2003 年 12 月。

676. 《論儒家中庸觀及其現代意義》，鄭湘萍，《桂海論叢》2003 年第 2 期。

677. 《〈周易〉中庸思想管窺》，高尚榘，《齊魯學刊》2003 年第 3 期。

678. 《從〈中庸〉看中國哲學範疇「三位一體」的特徵》，張連良，《人文雜誌》2003 年第 3 期。

679. 《儒家中庸、中和是「眞善美」的統一》，謝樹放，《蘭州大學學報》（社會科學版）2003 年第 5 期。

680. 《〈中庸〉章「中」、「和」、「中節」解讀》，馬育良，《皖西學院學報》第 19 卷第 6 期（2003 年 12 月）。

681. 《誠：儒家心學的奠基性觀念——試論《中庸》「誠」説》，杜霞，《哈爾濱學院學報》2003 年第 12 期。

682. 《船山的〈中庸〉首章詮釋及其思想》（上），陳來，《鵝湖》第 29 期，2004 年 1 月。

683. 《船山的〈中庸〉首章詮釋及其思想》（下），陳來，《鵝湖》第 29 期，2004 年 4 月。

684. 《〈中庸〉「自明誠」思想的邏輯結構》，陳滿銘，《孔孟月刊》第 42 期，2004 年 4 月。

685. 《〈中庸〉「至誠無息」章的邏輯結構》，陳滿銘，《孔孟月刊》第 42 期，2004 年 5 月。

686. 《「喜怒哀樂」的詮釋，〈中庸〉首章的邏輯結構》（上），陳滿銘，《孔孟月刊》第 42 期，2004 年 6 月。

687. 《「喜怒哀樂」的詮釋，〈中庸〉首章的邏輯結構》（下），陳滿銘，《孔孟月刊》第 42 期，2004 年 7 月。

688. 《從〈禮記〉探究〈中庸〉之義旨——兼論〈中庸〉在朱熹以前儒學思

想中的地位》，林素英，《國文學報》第 35 期，2004 年 6 月。

689. 《〈中庸〉中的「誠」觀念以及「誠」哲學》，趙建林，《孔孟月刊》第 43 期，2004 年 9 月。

690. 《儒家中庸心法試解——兼談「時中」問題》，江煜坤，《建中學報》第 10 期，2004 年 12 月。

691. 《論孔子中庸思想的內在邏輯》，楊慶中，《齊魯學刊》2004 年第 1 期。

692. 《論〈大學〉和〈中庸〉的法律思想》，趙玉環，《政法論叢》2004 年第 1 期。

693. 《〈中庸〉中「三」的運用》，堅毅，《濟寧師範專科學校學報》2004 年第 2 期。

694. 《試論周敦頤對〈中庸〉「誠」的思想的繼承與發展》，艾冬景、陳天林，《船山學刊》2004 年第 2 期。

695. 《天道性命的貫通與內在德性的開顯——〈中庸〉上下兩外相互貫通的立體思維架構》，趙衛東，《理論學刊》2004 年第 2 期。

696. 《道德的中庸與倫理的中庸》，田文軍，《武漢大學學報》（哲學社會科學版）2004 年第 5 期。

697. 《道心擴充與人性生成——簡論王夫之對〈中庸〉人性論的闡發》，許寧，《雲夢學刊》2004 年第 6 期。

698. 《論〈禮運〉與〈中庸〉在治政之道上的分野》，郭振香，《安徽大學學報》（哲學社會科學版）2004 年第 6 期。

699. 《論儒家的中庸思維方法》，謝貴文，《孔孟月刊》第 43 期，2005 年 2 月。

700. 《韓國〈中庸〉學著作提要》，《中國文哲研究通訊》第 15 期，2005 年 3 月。

701. 《中庸內聖外王思想的探討》，翁志宗，《中學教育學報》第 12 期，2005 年 6 月。

702. 《〈中庸〉的中道思想：一項全篇性的結構式闡發》，釋見達，《宗教哲學》第 33 期，2005 年 6 月。

703. 《戴震〈中庸補注〉的詮釋理路及基本思想試析》，張晶晶，《哲學與文化》第 32 期，2005 年 7 月。

704. 《性情論話語背景下的〈中庸〉》，馬育良，《孔孟學報》第 83 期，2005 年 9 月。

705. 《從〈中庸·達孝章〉談宗廟祭祀與治國的關係》，黃忠天，《經學研究集刊》第 1 期，2005 年 10 月。

706. 《簡論〈大學〉〈中庸〉的思想及其相互關係》，師清芳，《哈爾濱商業大

學學報》（社會科學版）2005 年第 2 期。

707. 《中庸、折衷主義與價值判斷》，柳倩月，《太原師範學院學報》（社會科學版）2005 年第 2 期。

708. 《從功夫論的角度解讀〈中庸〉——評安樂哲與郝大維的〈中庸〉英譯》，倪培民，《求是學刊》2005 年第 2 期。

709. 《宋初僧人對儒家中庸思想的認識與回應——以釋智圓和釋契嵩爲中心的考察》，韓毅，《中華文化論壇》2005 年第 3 期。

710. 《〈中庸〉政治哲學略論》，喻立平，《江漢論壇》2005 年第 3 期。

711. 《中庸闡微——兼駁「孔子與中庸無關說」》，張俊，《海南大學學報》（人文社會科學版）2005 年第 3 期。

712. 《試論〈中庸〉思想體系的邏輯結構》，張偉，《海南大學學報》（人文社會科學版）2005 年第 3 期。

713. 《試論朱熹對〈中庸〉的「發現」與「重構」》，李文波，《華南師範大學學報》（社會科學版）2005 年第 4 期。

714. 《「中庸」文化心理結構異化論略》，簡澈，《貴州民族學院學報》（哲學社會科學版）2005 年第 4 期。

715. 《中庸之道與〈中庸〉學》，章權才，《廣東社會科學》2005 年第 4 期。

716. 《朱熹對孔子中庸思想的繼承和發展》，郭齊，《孔子研究》2005 年第 5 期。

717. 《重讀〈中庸〉——關於性情道誠和中節諸問題的若干思考》，馬育良，《倫理學研究》2005 年第 5 期。

718. 《「省」、「行」之異——從「三綱領」看〈大學〉和〈中庸〉之別》，程遼，《重慶師範大學學報》（哲學社會科學版）2005 年第 5 期。

719. 《〈中庸〉成書再辨正》，李文波，《南京社會科學》2005 第 6 期。

720. 《「誠」就天地間——論中庸之道的核心意義》，王晚霞，《湖南第一師範學報》2005 年第 2 期。

721. 《論丁若鏞對朱熹〈中庸章句〉心性說的批評》，彭林，《清華大學學報》（哲學社會科學版）2005 年第 6 期。

722. 《〈中庸〉「不誠無物」說新解》，趙妙法，《安徽大學學報》（哲學社會科學版）2005 年第 6 期。

723. 《探析〈中庸〉「中」論體系的建構》，王萌萌，《理論界》2005 年第 6 期。

724. 《〈中庸〉主旨論》，任俊華、李朝輝，《理論學刊》2005 年第 11 期。

725. 《孔子中庸思想芻議》，桑東輝，《哈爾濱學院學報》2006 年第 1 期。

726. 《中庸之「中」探微》，宋治平，《重慶郵電學院學報》（社會科學版）2006

年第 1 期。

727. 《試論〈中庸〉的誠》,沉雄華,《孔孟月刊》第 44 期,2006 年 4 月。

728. 《睨讀〈中庸〉:對〈中庸〉的現象學解讀》,柯小剛,《哲學與文化》第 33 期,2006 年 10 月;《復旦哲學評論》第三輯,2006 年。

729. 《〈中庸〉哲學中人之主體性地位之探討》,黃秋韻,《鵝湖》第 32 期,2006 年 9～10 月。

730. 《談孔孟至〈中庸〉、〈易傳〉天人思想對當代環境教育的啟發》(上),郭慧娟,《孔孟月刊》第 45 期,2006 年 10 月。

731. 《談孔孟至〈中庸〉、〈易傳〉天人思想對當代環境教育的啟發》(下),郭慧娟,《孔孟月刊》第 45 期,2006 年 12 月。

732. 《論饒魯與朱熹對〈中庸〉解釋的異同》,史甄陶,《思辨錄》第 9 期,2006 年 10 月。

733. 《論司馬光對〈中庸〉之詮釋及其思想史意義》,張晶晶,《東方人文學誌》第 6 期,2007 年 3 月。

734. 《〈中庸〉道德哲學之方法論的研究》,黃秋韻,《哲學與文化》第 34 期,2007 年 4 月。

735. 《唯仁者能好人能惡人——論儒家的「中庸」與「不」》,苗潤田,《齊魯學刊》2002 年第 1 期。

736. 《「以人治人」與他者的接納——〈中庸〉思想的一個維度》,陳贇,《人文雜誌》2006 年第 2 期。

737. 《〈中庸〉與郭店簡〈性自命出〉篇的人性論》,梁韋弦,《聊城大學學報》(社會科學版)2006 年第 2 期。

738. 《〈中庸〉若干問題探析》,林凱,《福建政法管理幹部學院學報》2006 年第 2 期。

739. 《〈中庸〉與〈易傳〉不同致思向度略論》,丘山石,《合肥學院學報》(社會科學版)2006 年第 2 期。

740. 《〈中庸〉之「誠」論》,趙建芳,《北京電子科技學院學報》2006 年第 3 期。

741. 《中庸思想及其當代意義》,權麟春,《伊犁教育學院學報》2006 年第 3 期。

742. 《關於先秦儒學道德形而上轉進的新探討——由〈中庸〉到〈孟子〉》,熊凱,《鹽城工學院學報》(社會科學版)2006 年第 2 期;《寶雞文理學院學報》(社會科學版)2006 年第 4 期。

743. 《論〈中庸〉之「誠」的形上意義及其道德價值》,鄧文濤,《柳州師專學報》2006 年第 3 期。

744. 《中庸：一種古典的政治哲學精神——孔子政治哲學的精神追求》，馬雲志，《孔子研究》2006 年第 4 期。

745. 《孔子邏輯思想的中庸價值取向》，張四化、葛宇寧，《柳州師專學報》2006 年第 4 期

746. 《天人合一總歸「誠」——透析〈中庸〉的邏輯結構及其天人思想的承前啓後》，梁雁秋、王四達，《燕山大學學報》（哲學社會科學版）2006 年第 4 期；《華東理工大學學報》（社會科學版）2006 年第 4 期。

747. 《〈中庸〉「誠」字蠡測》，畢緒龍，《管子學刊》2006 年第 4 期。

748. 《淺議孔子邏輯思想的中庸基礎》，張四化、張學立，《畢節學院學報》2006 年第 5 期。

749. 《〈中庸〉成書問題新探》，楊朝明，《河南科技大學學報》（社會科學版）2006 年第 5 期。

750. 《爲什麼是智仁通之德，才開啓了中庸的可能性？》，陳贇，《現代哲學》2006 年第 6 期。

751. 《楊時〈中庸〉學思想及其對荊公新學的批判》，王曉薇，《北方論叢》2006 年第 6 期。

752. 《「禮」「仁」「中庸」還是「和」》，石猛、王樹青，《文教資料》2006 年第 14 期。

753. 《〈中庸〉「成己成物」思想及其現代意義》，任玉軍、董競，《文史博覽》2006 年第 14 期。

754. 《再論〈中庸〉的「誠」》，王冬敏，《蘭臺世界》2006 年第 16 期。

755. 《辜鴻銘英譯儒經的文化用心——兼評王國維「書辜氏湯生英譯〈中庸〉後」》，王輝，《外國語言文學》2006 年第 3 期。

756. 《從〈論語〉看孔子的中庸思想》，林凱，《福建政法管理幹部學院學報》2007 年第 1 期。

757. 《論周敦頤的「誠」——兼與〈中庸〉比較》，孫德華，《瀋陽師範大學學報》（社會科學版）2007 年第 1 期。

758. 《論中庸的倫理意蘊》，遲成勇，《西華大學學報》（哲學社會科學版）2007 年第 1 期。

759. 《從孔子到思孟學派：先秦中庸思想發展淺述》，趙淩宇，《河南廣播電視大學學報》2007 年第 1 期。

760. 《後殖民視域下的辜鴻銘〈中庸〉譯本》，王輝，《解放軍外國語學院學報》2007 年第 1 期。

761. 《郭店儒家簡與〈中庸〉對先秦儒家精神修養的拓展》，鄭淑媛，《江漢論壇》2007 年第 1 期。

762. 《孔子的中庸德性觀》，侯志峰，《天水師範學院學報》2007 年第 1 期。

763. 《「中庸」思想的現代釋義》，蕭楓、鄭宏宇，《河北理工學院學報》（社會科學版）2007 年第 2 期。

764. 《許衡〈大學直解〉與〈中庸直解〉的口語注釋初探》，張玉霞，《重慶郵電大學學報》（社會科學版）2007 年第 2 期。

765. 《朱熹〈中庸章句〉及其儒學思想》，陳來，《中國文化研究》2007 年第 2 期。

766. 《推故而別致其新——淺議王夫之的〈中庸〉觀》，彭傳華，《船山學刊》2007 年第 2 期。

767. 《「中庸」「中和」考辨》，羅小娟，《重慶文理學院學報》（社會科學版）2007 年第 2 期。

768. 《中庸之道新解——從孔、孟的權變思想看中庸之道》，劉明，《學術論壇》2007 年第 3 期。

769. 《〈中庸〉天人觀的理論特質及其當代意義》，彭耀光，《河北師範大學學報》（社會科學版）2007 年第 3 期。

770. 《〈中庸〉對「中」、「大」的融合》，周勤勤，《中國社會科學院研究生院學報》2007 年第 3 期。

771. 《張載「以〈中庸〉爲體」思想探析》，盧豔、吳強，《大慶師範學院學報》2007 年第 3 期。

772. 《孔子中庸思想初探》，譚元昌，《海南廣播電視大學學報》2007 年第 3 期。

773. 《〈中庸〉新詮》，胡治洪，《齊魯學刊》2007 年第 4 期。

774. 《極高明而道中庸：仁學的道德價值與實用價值》，馬力、楊柱，《貴州師範大學學報》（社會科學版）2007 年第 4 期。

775. 《先秦儒家認識論初探——以〈論語〉、〈大學〉和〈中庸〉爲中心》，陳志偉，《内蒙古社會科學》（漢文版）2007 年第 4 期。

776. 《〈中庸〉中的「中庸」》，高小序，《吉林師範大學學報》（人文社會科學版）2007 年第 4 期。

777. 《〈中庸〉之「誠」範疇考辨》，張洪波，《武漢大學學報》（哲學社會科學版）2007 年第 4 期。

778. 《釋〈中庸〉「吾弗能已矣」》，李鋭，《中國史研究》2007 年第 4 期。

779. 《二程對〈中庸〉的表彰與詮釋》，姜海軍，《聊城大學學報》（社會科學版）2007 年第 5 期。

780. 《從中、庸到〈中庸〉》，李京，《孔子研究》2007 年第 5 期。

781. 《〈中庸〉精髓在三「高」》，高小序，《鞍山師範學院學報》2007 年第 5

期。

782. 《中庸之道與經典詮釋——朱熹經典詮釋思想述略》，陳良武，《大慶師範學院學報》2007 年第 6 期。

783. 《中庸思想的發展演變過程》，柳娜，《邊疆經濟與文化》2007 年第 6 期。

784. 《南宋儒者薛季宣的中庸觀》，任峰，《深圳大學學報》（人文社會科學版）2007 年第 4 期。

785. 《試論〈中庸〉由「誠」而致「天人合一」的思想觀》，曾小豔，《安徽文學》（下半月）2007 年第 7 期。

786. 《由〈大學〉〈中庸〉看「慎獨」釋義》，孫海峰，《歷史教學》2007 年第 7 期。

787. 《儒家經典重釋的當代意義——〈大學〉〈中庸〉講演錄》（之一），《西南民族大學學報》（人文社科版）2007 年第 10 期。

788. 《文本細讀呈現的〈大學〉精神價值——〈大學〉〈中庸〉講演錄》（之二），《西南民族大學學報》（人文社科版）2007 年第 11 期。

789. 《〈中庸〉在中國思想史上的地位——〈大學〉〈中庸〉講演錄》（之三），《西南民族大學學報》（人文社科版）2007 年第 12 期。

790. 《〈中庸〉「誠」的思想探賾》，於成寶，《湖廣播電視大學學報》2007 年第 10 期。

791. 《〈大學〉〈中庸〉的思想價值及其限度》，時勝勳，《西南民族大學學報》（人文社科版）2008 年第 1 期。

792. 《中庸之道芻議》，翼素蘭，《作家》2008 年第 2 期。

793. 《超越「忠恕」之道——〈中庸〉「道不遠人」章義疏》，方旭東，《中國哲學史》2008 年第 1 期。

794. 《不可通約性視閾下的王國維譯論——〈書辜氏湯生英譯中庸後〉一文的現代闡釋》，馬向輝，《求索》2008 年第 2 期；《鄭州輕工業學院學報》2008 年第 1 期。

795. 《論孔子中庸之道》，戴勁，《社會科學論壇》2008 年第 2 期。

796. 《〈中庸〉的精神價值與當代意義——〈大學〉〈中庸〉講演錄》（之四），王岳川，《西南民族大學學報》（人文社科版）2008 年第 2 期。

797. 《從〈大學〉〈中庸〉看原始儒學的超越性維度與當代價值》，胡淼森，《西南民族大學學報》2008 年第 2 期。

798. 《經權、常變的智慧——中庸之道的哲學根據》，余治平，《中山大學學報》（社會科學版）2008 年第 1 期。

799. 《以人道顯天道：論〈中庸〉誠的思想》，陳贇，《齊魯學刊》2008 年第 2 期。

800. 《別解「中庸」》，由劍峰，《長春大學學報》2008 年第 1 期。

801. 《論中庸之道對傳統皇帝制度的影響》，陳翠玉，《蘭州學刊》2008 年第 3 期。

802. 《孔子的君子觀與中庸思想》，王龍，《湖北第二師範學院學報》2008 年第 1 期。

803. 《中庸：基於比較的意象圖式 —— 關於隱喻是一種人類普遍認知方式的思考》，仝國斌，《殷都學刊》2008 年第 1 期。

804. 《〈中庸〉思想試析》，韓國慶，《華夏文化》2008 年第 1 期。

805. 《不可能的可能性：中庸之道的內在困厄》，陳贇，《人文雜誌》2008 年第 2 期。

806. 《子思學派仁義內外說辨析 —— 以〈中庸〉、〈五行〉篇爲中心》，高立梅，《人文雜誌》2008 年第 2 期。

807. 《「四書之〈大學〉〈中庸〉非〈禮記〉之〈大學〉〈中庸〉」》考辨，曾軍，《重慶郵電大學學報》（社會科學版）2008 年第 3 期。

808. 《孔子的中庸與亞里士多德的中道比較研究》，覃巧敏，《黑龍江教育學院學報》2008 年第 5 期。

809. 《中庸的本真含義及其當代價值》，何良安，《湖湘論壇》2008 年第 3 期。

810. 《試論中和與中庸的異同》，謝慧君，《吉林省教育學院學報》2008 年第 5 期。

811. 《論孔子中庸思想的內在邏輯》，蕭海揚，《教書育人》2008 年第 12 期。

812. 《論〈中庸〉之「誠」》，李衛美，《銅仁學院學報》2008 年第 2 期；《雲南電大學報》2008 年第 2 期。

813. 《辯證法還是折衷主義：對中庸思想的辯證分析》，史家亮，《湖州師範學院學報》2008 年第 4 期。

814. 《儒家中庸之道及其在現代的意義》，張祥浩、孫婧，《江蘇社會科學》2008 年第 3 期。

815. 《中庸解讀》，鄭孟煊，《嶺南學刊》2008 年第 3 期。

816. 《中庸思想內涵的現代應用價值研究》，柳娜，《管理科學文摘》2008 年第 3 期。

817. 《論〈中庸〉「誠」說的轉釋》，劉建明，《五邑大學學報》（社會科學版）2008 年第 4 期；（魏一娟）《江西教育學院學報》2008 年第 5 期。

818. 《〈論語〉中的「中庸」思想原則考論》，王志陽，《六盤水師範高等專科學校學報》2008 年第 4 期。

819. 《〈中庸〉新解》，彭富春，《中國地質大學學報》（社會科學版）2008 年第 5 期。

820. 《理雅各〈中庸〉譯本與傳教士東方主義》，王輝，《孔子研究》2008 年第 5 期。

821. 《黎立武〈中庸〉〈大學〉思想之考辯》，劉成群，《昌吉學院學報》2008 年第 5 期。

822. 《中庸之道及其當代價值》，張崇琛，《天水師範學院學報》2008 年第 6 期。

823. 《儒家視域下的「中庸之道」—— 亞里士多德「中庸」與儒家「中庸」之比較》，《知識經濟》2008 年第 10 期。

824. 《孔子的「中庸」思想探究》，李紅敏、王佳男，《遼寧教育行政學院學報》2008 年第 11 期。

825. 《〈中庸〉的理性主義精神》，鍾治國，《光明日報》2008 年 12 月日。

博士論文

1. 《先秦儒家中庸之道研究》，米繼軍，東北師範大學，2004 年。

2. 《宋代〈中庸〉學研究》，王曉薇，河北大學，2005 年。

3. 《周作人中庸思想研究》，胡輝傑，武漢大學，2005 年。

4. 《宋儒對〈中庸〉的研究》，鄭熊，西北大學，2007 年。

5. 《中庸與中道—— 先秦儒家與亞里士多德之比較》，晁樂紅，湖南師範大學，2008 年。

6. 《〈中庸〉詮釋史研究》，解頡理，山東大學，2010 年。

碩士論文

1. 《中庸的道德形上學》，黃秋韻，輔仁大學。

2. 《中庸的易經思想》，金周昌，文化大學。

3. 《中庸與周張二程思想之關係》，李昌年，國立臺灣大學，1986 年。

4. 《中庸與北宋諸子：儒家道德形上學由中庸建立到北宋之極成》，盧雪崑，1989 年。

5. 《〈中庸〉義理形態之定位問題研究》，史幼屏，東海大學，1995 年。

6. 《〈中庸〉思想研究》，劉光育，河北大學，2001 年。

7. 《中庸「誠」研究》，周芳如，輔仁大學，2002 年。

8. 《張謇「中庸」思想探析》，馬方方，東北師範大學，2003 年。

9. 《中庸實踐哲學研究》，李銀淑，輔仁大學，2004 年。

10. 《馮友蘭的中庸觀》，王瑩珏，華東師範大學，2004 年。

11. 《〈四書〉「誠」析》，袁立新，華東師範大學，2005 年。

12. 《〈大學直解〉〈中庸直解〉口語詞語研究》，劉微，吉林大學，2005 年。

13. 《孔子中庸思想與亞里士多德中道德觀比較研究》，呂振，華南師範大學，2005 年。

14. 《〈中庸〉的哲學思想》，劉道嶺，山東大學，2006 年。

15. 《朱熹〈中庸章句〉成書過程研究》，沈曙東，華中師範大學，2006 年。

16. 《〈中庸〉「慎獨」探論》，陳琳，華中科技大學，2006 年。

17. 《亞里士多德與孔子中庸思想之比較》，陳淑珍，江西師範大學，2006 年。

18. 《周作人中庸思想探源》，韓高峰，華僑大學，2007 年。

19. 《德性與規範——孔子、子思中庸思想研究》，侯志峰，西北師範大學，2007 年。

20. 《王陽明的中庸思想》，江志娟，蘇州大學，2007 年。

21. 《孔子「中庸」思想的現代闡釋》，郭曉東，中國石油大學，2007 年。

22. 《試論孔子與亞里士多德的中庸思想及現代意義》，陶雅娟，華中科技大學，2007 年。

23. 《中庸思想及其現代德育價值研究》，劉紅麗，東北師範大學，2007 年。

24. 《知、仁、勇：論〈中庸〉的三達德》，陳燕，華東師範大學，2008 年。

25. 《中庸：儒家君子人格的最高境界——〈中庸〉的君子論》，王曉興，蘭州大學，2008 年。

26. 《楊時「中庸」思想研究》，包佳道，福建師範大學，2008 年。

27. 《〈中庸〉成書公案與今本〈中庸〉的流傳與升格》，鄒憬，曲阜師範大學，2008 年。

28. 《北宋〈中庸〉之「誠」思想研究》，孟耕合，復旦大學，2009 年。

29. 《生命覺解之道——〈中庸〉思想初探》，楊洋，東北師範大學，2009 年。

30. 《中庸方法論研究》，陶肖雲，廣西師範大學，2009 年。

31. 《中庸文化精神與當代大學生健全人格構建》，魏富平，延安大學，2009 年。

32. 《孔子與亞里士多德的中庸思想比較研究》，張將，貴州師範大學，2009 年。

33. 《儒家中庸思想與當代轉型期的社會關係》，孔凡洪，青海師範大學，2009 年。

34. 《蕅益智旭〈中庸直指〉思想研究》，全敏娟，廈門大學，2009 年。

35. 《〈大學〉〈中庸〉之鄭注、孔疏與朱子〈集注〉訓詁術語比較研究》，馮晴，曲阜師範大學，2009 年。

36. 《〈中庸〉哲學詮釋方法新議——以英譯〈中庸〉爲中心的比較研究》，趙輝，上海師範大學，2010 年。

37. 《〈中庸〉三譯本中語篇銜接機制的使用統計及譯者風格分析》，劉暢，武漢科技大學，2010 年。

38. 《〈中庸〉的教育哲學思想研究》，韓百龍，東北師範大學，2010 年。

39. 《中庸思想在管理中的運用研究》，劉亞恩，北京工商大學，2010 年。

40. 《「中庸」的境域及其美學分析》，吳瑨，中南大學，2010 年。

41. 《張載〈中庸〉學研究》，陳瑞新，陝西師範大學，2010 年。

42. 《論〈中庸〉「誠」的思想及其特色》，張景龍，中央民族大學，2010 年。

43. 《互文性視角下的辜鴻銘之〈中庸〉英譯文本研究》，經晶，廣西民族大學，2011 年。

44. 《〈中庸〉人性論研究》，崔秀軍，湘潭大學，2011 年。

45. 《孔子中庸思想與亞里士多德中道思想的比較研究》，戴春巍，延邊大學，2011 年。

46. 《論憨山大師〈中庸直指〉的佛儒融通思想》，周開瑋，上海社會科學院，2011 年。

47. 《中庸思想在漢英詞語中的對比研究》，王暉，黑龍江大學，2011 年。

48. 《朱熹〈中庸章句〉研究》，馮麗華，黑龍江大學，2011 年。

49. 《〈中庸〉心性修養論淺述》，向楠，華中科技大學，2011 年。

50. 《蘇軾與司馬光〈中庸〉詮釋比較研究》，趙興餘，陝西師範大學，2011 年。

51. 《中庸新探》，宋任命，河南大學，2011 年。

52. 《誠與中庸：申時行的政治行爲模式研究》，劉倩，華中師範大學，2011 年。

53. 《中庸實踐思維、心理彈性與社會適應的關係》，李啓明，華中科技大學，2011 年。

54. 《郭店楚簡〈性自命出〉與〈中庸〉的性情哲學》，劉文朝，曲阜師範大學，2011 年。

55. 《後殖民主義翻譯理論觀照下的理雅各、辜鴻銘〈中庸〉英譯本比較研究》，洪亮亮，安徽大學，2012 年。

56. 《〈中庸〉「誠」之倫理透視及現代價值》，湯娜，重慶師範大學，2012 年。

57. 《〈中庸〉哲學思想研究》，謝淩飛，西藏民族學院，2012 年。

58. 會議論文

59. 《略論楊時的中庸思想》，許永瀾，「延平四賢」學術討論會，1989 年。

60. 《朱熹的中庸論模式化研究》（提要），金裕赫、沈儀淋，紀念朱熹誕辰 860 週年國際學術會議，1990 年。

61. 《〈荀子〉與〈中庸〉：荀子思想對宋學影響的一形態》，佐藤將之，朱子學與 21 世紀國際學術研究會，2000 年。

62. 《〈中庸〉首三句注疏評議》，金忠烈，朱子學與 21 世紀國際學術研究會，2000 年。

63. 《程朱的中庸觀考察——以倫理思想爲中心》，沈祐燮，紀念朱子週年會議，2000 年。

64. 《全球倫理與儒家中庸》，何俊，紀念孔子誕生 2555 週年國際學術研討會，2004 年。

65. 《中庸之道的現代思考》，徐儒宗，紀念孔子誕生 2555 週年國際學術研討會，2004 年。

66. 《論中庸中道觀與中西教育》，耿有權，首屆國際道德哲學會議，2004 年。

67. 《道德的中庸與倫理的中庸》，田文軍，首屆國際道德哲學會議，2004 年。

68. 《中庸讓我生活得更好——中庸思維對生活滿意度之影響》，吳佳輝，中國社會心理學會學術研討會，2006 年。

69. 《尋找中庸自我的研究》，林升棟，中國社會心理學會年學術研討會，2006 年。

70. 《朱子〈中庸〉結構說》（中），陳榮開，宋代新儒學的精神世界——以朱子學爲中心國際學術研討會，2008 年。

71. 《〈中庸〉怎樣變成了聖經》，楊儒賓，宋代新儒學的精神世界——以朱子學爲中心國際學術研討會，2008 年。

後　記

一

本書是我於二〇〇九年四月向復旦大學提交的哲學博士學位論文。是年三月七日，論文脫稿後，我寫了如下感言：

> 每當拿起一本書，我常有一個習慣，就是先看一下作者姓名後面那個括號裏面的數字。我的目的是想看看，他們何時已有何種成就，然後再算算，自己何年能有何樣出息。久而久之，我體會到一種我所謂的「括號哲學」。

> 人生就是一個括號（　～　），人生一世不過是在做一道很大很長的填空題。括號中波折號後面的空白一旦填滿數字，就意味著我們的一生可以蓋棺論定了。當然，人生的價值不在波折號前後的那兩個數字。那兩個數字甚至是不太重要的，因為它們不是我們自己填上的，前面的數字是由父母幫我們填寫在出生證明上的，後面的數字是由後人替我們填寫在年譜行狀上的。人生的價值在於兩個數字中間的這個波折號，它才是由我們自己一筆一劃、或淡或濃地描繪出來的。這個波折號的意義，首先在於它不是一個數字：生命是不能完全量化的；其次在於它不是一條直線：生活是不會一帆風順的。

> 三十而立而不立，四十不惑而惑。現在，我正徘徊於不立、而惑之間，「括號哲學」注定了我的人生旅途不會一帆風順。所幸者是，在風雨飄搖中，許多好人給我以莫大幫助，使我的生命不至於過分量化，使我的生活不至於太多物化。我平生無所能，只會寫一些文字。

現在，就以下面這些文字來見證我對他們誠摯的謝忱。

我首先要感謝我的導師楊澤波先生。三年來，先生除了手把手指導我完成了博士論文，還心連心指引我認清了人生中許多大是大非的問題。入門以前，我就慕名旁聽了先生爲復旦研究生開設的牟宗三《心體與性體》導讀課。授課內容當時聽得是一頭霧，不明所以。但有一件事印象最深：有一次在課堂上，先生右手中指輕輕敲著桌沿，正告同學們：要想大問題，做小文章。入門以後，先生告訴我們的頭兩句話是：「學者須先識仁」，「先立乎其大者」。當我在人生路岔口何去何從做艱難而痛苦的抉擇時，先生又多次以喻示我說：甘蔗沒有兩頭甜，要選最甜那一頭。這些話對我的爲人做文，對我的精神生命，眞的有再塑之功。

我要感謝謝遐齡、張汝倫、徐洪興、吳震、林宏星、陳居淵、李若暉、郭曉東諸位先生。在論文選題、開題、資料準備、撰寫創作和預答辯過程中，我從諸先生處獲益良多。特別是吳震和張汝倫兩位先生，對我幫助尤大。論文的選題，最初就是在與吳先生的課間閒聊中得到的啓發。此後，吳先生還一再將他所收藏的中國大陸難見資料轉借於我，充實了論文內容。吳先生對後學這種勖勉態度以及在資源共享中表現出的慷慨大度，我將永遠銘記於心。我能到香港中文大學進行短期訪問收集資料，得力於張先生的熱情舉薦。論文中涉及的一點兒康德哲學，也曾得到張先生的切要釋惑。（當然，如果仍有偏差，只能怪我學力不夠）張先生對我們學術生命的成長渴盼，也是我永遠不敢忘卻的。

我要感謝香港中文大學的鄭宗義先生。在中大短短一周的訪問中，只有很少幾次機會能與鄭先生聊起論文的事，但他每次都是非常眞誠地解答我的問題，完全沒有敷衍塞責的虛語套話。鄭先生還積極向我推薦相關書目，根據他的指點，我在中大錢穆圖書館和中央圖書館收集到不少急需資料。

我要感謝我讀碩士時的導師王聯斌先生。王先生的身體向來不太好，當我提出要去看望他時，爲了不耽擱我寫論文，他總是說：等論文寫完，帶著論文一起來。這是一種體恤，同時也是一種勉勵，

促動我要認認眞眞對待自己的論文。

我還要感謝我的母親和弟弟妹妹。從小到大，她們都一如既往地相信我的任何一種選擇，給我以物質上的支持和心理上的鼓舞。直到現在，雖然我不能對她們有一丁點兒物質上的反哺和回報，但她們依然一心一意地鼓勵我讀書上進，支持我奮發向上。

當然，也有一個人，我深感最對不住他，這就是我的兒子楊之墨。屈指算來，在他出生後的這兩年多時間裏，我與他零距離相處的日子竟然還不到四個月。雖然每次打電話他也是「爸爸」叫個不停，一旦眞正面對面，我們卻並不能那麼「體貼」。對他而言，「爸爸」也許只是一種「光景」，只是一個「概念」，甚至連這也不是，只是他本能習得的一種聲音符號。每思及此，總會潸然黯然，油然沛然。

二

博士論文提交後，評審專家郭齊勇先生、白奚先生、李景林先生以及另外兩位盲審專家都給了「優秀」的評分。在博士論文答辯時，答辯主席楊國榮先生與陳衛平先生、徐洪興先生、吳震先生、陳居淵先生等四位答辯委員也都投票給了「優秀」的評定。也就是說，本書作爲博士論文，當初是以十個「優秀」的全優成績通過評審與答辯的，所以我曾沾沾自喜地稱之爲「十優論文」。

博士畢業至現在，又是近四年過去了。在這幾年時間裏，我的科研工作仍然是圍繞著本書內容展開的。此間，我除了將衛湜《中庸集說》校理出版，還把本書部分內容直接或經過重新改寫以後，在學術刊物上刊發，或在學術會議上宣讀。具體情況如下：

導論。《孔子中庸的三重境界》，《人文雜誌》2010 年第 5 期（中國人民大學複印報刊資料《中國哲學》2010 年第 10 期全文轉載）；

第一章第一節。《論孔子的「心學」》，《江淮論壇》2010 年第 4 期；

第三章第四節。《天作爲道德終極根源的成因》，《青海社會科學》2010 年第 2 期；

第四章第一節。《〈中庸〉未發已發本義》，《哲學與宗教》第五輯（2011 年）；

第六章第一節第二小節。《荀子性惡論之謎及其破解》，《福建論壇》2010

年第 9 期;《荀子性惡論的思想進路及其理論問題》,《諸子學刊》第六輯（2012
年）；

　　第六章第二節第一小節。《朱子的心性之學及其理論問題簡論》在「朱子
學與文化建設學術研討會」（福建福州，2012 年 8 月）上宣讀；

　　第六章第二節第二小節。《王陽明知行合一的兩個理論缺陷》,《雲南大學
學報》2011 年第 3 期；

　　附論第一節。《〈中庸〉成書之辯難焦點綜說》,《孔子學刊》第二輯（2011
年）；

　　附論第二節。《〈中庸〉早出的義理推斷》在第五屆世界儒學大會（山東
曲阜，2012 年 9 月）上宣讀。

　　在曲阜儒學大會上，我與立林、祥軍、海燕三位道友天涯聚首。此前我
與海燕已有泉州競職、臺北共遊之誼，而與立林、祥軍雖然網交既久，但晤
面聚首卻是開天劈地第一次。但我們每個人都覺得沒有絲毫陌生感。我們品
酌景陽岡，我們橫議人生事。在這品酌橫議中，本書出版的意願達成。會罷，
祥軍代爲聯絡花木蘭文化出版社的楊嘉樂博士。經出版社組織審閱，本書獲
允納入該社「中國學術思想研究輯刊」出版計劃。後又得知，立林、海燕的
博士論文亦將同批出版。加上祥軍的博士論文先已在該社出版。這可算我們
四人交遊的一段佳話。

　　博士畢業以後，我的導師楊澤波先生爲我的就業操碎了心。爲了能讓我
找到一個有專業的去處，楊師甚至曾向過從並不甚密之人寫信力薦。楊師對
我的學習與工作一如既往的指導與關懷，當永生銘念。本書作爲楊師指導下
完成的博士論文，貫注了楊師諸多心血。我的工作穩定以後，楊師又多次關
心我博士論文的出版事宜。所惜者是，由於楊師早就立下不爲弟子寫序之門
規，所以本書也就未能獲得楊師賜序。

　　所幸者是，拙著幾近交稿之時，楊國榮先生能夠拔冗賜序。楊先生素來
作息有時，不會輕易揮霍任何點滴時間。職是之故，我雖然早有請楊先生賜
序之心，但遲遲不敢貿然開口，深恐打擾楊先生的正常工作。躊躇了很長一
段時間後，臨近最後交稿一兩個月的時候，我還是打電話給楊先生。因爲我
考慮到：一來楊先生是我博士論文的答辯主席，對拙作內容相當熟悉，二來
楊先生近前曾撰寫過關於《中庸》的專文，於《中庸》有精到的研究，所以
請楊先生賜序，尚合情合理，且不會難爲。接到我的邀序請求後，楊先生稍

作思考，即應允作序，並且在距蛇年春節只有一周的時候，將兩千六百字的序文寄來。楊先生這種熱心扶掖後學之風格，令人感佩。

最後需要說明的是，本書是福建省特色重點學科‧華僑大學哲學學科研究成果，相關內容作爲「華僑大學僑辦科研基金資助項目」（11QSK07）與「華僑大學高層次人才科研啓動項目」（13SKBS106）的立項課題，在最後定稿過程中，得到「華僑大學人文社會科學學科高水平論文、著作專項資助計劃」資助。

值此拙作付梓之機，對以上單位與個人一併致以衷心謝忱。

楊少涵　謹識於曲致齋

二〇一三年一月八日